COLLECTION D'HISTOIRES LITTÉRAIRES

HISTOIRE

DE LA

LITTÉRATURE ROMAINE

PAR

PAUL ALBERT

MAITRE DE CONFÉRENCES A L'ÉCOLE NORMALE SUPÉRIEURE.

TOME PREMIER

PARIS

CH. DELAGRAVE ET Cie, LIBRAIRES-ÉDITEURS

58, RUE DES ÉCOLES, 58

1871

HISTOIRE
DE LA
LITTÉRATURE ROMAINE

Toutes nos éditions sont revêtues de notre griffe.

Charles Delagrave et Cie

A LA MÊME LIBRAIRIE :

DE LA MÊME COLLECTION :

Histoire de la littérature grecque, par M. E. BURNOUF, directeur de l'École française d'Athènes. 2 vol. in-8°, brochés.......... **10 fr.**

Histoire de la littérature italienne, depuis la formation de la langue jusqu'à nos jours, par M. PERRENS, professeur de rhétorique au lycée Bonaparte. 1 vol. in-8°, broché............................ **6 fr.**

Histoire de la littérature espagnole, depuis les origines les plus reculées jusqu'à nos jours, par M. EUGÈNE BARET, doyen de la Faculté des lettres de Clermont. 2 vol. in-8°, brochés............. **7 fr.**

CORBEIL, Typ. et stér. de CRÉTÉ FILS.

HISTOIRE
DE LA
LITTÉRATURE ROMAINE

LIVRE PREMIER

CHAPITRE PREMIER

LE PEUPLE ROMAIN.

Les deux peuples qui ont joué dans le monde ancien le rôle le plus considérable, les Grecs et les Latins, ont une origine commune. Pendant une longue période qu'il est impossible de déterminer exactement, ils ne formaient qu'un seul corps, parlaient la même langue, invoquaient les mêmes divinités, menaient le même genre de vie. Les noms des dieux les plus importants de l'Inde, de la Grèce, de l'Italie, sont les mêmes. On retrouve encore dans le sanscrit, le grec et le latin un grand nombre de termes identiques pour désigner les animaux domestiques, les plantes, les instruments de culture, les habitations, les vêtements, les premiers éléments des sciences. A quelle époque les diverses fractions qui forment la race indo-germanique, se séparèrent-elles pour constituer des nationalités distinctes, et poursuivre isolément l'œuvre de la civilisation ébauchée en commun ? On est réduit encore sur ce point à des conjectures plus ou moins plausibles. L'histoire réelle, authentique ne commence à vrai dire pour nous que le jour où chaque peuple nous apparaît établi dans les lieux qu'il s'est choisis, parlant la langue qu'il s'est faite, pratiquant le culte qu'il a imaginé, régi par les institutions civiles et politiques qu'il s'est données à lui-même. Tout cela constitue sa personnalité et lui assigne son véritable caractère.

Or, de tous ces peuples celui qui a exercé sur les destinées générales du monde l'influence la plus profonde, c'est le peuple romain. Et ce n'est pas seulement parce qu'il est le dernier venu, parce qu'il a réuni sous sa domination presque toutes les nations de la terre : c'est par son esprit qu'il a été tout-puissant. Il a conquis le monde, non à la façon des hordes d'Attila ou de Gengiskan, mais lentement, par un développement régulier de sa force. La légende raconte qu'en creusant les fondements du Capitole, les ouvriers découvrirent une tête humaine : les devins consultés répondirent que là devait être la tête du monde, *ibi caput orbis futurum*. Chaque Romain était convaincu que telle était en effet la destinée de Rome, et il se mettait résolûment à l'œuvre de la domination universelle. Les peuples soumis partagèrent bientôt cette croyance. La première des divinités adorées était la *déesse Rome*. Dans le temps même où les barrières de l'Empire tombent sous les coups des barbares, des poëtes comme Claudien et Rutilius célèbrent encore la *Divinité* et l'*Éternité* de Rome. L'amour de la patrie a inspiré aux Grecs plus d'un acte d'héroïsme, aux poëtes, aux orateurs, aux historiens des vers admirables, des pages éloquentes ; mais c'est à Rome qu'il faut chercher le vrai patriotisme, c'est-à-dire le dévouement absolu de tous et de chacun à la chose publique. Le dernier des Quirites aussi bien que le consul est prêt à sacrifier à l'État ses biens et sa vie. C'est là une obligation stricte, une dette contractée en naissant (1). Parmi la plus grande violence des discordes civiles, l'approche de l'ennemi étouffe toutes les haines dans un élan unanime pour la défense de la patrie. Un sentiment aussi profond et aussi universel était une force énorme, on le comprend, mais c'était en même temps une force organisée. Toutes les institutions civiles, politiques, religieuses avaient pour but de développer et de diriger ce patriotisme.

LA FAMILLE.

La famille, composée de l'homme libre, de sa femme, de ses fils et des fils de ses fils, est la base de l'ordre social. Le père de famille est le chef souverain des siens et de tout ce qui leur appartient. La femme n'est point une esclave comme en Orient : elle n'appartient point à la cité, il est vrai, elle est toujours *dans la main* de son père ou de son mari, ou de son plus proche agnat mâle, mais elle est maîtresse dans l'intérieur de la maison ; elle y est respectée. Le fils n'est jamais affranchi de la tutelle paternelle, fût-il marié lui-même et père ; tout

---

(1) Neque enim hac nos patria lege genuit aut educavit, ut nulla quasi alimenta exspectaret a nobis, sed ut plurimas et maximas nostri animi, ingenii, consilii partes ipsa sibi ad utilitatem suam pigneraretur, tantumque nobis in nostrum privatum usum quantum ipsi superesse posset, remitteret.

(Cicer., *de Repub.*, I, 4.)

ce qu'il acquiert appartient en droit au chef de la famille. Celui-ci peut même le vendre soit à un étranger, soit à un Romain. Bien plus, affranchi, il retombe sous l'autorité paternelle. La mort seule du père l'affranchit définitivement. Il devient alors à son tour chef de famille et exerce le pouvoir qu'il a subi.

Mais le père de famille a des devoirs sacrés à remplir envers ses fils. Il doit en faire des citoyens. Le but de l'éducation en Grèce était le développement harmonieux du corps et de l'âme, par la *gymnastique* et la *musique*. Les poëtes étaient les premiers et les plus chers instituteurs de la jeunesse : orner et charmer l'esprit, assurer le développement libre de toutes les facultés par des exercices qui donnent aux membres toute leur souplesse et à l'intelligence toute sa force, unir étroitement le beau et l'utile, le sérieux et l'agréable, former non des soldats seulement ou des hommes d'État, ou des athlètes, ou des artistes, mais des hommes complets : voilà ce que se proposaient les Grecs dans l'éducation de la jeunesse. A Rome, l'éducation et l'instruction ne se préoccupent point de l'individu, mais de l'État. On cherche moins à former des hommes que des Romains. Pendant plus de de six siècles les arts ne tiennent aucune place dans l'éducation. La gymnastique a pour but de faire de vigoureux soldats, non de beaux corps. Ce que l'on grave dans la mémoire des enfants, c'est le texte de la *la loi des Douze Tables*, c'est là le *poëme nécessaire*, comme dit Cicéron (1). Ainsi ils seront en état de bien servir la patrie sur les champs de bataille, et ils sauront par cœur le

---

(1) Discebamus enim pueri XII Tabulas ut carmen necessarium, quas jam nemo discit.

(Cicer., *de Leg.*, II, 23.)

code national. A peine sorti des mains maternelles, l'enfant commence son apprentissage de citoyen. Dans l'intérieur même de la famille il retrouve Rome. Dans les festins solennels, il chante les louanges de ses ancêtres et des hommes illustres. Son père, qu'il accompagne partout, l'initie aux détails de la vie publique. Il assiste du seuil aux délibérations du sénat, aux assemblées du forum. La gravité des mœurs qu'il a sous les yeux, la majesté de l'État qu'il doit bientôt servir lui-même, font naître en lui un respect sérieux et une sorte de gravité précoce. Il associe dans un culte commun la famille et la patrie. Toutes les qualités qu'il possède, toutes les connaissances qu'il peut acquérir, il sait qu'il les doit à la patrie : aussi pendant plus de six siècles, le jeune Romain resta-t-il étranger à tous les arts qui sont le charme de la vie, mais qui ne semblaient être d'aucune utilité pour le service de la chose publique. Pour lui, le véritable foyer d'inspiration, c'est le théâtre même de son action comme citoyen ; la véritable occupation, c'est celle du forum, *occupatio fori*. Après le forum, la curie, cette école supérieure de l'homme d'État. Agir, en un mot, et agir pour la patrie, voilà le but de la vie pour le Romain. La vertu pour lui, *virtus*, c'est l'énergie virile (*vir*). Le Grec au contraire se réserve en dehors des devoirs publics un loisir qu'il consacre à la culture des arts (1). Par là il échappe à ce que la vie purement active a d'absorbant et souvent d'aride. Il garde surtout son individualité, sa liberté. Pendant les six premiers siècles de Rome, tous les Romains se ressemblent. La même éducation, les mêmes idées, le même but toujours présent à

---

(1) C'est le *græcum otium*, pour lequel les Romains marquaient tant de mépris.

l'esprit, les a jetés tous dans le même moule. L'État s'agrandit, eux ne varient point. Jamais un Grec n'eût consenti à payer du sacrifice absolu de sa personnalité l'unité et la force de l'État. Le Romain ne comprenait même pas qu'il pût en être autrement. Aussi les Grecs ont-ils été des artistes inimitables, et les Romains, les plus grands citoyens du monde.

Mais la force est sans effet, si elle n'est organisée. L'ordre, voilà encore une des qualités essentielles du peuple romain. Les plus anciens souvenirs de son histoire nous le montrent déjà en quête de cette constitution remarquable, qui unit dans un but commun tous les éléments de la chose publique, et les subordonne à l'utilité générale. Rome s'élève, non point dans le territoire le plus fertile, le plus riche en eau, où l'air soit le plus pur, mais sur les bords du Tibre, dans des lieux souvent visités par la peste. Seulement le Tibre est un rempart contre les peuples du Nord et de plus c'est la route naturelle du commerce. La fameuse constitution de Servius, la distribution du peuple en classes et en centuries, l'importance et le rôle attribués à chacune de ces classes; cette savante hiérarchie qui crée des distinctions sans élever des barrières infranchissables, qui ne relègue en dehors de la chose publique que les esclaves et les étrangers; l'institution et les priviléges de la royauté et du consulat, les fonctions si exactement déterminées du Sénat; la création successive des magistratures devenues nécessaires; cette participation progressive et lente des plébéiens aux charges importantes de l'État, cet art merveilleux de concilier la stabilité et la tradition avec les progrès exigés par l'extension de l'État et les changements survenus dans les mœurs; le sens pratique, en un mot, élevé à sa plus haute puissance:

voilà ce qui soutient, fortifie et rend invincible la cité romaine. Aucun des éléments qu'elle renferme n'est sacrifié, et chacun d'eux y est mis en sa véritable place. Son organisation militaire n'est pas moins admirable. « C'est un dieu, dit Végèce, qui a inspiré aux Romains l'idée de la légion. » Mais ses armées, composées exclusivement de citoyens, n'auraient peut-être jamais conquis le monde, si l'habile et patiente politique du Sénat, qui fut, à toutes les époques, l'âme même de Rome, n'eût préparé de longue main la victoire et ne l'eût rendue facile. Ce n'est pas en effet par le génie militaire proprement dit que les Romains sont venus à bout de tous leurs ennemis : nous voyons, au contraire, qu'ils ont presque toujours été battus dans leur première rencontre avec un adversaire nouveau, les Gaulois, Pyrrhus, Xanthippe, Annibal, les Cimbres. Ce qui a fait leur force et leur triomphe définitif, c'est l'opiniâtreté et la discipline. Le Sénat, ce représentant si fidèle de l'esprit romain, a déployé pour la conquête du monde cette froide persévérance, ces efforts obstinés et réguliers que chaque Romain mettait en œuvre pour conserver et accroître son patrimoine. Fermeté, prudence, patience, économie, les qualités les plus solides et les moins brillantes, vous les retrouverez au premier plan à toutes les époques de l'histoire de la République, à tous les moments de l'existence de chaque Romain. Le fameux M. Porcius Caton en est le type le plus achevé.

LA RELIGION.

Mais l'utilité n'est pas le but unique de l'homme. En dehors et au-dessus des nécessités de la vie, il y a des besoins d'un ordre supérieur. C'est la religion qui doit les satisfaire. Chez tous les peuples de l'antiquité, la religion fut en même temps la poésie et l'art : chez les Romains seuls elle n'eut point ce caractère. Quand nous lisons les poëtes du siècle d'Auguste, nous nous croyons transportés dans le monde hellénique : les divinités, les légendes, les fables sont les mêmes. Mais tout ce monde divin est artificiel ; mais cette religion poétique n'a rien de national. Les dieux de l'Inde et de la Grèce, personnifications colossales ou simplement humaines, possèdent le mouvement et la vie : ils sont nés, ils ont vécu, aimé, souffert ; une immense famille composée de types variés à l'infini représente sous des traits divins tous les phénomènes de la nature, toutes les idées de l'homme, toutes ses impressions. De là une incroyable diversité dans les figures célestes, des couleurs éclatantes, des individualités nobles, terribles, gracieuses, agissantes surtout : de là les épopées gigantesques de l'Inde, vaste déroulement de la nature personnifiée dans ses images les plus radieuses ; de là l'*Iliade*, le premier et splendide affranchissement des personnes divines qui, jusque-là emprisonnées dans la nature, viennent s'épanouir, humaines et frémissantes de vie parmi les hommes. Rien de tel en Italie. Les conceptions naturalistes primitives que ce peuple a puisées à la source commune avec les Grecs et les Indous, il ne les traduit point en images humaines. L'idée reste chez lui dominante, tandis qu'en Grèce elle disparaît sous l'éclatante parure du costume. Les dieux Romains sont des signes des êtres et des choses, non des individus. Ils ne se marient point, ils n'engendrent point, ils ne se mêlent point au tourbillon des passions humaines ; ils n'ont pas d'histoire. Ils sont innombrables, car ils reproduisent tous les aspects de la nature extérieure, toutes les circonstances de la vie de l'homme : chaque homme a un Dieu avec lui (*genius*) ; un dieu spécial préside à chaque opération des travaux des champs ; il y a un dieu pour semer, pour herser, pour sarcler, pour couper le blé, le lier en gerbes, le rentrer, etc., etc. Mais ces divinités, on le voit bien, ne sont que de pures abstractions. Chez les Grecs, au contraire, tout est concret,

> Tout prend un corps, une âme, un esprit, un visage.

Ici l'imagination ne joue aucun rôle ; tout est arrêté, nu, sec ; mais les croyances gagnent en profondeur et en gravité ce qu'elles perdent en éclat et en grâce. Ainsi conçue, la *religion* reçoit d'eux le nom qui lui convient entre tous. Elle est un *lien*, et un lien moral. Mais comme la famille, comme la cité, comme la légion, la religion sera organisée. Les dieux sont divisés en grands dieux et en petits dieux (*dii majorum gentium — dii minorum gentium*), les divisions de la cité terrestre se retrouvent dans la cité céleste. Les dieux des patriciens ne sont point ceux des plébéiens : les priviléges religieux des premiers sont refusés aux seconds. Pendant les sept premiers siècles de Rome, les dieux du dehors sont aussi sévèrement repoussés de la cité que les étrangers eux-mêmes. *Ne qui nisi romani dii, neu quo alio more quam patrio colerentur* (1). Toutes les formalités du culte sont nettement déterminées, et il est interdit de s'en écarter en quoi que ce soit. Une foule de prêtres, desservants des principales divinités, interprètes de la volonté divine, ordonnateurs des cérémonies, exercent des fonctions distinctes, mais s'ils forment des corporations, ils ne sont point une caste spéciale. Tout citoyen peut être prêtre à son tour ; le sacerdoce est une fonction ci-

(1) Cicer., *de Leg.*, II, 19.

vile comme les autres. De plus, les augures, les aruspices, n'exercent leur ministère d'interprètes de la divinité que sur l'autorisation et la requête formelle du magistrat romain : *Ne quis de cœlo servare vellet*. Les choses de la religion, comme tout le reste, sont au service de la cité. La croyance est une force; elle est dans la main du sénat ou des patriciens. De même que pendant près de cinq siècles ils se réservèrent spécialement la connaissance des formules judiciaires; ainsi tout le rituel, la fixation des jours de fête, celle des jours fastes ou néfastes, et par suite du calendrier tout entier, tout cela resta pendant longtemps la propriété exclusive d'un ordre qui représentait alors l'âme de la nation et de la politique romaines.

Si la littérature d'un peuple est l'image de l'état social, politique et religieux de ce peuple, quel sera le caractère de la littérature romaine? On peut assurer que l'imagination ne sera point sa qualité dominante. Nous ne trouverons point à son berceau quelqu'une de ces vastes compositions poétiques, comme les *Védas*, l'*Iliade*, les *Nibelungen*. Le Romain, qui a immobilisé ses dieux et emprisonné le culte dans des formules rigoureuses, n'aura ni épopée nationale originale, ni chants lyriques religieux. L'invention lui fera défaut, aussi bien que l'élan. Il ne pourra traduire en images éclatantes, en types vivants ce monde mystérieux d'idées, de sentiments, d'impressions, qui naissent dans l'âme à la vue des phénomènes infinis du monde extérieur. Voué de bonne heure aux rudes travaux de la terre, courbé sur la charrue ou réduit, pour vivre, à aller piller les moissons de son voisin, il restera enchaîné à ce sol ingrat qui le nourrit à peine; et la vue de la nature n'éveillera point en lui l'enthousiasme; elle ne lui rappellera que la dure loi du travail et de l'épargne.

Pendant plusieurs siècles, faible, toujours menacé, toujours préoccupé d'agrandir le territoire public (*ager publicus*), la guerre sera pour lui non un stimulant de poésie, mais un labeur plus rude que les autres. La nécessité, le calcul, les lentes combinaisons de la politique : voilà ce qui absorbera toutes ses facultés, et arrêtera en lui tout essor. Il ne s'avisera point de lui-même de chanter, ou quelques mélopées sauvages suffiront à ses besoins d'expansion rhythmique. La poésie pénétrera dans ses murs, mais comme une importation étrangère, et elle y sera longtemps méprisée comme chose inutile. Cicéron aurait deux fois plus d'années à vivre qu'il ne trouverait pas encore le temps de lire les lyriques grecs. Horace les traduit et s'en fait gloire ; Virgile imite Homère et les Alexandrins : tous deux lentement, laborieusement composent des vers admirables et d'une science profonde. Mais ne cherchons pas dans la poésie l'originalité de ce peuple : elle ne saurait y être. C'est à la prose qu'il faut la demander. Cette énergie du Romain, ce sens pratique si sûr, cette gravité dans les mœurs, ce patriotisme si absolu, toutes ces qualités solides et rares, elles trouvent dans la prose leur expression naturelle et tout leur relief. Qu'il travaille pour la chose publique ou pour sa propre chose (*res publica*, *res privata*), le Romain est avant tout homme d'affaires, *omnium utilitatum et virtutum rapacissimus*, dit Pline. De là sa prédilection pour les arts et les sciences d'une utilité manifeste et immédiate. Le premier ouvrage d'une certaine étendue composé en prose est un traité d'exploitation rurale, le *De re rusticâ*, de Caton. La première et la plus estimée des sciences, c'est celle du droit. Le seul art pour lequel ils n'affectèrent jamais de mépris, c'est l'éloquence : elle a ses fondements dans le droit : et c'est de tous les arts le plus utile soit à l'homme d'État, soit au particulier. La philosophie, au contraire, sera redoutée ou méprisée pendant plus de six cents ans. Quoi de moins utile en effet que les spéculations de la métaphysique ? Le jour où la philosophie obtiendra droit de cité à Rome, elle se sera réduite volontairement à la seule morale : de là la prédominance des deux écoles grecques qui ont fait à cette branche de la philosophie la part la plus large : l'épicurisme et le stoïcisme. Les problèmes de la destinée de l'homme, du souverain bien, des droits et des devoirs, de l'ordre et de l'importance des vertus : voilà les seuls objets véritablement dignes de l'attention d'un Romain. Envisagée ainsi, la philosophie touche par une foule de points à l'éloquence ; c'est à l'éloquence qu'elle empruntera sa méthode d'exposition et son style. Plus de théories ou de systèmes, mais des plaidoyers. L'histoire est aussi considérée comme une province de l'éloquence. Les amis de Cicéron le pressaient fort de s'exercer dans ce genre ; et lui-même était convaincu qu'il y eût réussi. La forme et la couleur oratoires dominent dans Tite-Live. Enfin, dans les derniers siècles de l'empire, lorsque depuis longtemps toute vie publique a cessé, la littérature n'est plus guère représentée que par les écoles des rhéteurs et celles des jurisconsultes. L'éloquence est réduite à une technique aride ; elle n'a plus d'aliments, plus de sujets, plus de flamme par conséquent ; mais elle demeure le premier des arts, comme le droit reste la première des sciences. Ainsi se maintint, malgré toutes les révolutions sociales, politiques et religieuses, le ferme caractère de ce peuple qui suppléa à l'imagination par la discipline, et préféra toujours au beau l'utile et le bon.

CHAPITRE II

Niebuhr et les épopées populaires. — Les premières manifestations de la poésie latine. — Les chants de table. — Les inscriptions funéraires. — Les chants des Saliens et des Arvales. — Les vers Fescennins. — Les chants de triomphe. — La Satire. — Le vers Saturnin.— Les monuments de la prose primitive. — La loi des Douze Tables.

§ I.

Dès l'année 1738, époque de la publication du livre de Beaufort *Sur l'incertitude des cinq premiers siècles de l'histoire romaine*, l'histoire traditionnelle et légendaire de Rome fut ruinée. Dans les premières années de ce siècle, Niebuhr essaya de la refaire. C'était en 1811, au fort de la grande mêlée des peuples de l'Europe, dans cette surexcitation des nationalités que la guerre avive. Romances espagnoles, ballades écossaises, irlandaises, chansons des Tyroliens, des Russes, des Serbes, étaient incessamment traduites d'une langue dans une autre. L'Allemagne venait d'exhumer son fameux poëme des Nibelungen ; l'audacieuse supercherie de l'Ossian de Macpherson avait réussi : il y avait un enthousiasme universel pour les épopées populaires, naïves, jaillissant de l'âme des multitudes. Wolff avait donné le signal de cette restauration des chants nationaux au profit des peuples par ses fameux *Prolégomènes*, qui supprimaient la personnalité d'Homère et remplaçaient le poëte par le chœur immense des Hellènes.

Ces conceptions un peu aventureuses de la critique nouvelle, Niebuhr les appliqua à l'histoire des premiers siècles de Rome. Beaufort s'était borné à la ruiner dans sa base ; son livre était un monument élevé au scepticisme. Niebuhr reprend ces ruines et avec elles reconstruit l'histoire. Cette histoire n'est à ses yeux autre chose qu'une série d'épopées, transformées plus tard en une suite chronologique d'événements réels. Il existe dans la même ville deux peuples, deux races bien distinctes, les patriciens et les plébéiens. Les patriciens sont le peuple primitif, le maître légitime de la cité. Ils sont divisés en *gentes* ou familles, dont les membres sont unis par la loi et des sacrifices communs. Les plébéiens sont la race vaincue, incorporée aux vainqueurs, mais réduite au rôle de vassaux, de clients, n'ayant part ni à la loi ni à la religion. Ces deux peuples, bien que réunis un moment par la constitution de Servius Tullius, restent cependant séparés. Chacun d'eux a son assemblée, ses magistrats, ses intérêts particuliers, son caractère. Les retraites du peuple ne sont autre chose que la séparation de deux races unies, mais non confondues. Telle est d'ailleurs dans le monde antique la constitution de presque toutes les cités. Sparte a ses ilotes, Athènes ses métœques, Carthage, ses non-citoyens tributaires. Ainsi s'expliquent les divisions sociales, la séparation des magistratures patriciennes et plébéiennes, les révolutions intérieures, l'expulsion des rois, l'exil de Coriolan, etc. L'âme de l'histoire primitive, c'est la coexistence dans les mêmes murs de deux peuples distincts qui plus tard se confondirent.

Quant aux fables mêlées à cette histoire et qui en sont non la substance, mais l'ornement, c'est le peuple romain lui-même qui les a créées. La légende de Romulus est une épopée, celle de l'enlèvement des Sabines en est une autre. La trahison de Tarpeia en est un épisode. — Le règne de Numa est une épopée d'un autre genre, elle est pacifique, comme celle de Romulus était guerrière. L'élément guerrier éclate dans l'épopée de Tullus Hostilius et les admirables épisodes des Horaces et des Curiaces. La ruine d'Albe est une Iliade, comme la prise de Troie. L'histoire des derniers rois de Rome n'est ni moins poétique ni moins expressive. Sous Ancus Martius arrive dans la cité le Lucumon étrusque, chef de cette famille des Tarquins, odieux représentants de la caste oppressive. C'est lui qui plonge le peuple dans les carrières, qui construit les égouts, les aqueducs, le cirque. Il est assassiné. Le peuple prend un roi tiré de ses rangs, c'est l'esclave Servius Tullius. Ici les événements revêtent une couleur toute poétique. Les deux filles de Servius, l'une bonne, l'autre criminelle, sont unies aux deux Tarquins, l'un honnête, l'autre scélérat. La femme vertueuse, le mari honnête sont assassinés, et les deux meurtriers s'unissent. Tullie fait passer son char sur le corps de son père. Les divers épisodes de l'histoire de l'expulsion des rois, la mort de Lucrèce, la folie de Brutus, l'emblème du bâton grossier rempli d'or, le baiser à la terre, la conspiration des fils du vengeur du peuple, Horatius Coclès, Scévola, Clélie, fragments d'une vaste épopée, dont le dénoûment suprême est la victoire du lac Régille, à laquelle prennent part Castor et Pollux montés sur des chevaux éclatants de blancheur, et qui viennent baigner leur corps poudreux dans la fontaine du Juturne.

Or ces épopées sont l'œuvre du peuple romain. En

vain l'on s'obstine à le représenter comme dépourvu d'imagination et d'invention. C'est lui qui a fait son histoire, vaste composition poétique.

Mais, quand et comment se constituèrent ces chants nationaux ? L'incendie de Rome par les Gaulois anéantit presque tous les documents authentiques. Il ne resta plus des trois siècles et demi qui avaient précédé que le souvenir vague de grands événements accomplis. Or ce vague des souvenirs est éminemment propre à frapper les imaginations et à les féconder. Les faits dominants survivent seuls ; la fantaisie populaire groupe autour de ces faits les épisodes ; elle crée le merveilleux et le confond avec le réel. L'histoire authentique faisait défaut, le peuple la remplaça par la légende. Ainsi avaient fait les rapsodes du cycle thébain et du cycle troyen. Mais l'épopée romaine eut un caractère particulier. Comme ce peuple était divisé en deux nations, patriciens et plébéiens, vainqueurs et vaincus, la grande épopée nationale se forma de deux chœurs distincts : le chant patricien et le chant plébéien. Le génie populaire créa les légendes où revivait le souvenir des luttes et des triomphes de la plèbe : le génie patricien créa le reste. Ainsi le cinquième siècle de Rome est le véritable âge d'or de la littérature latine. A cette époque seulement s'est développé le génie profond et puissant de ce peuple. Il a refait son histoire détruite dans ses monuments authentiques, et il l'a refaite à la façon des légendes, par une inspiration énergique, en suppléant, en agrandissant, en personnifiant. Il n'a pu le faire plus tôt, car l'histoire existait ; il n'a pu le faire plus tard, car Rome fut mise en contact avec la Grèce et devint grecque. La poésie nationale fut dédaignée en présence des grâces maniérées de l'hellénisme. L'élément patricien, c'est-à-dire l'élément oppressif, domina seul, et livra Rome à l'étranger. Les Métellus et les Scipions sont les représentants de cette révolution antinationale qui détruisit la première et splendide éclosion du véritable génie romain. L'instrument, ce fut un étranger, le Calabrais Ennius, poëte de commande aux gages des grandes familles, qui substitua aux éclatantes couleurs des épopées primitives les froides contrefaçons des poëmes grecs, et créa ainsi cette école d'imitation bâtarde qui a formé les Horace, les Virgile, les Properce, et tout le troupeau servile de ceux qui se traînèrent sur leurs traces.

Rien ne sourit plus à l'imagination que cette hypothèse d'une immense épopée populaire ; rien ne s'accorde moins avec la réalité.

Et d'abord il n'en est pas resté le moindre fragment : aucun grammairien, aucun archéologue n'en cite un seul vers, n'en rappelle un seul mot ; aucun d'eux ne semble en soupçonner l'existence. Et cependant presque tous rappellent ou mentionnent les monuments les plus anciens de la poésie primitive, tels que le chant des prêtres Saliens et celui des frères Arvales. Mais un argument, plus grave encore que celui du silence de tous les auteurs, est tiré du caractère même du peuple romain et de son existence pendant les quatre premiers siècles de son histoire. Vainement chercherait-on en lui quelques-uns des traits propres aux nations poétiques. Ressemble-t-il à ces Ioniens qu'une vie facile sous un ciel radieux, dans un pays fortuné, provoque à l'expansion du chant ? Est-ce au milieu des infécondes plaines de Rome ou sur les coteaux arides de la Sabine, que l'on placerait quelques-uns de ces rapsodes qui parcouraient les cités et les bourgs de la Grèce, qui trouvaient dans chaque île, dans chaque ville, une tradition nationale, une légende locale, à Lemnos, celle de Philoctète, à Lesbos, celle des Argonautes, en Crète, celle de Minos, à Salamine, celle d'Ajax et de Teucer, à Ithaque, celle d'Ulysse, dans le Péloponnèse, celle des Atrides, à Thèbes, celle des Labdacides, dans la Thessalie, le berceau de tous ces personnages poétiques, Orphée, Musée, Linos, Thamyris? Le pays est ingrat, pauvre, malsain; la peste et la famine le désolent régulièrement. — Pas de rapsodes voyageurs faisant en tous lieux leur moisson de belles légendes; mais des hommes opiniâtres, courbés sur la charrue, ne quittant le hoyau que pour prendre la lance, se défendre contre le voisin pillard, ou le piller à leur tour. Rude et difficile est leur existence : combats incessants, contre le sol d'abord (il faut labourer des cailloux, dit le vieux Caton), contre les bandes armées qui menacent le territoire, contre les oppresseurs du dedans, les patriciens et les usuriers. Le Romain laboure, se bat et plaide. Il réclame l'égalité des droits civils et politiques, l'égalité des mariages, l'abolition des dettes. Rien dans sa vie qui rappelle de près ou de loin les nations poétiques et créatrices, les Hellènes, les Burgondes, les Scandinaves, les Outlaws de l'Angleterre, les compagnons de Pélage, les Bretons d'Arthur, les Francs de Charlemagne. Interrogez la langue : elle du moins doit avoir conservé le souvenir de ces épopées antiques : aèdes, rapsodes, scaldes, bardes, trouvères, peu importe le nom, tous les pays où a fleuri la poésie ont un mot pour désigner cet être à part, qui est l'âme chantante de la nation. Le mot *poëte, poeta*, n'est que du sixième siècle, et c'est un mot grec. Il n'y a qu'un mot pour exprimer l'infinie variété des produits de l'inspiration poétique, *carmen*. La loi des Douze Tables désigne ainsi les vers injurieux. Les prosateurs, Tite-Live et Cicéron, l'emploient dans le sens de *texte* (*Lex horrendi carminis erat leges Duodecim Tabularum, carmen necessarium*). Enfin, dans ce pays où s'est développée la longue série des épopées nationales, le poëte sera un être à part, estimé, honoré, vénéré. Loin de là : à peine commence-t-il à apparaître, il est méprisé et honni. Les institutions, les mœurs, les fêtes publiques, religieuses ou patriotiques auront du moins gardé la trace de ce penchant poétique commun à tout un peuple. Il y aura dans le Latium comme en Grèce des concours de poésie. Loin de là : les jeux, les fêtes ont un caractère exclusivement guerrier; et le peuple, à toutes les époques de son histoire, a toujours préféré à la représentation des tragédies et des comédies les danses d'ours et de saltimbanques, les exhibitions du grand triomphe, et enfin les combats de gladiateurs. Ses plaisirs sont violents; ses spectacles favoris sont ceux où se déploient l'adresse et la force du corps. La guerre et le travail : voilà où s'épuise toute son activité. Il conquiert, recule la grosse borne de son territoire, organise la cité, fonde le Droit, réglemente la religion. Voilà ses arts à lui : *Hæ tibi erunt artes...* Comment transformer en un chœur d'aèdes le peuple le plus essentiellement positif et calculateur qu'il y eût jamais (1) ?

―――――

(1) Voir le remarquable travail de Quinet, *De l'histoire de la poésie*, à qui j'emprunte les principaux traits de ce tableau.

§ II.

Il faut bien le reconnaître, cependant, Niebuhr invoquait à l'appui de son opinion l'autorité de deux ou trois textes. Le premier est tiré de Cicéron. « Que n'existent-ils encore ces vers dont parle Caton dans ses *Origines !* Ces vers qui bien des siècles avant lui étaient chantés dans les festins par chaque convive pour célébrer la gloire des grands hommes ! » (*Brutus*, 19).

Dans deux autres passages (*Tuscul.*, IV, 2 ; *de Orat.*, III, 51), il reproduit la même idée. Horace rappelle en poëte cet usage antique :

> Virtute functos, more patrum, duces
> Lydis remixto carmine tibiis
> Canemus.   (*Carm.*, IV, 15.)

Valère Maxime (II, I, x) fait allusion au même fait, et Varron, cité par Nonnius (*assa voce*) également, avec certaines variantes.

Ainsi le fondement de cette hypothèse d'épopées populaires repose sur un ancien usage qui n'existait déjà plus au temps de Caton, et suivant lequel chaque convive chantait à son tour les exploits des hommes illustres. Ces chanteurs étaient, d'après les témoignages différents des auteurs, tantôt des vieillards, tantôt des jeunes gens. Quels étaient ces chants ? C'était seulement dans des festins solennels de commémoration ou de funérailles qu'ils retentissaient. On peut donc les considérer comme une sorte d'adieu rhythmique envoyé au mort par chacun des convives. En effet, suivant le texte de la loi des Douze Tables, la coupe passait de main en main, et chacun, en la recevant, devait sur un rhythme consacré dire quelques phrases en l'honneur du défunt. Dans les funérailles qui précédaient le festin, se déployaient tout le faste et l'orgueil des patriciens; les décorations funèbres les plus splendides rappelaient non-seulement l'illustration du mort, mais celle de la famille ; l'éloge était prononcé sur la place publique. Le festin suivait ; et les chants des convives n'étaient autre chose que le résumé rapide et concis du discours prononcé devant le peuple. C'est là un usage essentiellement romain et surtout essentiellement patricien; seuls les patriciens avaient un père, seuls ils avaient des ancêtres, seuls ils pouvaient les célébrer en public et dans l'intérieur de leur maison. La loi des Douze Tables ne laisse aucun doute à cet égard : « *honoratorum virorum laudes in concione memorentur.* » Quant au citoyen, qui avait vécu et était mort plébéien, ce luxe lui était interdit : ses funérailles étaient *silencieuses (tacita funera).* C'est donc singulièrement exagérer la portée de quelques textes, qui même ne s'accordent pas, que de transformer en épopées populaires, et par conséquent plébéiennes, un usage ou plutôt un privilége essentiellement patricien.

Que si l'on se demande quel était le caractère de ces chants laudatifs, les inscriptions tumulaires des Scipions peuvent en donner une idée. Bien que d'une époque fort postérieure aux origines proprement dites de la littérature latine, elles expriment dans leur brièveté hautaine le langage probable de ces premiers bégayements de l'orgueil patricien.

Voici celle de L. Cornélius Scipion, consul en 456.

Cornelius Lucius Scipio Barbatus
Gnaivod patre prognatus, fortis vir sapiensque

> Quojus forma virtuti parisuma fuit,
> Consol, censor, aidilis quei fuit apud vos
> Taurasia(m) Cesauna(m) Samnio(m) cepit,
> Subigit omnem Loucana(m) opsidesque abdoucit.

La seconde est celle de L. Scipion, fils de Scipion Barbatus, consul en 494.

> Honc oino(m) ploirume consentiont R (omai)
> Duonoru(m) optumo(m) fuisse viro(m)
> Luciom Scipione(m). Filios Barbati,
> Consol, censor, aidilis hic fuet a(pud vos)
> Hec cepit Corsica(m) Aleria(m)que urbe(m)
> Dedet tempestatibus aede(m) merito.

La troisième est celle du second fils de Cn. Scipion Hispalus, consul en 578, et qui mourut jeune. On remarquera dans les antithèses simples, mais éloquentes, une intention littéraire, qui ne se découvre pas dans les précédentes inscriptions.

> Magna(m) sapientia(m) multasque virtutes
> Ætate quom parva posidet hoc saxum,
> Quoiei vita(m) defecit non honos, honore
> Is hic situs, quei nunquam victus est virtute.
> Annos gnatus viginti is terreis mandatus ;
> Ne quairatis honore(m) quei minus sit mandatus (1).

Il faut joindre enfin à ces monuments presque informes de la littérature primitive le chant laudatif qui accompagnait le cortége funèbre, et auquel s'unissaient les accords de la flûte. On l'appelait *nœnia funebris*. Aucun modèle de ce genre de poésie ne nous a été conservé : nous savons seulement qu'elle était chantée par les parents du mort. Plus tard on chargea des

---

(1) Consulter, pour toute cette partie, l'ouvrage spécial de M. Egger *Latini sermonis vetusti reliquiæ*.

pleureuses à gage de ce soin (*præficæ*). Après la mort d'Auguste, le sénat ordonna que la *nénie* funèbre en son honneur serait chantée par les jeunes garçons et les jeunes filles des premières familles. Caligula se fit chanter de son vivant sa *nénie* laudative. Mais ici encore, comme pour l'éloge funèbre et le chant de table, les patriciens seuls jouissaient de ce privilége. Il est donc impossible de découvrir dans aucun des usages de la Rome primitive la moindre trace d'une inspiration populaire, créatrice de vastes épopées.

§ III.

Il ne faut pas la chercher non plus dans les vestiges inintelligibles qui nous ont été conservés des litanies chantées avec accompagnement de danses et de flûte par les prêtres Saliens et les frères Arvales. Comme l'a fort bien montré M. Mommsen, dans ces fêtes religieuses la danse et la musique étaient le principal, les paroles étaient l'accessoire. Il en sera de même au VIe siècle. La mimique scénique passe avant le texte même du drame ; l'acteur avant le poëte. A toutes les époques, le côté sensible et matériel de l'art dominera. Autant qu'on en peut juger par les restes de cette poésie barbare, ces chants religieux n'étaient qu'une simple invocation aux dieux, où se mêlaient des commandements pour l'ordre de la cérémonie, adressés aux prêtres et à la foule. C'est ainsi du moins que les interprètent les plus récents archéologues (1). Nous ne possédons aucun

(1) Voici d'après M. Mommsen le texte et la traduction du chant des frères Arvales :

Enos, Lases, juvate.
Neve lue rue, Marmar, sins incurrere in pleores!

monument des antiques prédictions des devins et parmi eux du célèbre Marcius, dont le nom était resté dans la mémoire des hommes : ces interprètes de la divinité, dont ils entendaient la voix dans les solitudes murmurantes des forêts, ces faiseurs d'incantations magiques destinées à conjurer les mauvais sorts, les vents, la pluie, à faire passer les semences d'un champ dans un autre, étaient contemporains des premiers âges du Latium. Chez tous les peuples, le spectacle des choses extérieures, la contemplation et l'effroi des phénomènes de la nature, ont provoqué les premières expansions du génie poétique : mais l'élan inspiré, la couleur, la vie ont manqué aux chanteurs de l'Italie. La légende même n'a pu faire, pour eux, ce qu'elle a fait chez les Grecs pour les Orphée, les Musée, les Linus.

> Satur fu, fere Mars!
> Limen sali! Sta! berber!
> Semunis alternis advocapit conctos!
> Enos, Marmor, juvato!
> Triumpe!

Ce qui signifie :

(Aux Dieux) :
> Lares, venez à notre aide !
« Mars, Mars ne laisse pas tomber la mort et la ruine sur la foule !.. »
« Sois rassasié, féroce Mars !... »

(A un prêtre) :
« Saute sur le seuil ! Debout ! frappe !..... »

(A tous) :
«Vous d'abord, vous ensuite, invoquez tous les Semones (Dieux lares) !

(Au Dieu) :
« Toi, Mars ! Mars ! viens-nous en aide ! »

(A tous) :
« Sautez ! sautez ! sautez !

§ IV.

C'est que tout autre est le génie de la race latine. Le Grec anime, personnifie, divinise tout ce qu'il voit, tout ce qu'il pense, tout ce qu'il sent ; le Latin reste dans l'abstraction. Le Grec est prompt à l'enthousiasme ; il revêt de belles formes les objets et les idées : le Latin est railleur comme tous les esprits positifs. Il a le génie de la mimique, de la farce. Aussi les plus anciens monuments de poésie italique populaire dont il soit fait mention, ce sont des vers satiriques. Tels étaient, on n'en peut douter, les vers *fescennins,* les chants *de triomphe,* les *satires* proprement dites, et les premiers essais de comédie, les *farces Atellanes.* Ce penchant à la raillerie a créé les vieux mots *succinere, occentare, pipulus, obvagulatio ;* c'est encore lui qui a donné naissance à ces innombrables sobriquets, destinés à rappeler soit un vice habituel, soit une difformité physique, comme *Nasica, Cornutus, Capito, Bestia, Verres, Bibulus, Dentatus,* etc. Un article de la loi des Douze Tables punissait de mort tout auteur de vers injurieux. Cette grosse gaieté bouffonne devint plus tard l'urbanité ; mais la satire demeura le genre vraiment national, et Quintilien a raison de dire : *Satira tota nostra est.*

Les vers *Fescennins* ne sont pas originaires de Fescennie, ville d'Étrurie, pas plus que *cœrimonia* n'est dérivé de Cœré. C'est un des plus anciens genres de poésie, et de poésie tout à fait nationale. Voici, d'après Horace, quelle en est l'origine probable (1).

« Les Romains d'autrefois, laboureurs, hommes

(1) Epist. II, ɪ, 139.

énergiques, riches de peu, après avoir rentré la moisson, accordaient dans un jour de fête quelque relâche à leur corps et à leur âme qui supportait dans l'espoir de la fin de rudes travaux. En compagnie de leurs aides, de leurs enfants, de leur femme fidèle, ils apaisaient la Terre par le sacrifice d'un porc; Silvain, en lui offrant du lait; en présentant des fleurs et du vin au Génie qui préside à nos courts instants. C'est de cet usage que naquit la licence de la poésie fescennine, qui dans des vers alternés jetait des sarcasmes rustiques. »

D'abord ces plaisanteries enjouées furent bien accueillies de tous, mais les railleries devinrent envenimées, les plus honnêtes familles furent attaquées ouvertement; alors fut portée la loi qui interdisait de marquer qui que ce fût d'un vers injurieux (*malo carmine*). Virgile parle aussi de ces antiques laboureurs d'Ausonie, qui s'égayent en des vers sans mesure et un rire sans frein :

Versibus incomptis ludunt risuque soluto.

Presque tous les chants primitifs ont la même origine, ils sont nés dans la joie des fêtes, à l'occasion de la moisson ou des vendanges. Mais en Italie ils ont ce caractère particulier de licence satirique. Il faut y joindre l'idée superstitieuse qui a donné leur nom aux vers *fescennins*. Il y avait en Italie un Dieu *Fascinus*, dont la statue était placée sur le char du triomphateur. L'esclave public, qui tenait au-dessus de la tête de celui-ci la couronne d'or massif, lui criait de temps en temps : « Retourne-toi, Imperator, et regarde *Fascinus*, afin que ce Dieu conjure la fortune qui se plaît à châtier la gloire. » Ce dieu *Fascinus* était la divinité qui conjurait les mauvais sorts. De là son importance chez un peuple de laboureurs qui croyaient aux incantations magiques, aux sorts qui faisaient passer la semence d'un champ dans un autre. La loi des Douze Tables punissait de mort celui *qui avait enchanté les fruits de la terre* (qui fruges excantassit) : Virgile a conservé le souvenir de cette antique superstition, quand il parle de ce mauvais œil qui fascine les agneaux à la mamelle et les fait dépérir. Quant à ces vers alternés, dont parle Horace, c'est un usage que nous retrouvons dans toutes les fêtes de l'ancien culte. Aux Lupercales, la troupe se divisait en deux bandes : l'une, celle des brebis ; l'autre, celle du loup ; aux fêtes de la moisson, il y avait aussi un double chœur : l'un chantait les louanges de Pan, de Silvain, de Faune, de Silène ; le second répondait par des vers où étaient rappelés en termes grossiers et licencieux le souvenir des mésaventures amoureuses de ces dieux à demi ridicules. Après avoir célébré et raillé les dieux, on raillait les hommes. C'était un échange de quolibets salés. Ovide fait allusion à ces anciens usages lorsqu'il dit :

> Plebs venit ac virides passim disjecta per herbas
> Potat et accumbit cum pare quisque sua.
> Inde joci veteres, obscœnaque dicta canuntur (1).

Mais c'était surtout dans les réjouissances qui suivaient les noces que la verve de ces improvisations licencieuses se donnait pleine carrière. C'est là que ce malin dieu *Fascinus* jouait un grand rôle, surtout quand l'âge des époux n'était pas assorti, qu'une vieille femme épousait un jeune homme. Peu à peu les vers fescennins ne furent autre chose que des épithalames ; mais, jusque dans les derniers temps de Rome, ils conservèrent le privilége

(1) Ovide, *Fast.*, III, 525-695 ; II, 655 ; VI, 407.

antique de la verve sans frein. — Claudien célèbre, en poëte de cour, le mariage d'Honorius et de Marie, mais il nous apprend que le chœur populaire fait entendre à la porte du palais des chants d'un caractère bien plus libre :

> Permissisque jocis turba licentior,
> Exultet tetricis libera legibus.

Ce même caractère satirique et licencieux se retrouve dans une des institutions les plus imposantes de Rome, la cérémonie du triomphe. Le vainqueur, porté sur un char magnifique précédé du butin et des prisonniers, s'avançait entre deux haies de soldats, et montait au Capitole pour y rendre grâces aux dieux. Les soldats se divisaient en deux chœurs qui se répondaient : les uns chantaient les louanges du vainqueur, les autres lui lançaient au visage une foule d'invectives et de sarcasmes. Les Cincinnatus, les Camille, les Potitius, subirent ces explosions de la verve soldatesque (*carmine triumphali solennibus jocis jocos militares alternis inconditi versus militari licentia jactati*) (1).

Nous retrouvons encore ici comme dans les vers fescennins ce double chœur, ces chants alternés et satiriques. Théocrite offre plusieurs exemples de ces joutes de quolibets, Virgile en a reproduit un faible spécimen dans son églogue troisième; Horace est resté plus fidèle à la tradition nationale dans sa peinture du combat d'invectives entre les deux bouffons Sarmentus et Messius (2). Nous ne possédons aucun spécimen des chœurs satiriques chantés au triomphe de Cincinnatus et de Camille; mais il est facile de s'en faire une idée en lisant ceux qui saluè-

(1) Tit. Liv., VII, 10, 38 ; IV, 20 ; X, 30 ; XXVIII, 9 ; XXIX, 7.
(2) *Sat.*, I, 5.

rent César. Ils sont inintelligibles, si l'on ne les divise en
un double chœur :

> Gallias Cæsar subegit — Nicomedes Cæsarem.
> — Ecce Cæsar nunc triumphat qui subegit Galliam,
> — Nicomedes non triumphat qui subegit Cæsarem. —

Ces antithèses rapides, ces rapprochements qu'un mot fait jaillir, sont éminemment propres à l'esprit romain. Suétone est plein de ces sarcasmes préparés par un éloge et d'autant plus pénétrants. Les empereurs en furent plus d'une fois atteints et percés profondément. C'est au théâtre surtout que se conserva la vieille liberté ; nous en retrouverons plus d'un exemple.

La Satire proprement dite appartient aussi à cette période primitive. Aucun monument ne s'en est conservé, mais les poëtes de l'époque immédiatement postérieure, Nævius, Ennius et Lucilius lui-même, ont reproduit la forme et jusqu'à un certain point le caractère de leurs devanciers anonymes. La Satire a la même origine que les vers Fescennins. Dans les fêtes appelées *Liberalia*, qui avaient lieu au printemps, on présentait aux dieux qui protégeaient les travaux des laboureurs un vaste bassin rempli des prémices de toutes les productions de la terre. Ce bassin était appelé *lanx Satura*, d'un mot osque qui signifie pot-pourri. Puis commençaient les chants joyeux et railleurs accompagnés du son des instruments et de danses. C'étaient des contes licencieux, des plaisanteries salées, des équivoques grossières. On y tournait surtout en ridicule certains personnages comme les vieillards amoureux, les vieilles femmes éhontées, les débauchés. En même temps les assistants se faisaient des masques avec des écorces d'arbre pour effrayer les passants :

> Oraque corticibus sumunt horrenda cavatis.

on suspendait aux arbres des mannequins de Bacchus, et des chœurs de paysans ivres échangeaient des invectives grossières. C'est dans des circonstances analogues que naquirent la tragédie et la comédie chez les Grecs : mais les deux peuples qui devaient à leur origine commune une religion identique dans le fond et des fêtes à peu près semblables développèrent sous d'autres cieux des qualités différentes. Des chœurs dithyrambiques et ithyphalliques Eschyle et Aristophane formèrent le drame et la comédie. Dans le Latium, les expansions de la gaieté populaire ne produisirent aucune œuvre d'art.

Il n'en sortit même pas une métrique quelconque, si rudimentaire qu'elle fût. Tous ces chants populaires avaient, pour expression uniforme, non un vers régulier, mais un nombre, sans mesure fixe, appelé saturnin, qu'Horace qualifie de *horridus*. Le saturnin variait dans ses dimensions ; il était de trois et de sept pieds : la cadence seule coupait les syllabes, composées en général d'une succession redoublée de trochées unis à des ïambes, et par là assez bien choisis pour rendre les saillies des ripostes. C'est dans ce mètre qu'étaient composés les antiques chants religieux, les prédictions des devins. Le *Saturnin* s'appelait aussi *Faunien :* Ennius y fait allusion dans ces vers :

> Scripiere alii rem
> Versibus quos olim *fauni* vatesque canebant,
> Quum neque musarum scopulos quisquam superarat,
> Nec dicti studiosus erat.

Les chants de table, de funérailles, de triomphe, les inscriptions tumulaires étaient aussi en vers saturnins.

De cette poésie primitive les débris sont rares et de peu d'importance. Si l'on en a parlé ici, c'est qu'il était nécessaire de constater l'impuissance native de la race Latine à concevoir et à rendre sous une forme harmonieuse et colorée les idées et les sentiments qui l'animaient. Remarquons de plus que ces ébauches grossières d'œuvres poétiques ont presque toutes le même caractère : un penchant à la raillerie. Le Romain est le citoyen sérieux par excellence ; mais s'il cesse de l'être, s'il accorde à son corps et à son esprit toujours tendus quelque repos, s'il s'égaye en un mot, sa gaieté n'a rien de délicat ; c'est une brusque détente, une explosion grossière. Rien de plus contraire que cette disposition d'esprit à l'essor de la grande poésie.

§ V.

Sauf quelques restes de la loi des Douze Tables, il n'est rien parvenu jusqu'à nous des monuments de la prose primitive. La tradition seule s'en est conservée. Ces monuments étaient déposés dans les temples, et ils ont péri dans l'incendie de la ville par les Gaulois. Nous nous bornons à en donner un simple catalogue.

Les *Lois royales* (*Reges Regiæ*) remontaient aux premiers temps de Rome.

Le droit Papirien (*Jus Papirianum*).

Les livres du roi Numa (*Libri Numæ Pompilii*) découverts seulement en 573, et fort probablement supposés, furent condamnés au feu par le Sénat (1).

Les actes officiels des principaux magistrats religieux ou politiques, et qu'on désignait sous le noms de *Libri Lin-*

---

(1) Tit. Liv., XL, 29; Plutarch., *Numa*, XXII; Plin., *Hist. nat.*, XIII, 13.

tei, Libri pontificales, Commentarii pontificum, Libri augurales, Libri prætorum, Tabulæ censoriæ : tous monuments d'une importance capitale pour l'histoire, mais nuls pour la littérature.

Les grandes Annales (Annales Maximi), chronique de Rome, sèche énumération des faits les plus dignes de mémoire (1).

Les traités conclus avec les Latins et les Carthaginois(2). Horace se moque des archéologues qui se piquaient de les comprendre.

Les éloges funèbres et les généalogies des principales familles, documents précieux pour l'histoire, mais altérés par la vanité et le mensonge (3).

Enfin un certain nombre de lois publiées pendant le quatrième et le cinquième siècle ; mais dont nous ne connaissons que les dispositions, le texte s'en étant perdu.

Les lois des Douze Tables, promulguées en 302 et 304. C'est le fondement du droit civil et privé. Suivant une tradition qui n'a plus cours aujourd'hui, ces lois auraient été empruntées à la Grèce. Un certain Hermodore aurait traduit pour les députés romains la constitution de Solon, qui serait devenue le modèle de celle de Rome. C'est une œuvre essentiellement romaine. Nous ne les possédons pas dans toute leur intégrité, le texte lui-même a été modifié, dépouillé en partie de sa couleur archaïque : mais, telles qu'elles sont, les lois des Douze Tables renferment des renseignements précieux sur les mœurs, les idées, les croyances, l'agriculture et les arts du quatrième siècle. Elles furent de bonne heure commentées, interprétées

---

(1) Quintil., X, 2, 7; Cicer., *Orat.* II, 12; Tit. Liv., II, 19.
(2) Dio Hal., IV, 58.
(3) Aul. Gel., XIII, 19.

par les jurisconsultes, et restèrent jusque dans les derniers temps de l'empire la source première du droit. La rédaction en est sentencieuse, propre à se graver facilement dans l'esprit : une sorte d'apophthegme moral et comminatoire. La diction en est dure, heurtée, tranchante. Bien qu'on en apprît encore le texte par cœur vers le milieu du septième siècle, Cicéron déclare que les lois des Douze Tables, les livres des Pontifes, et tous ces anciens monuments de la vieille langue n'offrent plus guère d'intérêt qu'à l'archéologue. Qu'on en juge par ces deux textes :

« Si membrum rupit, ni cum eo pascit, talio esto. —
Si nox furtum factum sit, si im occisit, jure cæsus esto. »

CHAPITRE III

LE CINQUIÈME ET LE SIXIÈME SIÈCLE.

Livius Andronicus. — Nævius. — Ennius.

§ I.

C'est vers la fin du quatrième siècle que commence l'histoire authentique de Rome ; c'est aussi vers cette époque que Rome entre en communication avec la Grèce par les villes de la Campanie, de l'Italie méridionale, de la Sicile, et que des modifications importantes s'introduisent dans la constitution, les lois, les mœurs, les usages. Quel intérêt n'aurait pas l'étude détaillée des transformations graduelles opérées au sein de ce peuple qui doit soumettre tous les autres peuples !

M. Mommsen a réuni presque tous les éléments de ce travail qui, s'il était exécuté à part, jetterait la plus vive lumière sur l'histoire littéraire : je ne puis ici qu'en signaler l'importance.

Les premiers écrivains dont les noms et quelques fragments nous soient parvenus appartiennent aux premières années du sixième siècle ; et, autant que nous en pouvons juger, la plus grande partie de leurs œuvres consiste dans une imitation plus ou moins libre des modèles grecs. Ainsi ce n'est qu'après cent cinquante ans environ de rapports avec le monde hellénique, que la littérature proprement dite apparaît. Ce fut à vrai dire la dernière chose que les Romains eurent l'idée d'emprunter à la Grèce : pourquoi ? C'était de toutes la plus superflue. Aussi ne conquit-elle droit de cité à Rome, que le jour où tout ce qui constitue le luxe eut aussi pénétré dans la cité. Il ne faut pas se figurer les vieux Romains du cinquième siècle comme systématiquement hostiles aux importations étrangères ; loin de là, ils étaient tout prêts à adopter ce qui leur semblait bon et utile ; mais les arts proprement dits ne leur semblaient ni l'un ni l'autre. Le Sénat avait recours aux divinités de la Grèce ; il envoyait consulter l'Apollon de Delphes (360), il faisait élever un temple à l'Esculape d'Épidaure (463), des statues à Pythagore et à Alcibiade, singulier rapprochement (411) ; il comptait même dans son sein des membres qui parlaient grec, témoin les députés envoyés à Tarente, et d'autres qui se paraient de surnoms grecs, *Philippos*, *Philon*, *Sophos* ; on installait à Rome un calendrier solaire apporté de Catane (491) ; enfin la civilisation hellénique pénétrait jour par jour la société romaine, mais il fallut une communication incessante de cent cinquante années avant qu'une œuvre littéraire en sortît.

Un personnage d'une puissante originalité représente assez bien le moment indécis où le vieil esprit romain commence à sortir du cercle étroit où il enfermait sa vigoureuse activité, c'est le censeur Appius Claudius Cæcus. Ce défenseur violent et obstiné des priviléges de sa caste est en même temps le promoteur d'innovations fort remarquables, un homme de progrès, comme on dirait de nos jours. Politique et financier, il songe à l'extension de la cité et de la fortune publique ; jurisconsulte éminent, il est aussi célébré comme le premier orateur de son siècle. On lisait et on admirait encore au temps de Cicéron la harangue qu'il prononça dans le Sénat à l'occasion de la paix demandée par Pyrrhus vainqueur. Ennius en a reproduit quelques traits ; on peut en voir un résumé énergique dans Plutarque (*Vie de Pyrrhus*, ch. XIX). Appius s'occupa même de grammaire : c'est à lui qu'on attribue le changement de l'*s* en *r* dans les mots *Furius*, *Valerius*, etc. Il paraît même qu'il traduisit dans son rude langage latin les sentences morales de Pythagore. Voilà dans quelles limites un Romain de ce temps songeait à cultiver son esprit. Le droit national, l'éloquence, un peu de grammaire et de morale. Ajoutons-y certaines connaissances pratiques en agriculture : tel est le point où l'on jugeait qu'il était bon de se tenir. Poésie, philosophie, musique, arts plastiques, c'est cent ans plus tard seulement que ces superfluités furent introduites à Rome, non sans soulever d'énergiques protestations.

§ II.

Au commencement du sixième siècle, l'extension de la puissance romaine et de la population de la ville, qui nécessite la création d'un préteur pour les étrangers, le grand mouvement d'expansion qui suit la fin de la seconde guerre punique, impriment un élan remarquable à la civilisation. La langue grecque est connue et parlée à Rome ; elle était indispensable au commerçant qui trafiquait avec la Sicile, à l'homme d'État qui rencontrait des Grecs partout. De nombreux esclaves originaires de la Grèce et de l'Italie du sud, introduisent la connaissance de leur langue nationale dans les classes inférieures de la société. Les comédies de Plaute sont pleines de mots grecs. Les sénateurs romains parlaient grec devant un public grec (Tibérius Gracchus à Rhodes, en 577). Les premières chroniques romaines sont écrites en grec. Flamininus répond à un compliment que des Grecs lui font en latin, par deux distiques grecs. Caton reproche à un sénateur d'avoir, dans une orgie à la grecque, chanté des paroles grecques sur un air grec. L'hellénisme pénètre partout. On met aux mains des enfants, dans les écoles, l'*Iliade* et l'*Odyssée*, avec la traduction latine. Mais le vieux préjugé romain subsiste toujours : on distingue avec soin les occupations dignes d'un homme libre, de celles qu'on abandonne à des étrangers, à des personnes de basse condition. Le Romain écrit en prose ; c'est la langue du droit, des affaires, de la politique. Ce sont les étrangers et les affranchis qui écrivent en vers.

§ III.

LIVIUS ANDRONICUS.

Le premier introducteur de la littérature grecque fut *Livius Andronicus*, Grec de Tarente, amené à Rome après la prise de cette ville en 482, par Livius Salinator, qui l'affranchit et lui donna son nom. Il était de son métier acteur et copiste. Il se fit maître d'école, d'abord des enfants de son patron, puis de ceux de ses amis. Il enseignait ensemble le latin et le grec, mettant aux mains de ses élèves le texte de l'*Odyssée* et la traduction latine qu'il en avait faite. Il semble avoir joui d'une certaine considération si l'on en juge par l'honneur qu'il eut de composer, sur les ordres du Sénat, le chœur chanté par vingt-sept jeunes filles pour obtenir des dieux l'éloignement d'Asdrubal. Ce fut lui qui fit connaître aux Romains la tragédie grecque. La première pièce traduite du grec fut représentée en 514, à la fin de la première guerre punique. Que pouvait être pour des Romains de ce temps une œuvre d'une civilisation si raffinée, écrite dans le rude idiome national ?

Ce fut cependant ce pastiche informe qui donna le ton à toute la littérature de cette époque. De rares essais de tragédie nationale furent tentés, et il ne semble pas qu'ils aient eu du succès, puisque de bonne heure cette voie fut abandonnée. Il faut bien se souvenir, en effet, que la poésie était, et fut encore pendant longtemps, considérée comme une vaine et puérile occupation, et surtout que les Romains ne pouvaient s'imaginer qu'elle dût ou pût toucher sans profanation à des sujets nationaux ; que ceux-ci d'ailleurs n'admettaient pas les ornements et les fictions ; et enfin, que sur ce sol ingrat du Latium, la légende n'avait jamais pu prendre racine. Livius Andronicus donna donc le signal de la littérature d'imitation qui, du moins en ce qui concerne la poésie, était à vrai dire la seule possible. Bien que nous ne puissions en juger par nous-mêmes, il est certain que cette lutte avec l'idiome grec aux rhythmes si variés, dans l'épopée homérique, dans la tragédie euripidéenne, fut favorable à la langue latine. L'hexamètre commença à poindre ; l'iambe et le trochée, qui se trouvaient déjà dans le vieux Saturnin, se débrouillèrent et s'isolèrent davantage : une certaine souplesse fut acquise, qui devait se développer de plus en plus (1).

(1) Voici d'après Otto Ribbeck (*Fragmenta Latinorum tragicorum*) les titres des pièces de L. Andronicus : *Achilles, Ægysthus, Ajax, Andromeda, Danae, Equus Trojanus, Hermiona, Tereus.*

§ IV.

NÆVIUS.

Cicéron compare les poëmes de Livius Andronicus à ces statues de Dédale, immobiles, roides, les bras collés au corps ; mais il admire fort Nævius : « Sa guerre punique, dit-il, nous charme encore comme une statue de Myron ; il a écrit avec grâce (*luculente*) et Ennius l'a pillé plus d'une fois sans en rien dire. » Nævius est le favori de Niebuhr : il salue en lui le poëte national, courageux, indépendant, qui se détourne avec mépris des modèles de la Grèce pour se plonger aux sources vives de l'inspiration patriotique, bien différent en cela de ce demi-Grec Ennius, imitateur de l'étranger et flatteur de l'aristocratie. Cette opinion, qui sourit à l'imagination, est celle de presque tous les critiques allemands modernes, et particulièrement de Klusmann (1), le dernier éditeur des fragments du vieux poëte. Il faut avouer qu'elle est assez vraisemblable. Mais évitons de bâtir sur des hypothèses, si ingénieuses qu'elles soient, tout un système de poésie nationale romaine. Nævius était campanien : c'est Aulu-Gelle qui nous l'apprend. Klusmann en veut faire un Romain, afin de mieux l'opposer au Calabrais Ennius. Il était citoyen romain, cela est incontestable. De plus, il était l'ennemi acharné et mordant du parti des nobles ; les Métellus et les Scipions tenaient déjà alors dans la république une place considérable : honneurs, dignités de toute nature semblaient leur être réservés par droit de naissance. Le courageux Nævius ne craignit

---

(1) *Nævii vita et reliquiæ.* Descripsit et edidit Klusmam. Tenæ, 1843.

pas d'attaquer en face les puissantes familles. « A Rome les Métellus naissent consuls, » disait-il :

> Fato Metelli Romæ fiunt consules.

A quoi les Métellus répondirent par cette menace qui ne fut pas vaine. Les Métellus sauront bien punir le poëte Nævius :

> Malum dabunt Metelli Nævio poetæ.

Il osa même, dans une allusion transparente, rappeler un scandale de la vie privée de Scipion l'Africain. « Cet homme, qui a accompli glorieusement de sa propre main tant de grandes choses, cet homme dont les exploits sont encore tout vivants, qui seul attire les regards des peuples étrangers, cet homme, son père l'a fait sortir de chez son amie, n'ayant pour tout vêtement qu'un manteau. » De là des haines violentes contre lui, et la persécution. Il est jeté en prison ; délivré par l'intercession des tribuns, il revient à la charge ; cette fois il est exilé, et va mourir à Utique en 550. Fut-il réellement maltraité dans sa prison? faut-il voir en lui *ce poëte barbare* auquel Plaute fait allusion ? (*Miles gloriosus*, act. II, sc. II, vers 56.) On ne sait. Ce qu'il y a de certain, c'est qu'il avait de lui-même une haute opinion, si l'on en juge par l'épitaphe qu'il se composa :

> S'il était permis aux immortels de pleurer les mortels,
> Les divines Camènes pleureraient Nævius le poëte.
> Depuis qu'il est devenu la proie de l'Orcus,
> On a oublié à Rome de parler la langue latine.

Prétendait-il opposer son œuvre toute nationale, toute romaine, aux imitations grecques qui allaient prévaloir ? Niebuhr et d'autres l'ont prétendu. Je ne vois dans ces vers qu'une jactance de poëte. Nævius avait écrit des tragédies, des comédies, des satires, et un poëme héroïque en sept livres : *la Guerre punique* (la première). De tout cela à peine quelques vers, cités par les grammairiens, nous sont parvenus. Ses tragédies étaient pour la plupart empruntées au théâtre grec, comme celles de Livius et d'Ennius ; cependant deux d'entre elles étaient nationales (*fabulæ togatæ prætextatæ*) ; l'une avait pour titre *Romulus*, l'autre *Clastidium*, nom d'un bourg de la Gaule, livré par trahison à Annibal, événement contemporain. Ses comédies, si l'on en juge par les titres, sont aussi des imitations du théâtre grec. Quant à son épopée nationale, je m'étonne qu'elle ait servi de base à l'hypothèse de Niebuhr. Les premiers livres en effet étaient consacrés à l'histoire d'Énée, après la prise de Troie, fable d'origine toute grecque, adoptée plus tard par Rome, il est vrai, mais qu'un vieux et vrai poëte romain eût ignorée alors ou repoussée avec mépris. L'argument tiré de la métrique informe de Nævius qui en était resté au vers saturnin, ne prouve rien, si ce n'est que l'hexamètre lui était inconnu. Peut-être est-ce à lui et à ses devanciers qu'Ennius faisait allusion dans ces vers :

« C'est ainsi que chantaient jadis les Faunes et les devins, alors que nul n'avait encore gravi les rochers des Muses (c'est-à-dire les difficultés du mètre) et ne s'appliquait avec amour au beau langage. »

Quoi qu'il en soit de toutes ces hypothèses, voilà les origines de la littérature romaine. Elle est absolument imitatrice, traductrice avec Livius Andronicus ; un peu plus indépendante avec Nævius, mais sans s'affranchir de l'imitation hellénique, elle demeure encore informe, incertaine de la voie où elle s'engagera. Ce fut Ennius qui lui imprima définitivement la direction qu'elle devait suivre.

§ V.

C'est sur Ennius (1) que sont tombées toutes les colères de Niebuhr. Ennius, c'est l'étranger, le Grec, courtisan et vain, qui arrête brusquement l'éclosion de la littérature nationale et fait partout dominer l'hellénisme : ainsi que je l'ai montré, cette accusation n'a aucune portée, car elle repose sur une hypothèse inadmissible, à savoir, qu'il y avait eu à Rome avant Ennius une puissante végétation de poésie nationale. Ennius n'a rien détruit, et son œuvre, qui fut considérable, n'a excité parmi ses contemporains et dans la postérité que la reconnaissance et l'admiration.

Il est né en Calabre, à Rudies, vers 514 ou 515. Il fut soldat pendant la première partie de sa vie, connut Scipion l'Africain et Caton qui, après sa questure, l'amena de Sardaigne à Rome (550). Sa vie est toute romaine ; de bonne heure il a reçu le droit de cité, et il s'écrie avec orgueil : « Je suis romain, moi qui fus jadis habitant de Rudies. »

Nos sumu'Romani qui fuimus ante Rudini.

Il vit dans la société des plus nobles familles de Rome ; c'est un client, un ami qu'on se dispute. M. Fulvius Nobilior l'emmène en Grèce avec lui, malgré les observations de Caton le Censeur. Les Scipions font placer sa statue parmi les monuments de la famille Cornélia. Jamais

(1) *Ennianæ poesis reliquiæ.* Vahlen ; Leipsick, 1854.

adoption ne fut plus complète. Lui-même se compose son épitaphe et s'adresse ainsi à ses concitoyens : « Contem- « plez, mes concitoyens, l'image du vieil Ennius : c'est lui « qui a chanté les grands exploits de vos pères : »

>Aspicite, o cives, senis Ennii imagini'formam :
>Hic vestrum panxit maxuma facta patrum.

Tous les auteurs postérieurs saluent en lui le Père de la poésie latine. « C'est lui qui le premier, dit Lucrèce, a « cueilli sur l'Hélicon une belle couronne. » Cicéron n'en parle qu'avec une sorte de pieuse admiration ; Virgile l'étudie, l'imite, lui emprunte des vers entiers, comme celui qu'il consacre à Fabius Cunctator :

>Unus homo nobis cunctando restituit rem.

Horace et Sénèque semblent les seuls écrivains qui aient essayé d'entamer cette vieille gloire nationale. La perfection des œuvres du siècle d'Auguste ne fait pas oublier le grand précurseur ; l'élégant et raffiné Ovide lui rend pleine justice : Ennius, dit-il, génie puissant, poëte sans art :

>Ennius ingenio maximus, arte rudis.

Dans le siècle suivant, quand des érudits comme Fronton, Aulu-Gelle et autres se reportent aux plus anciens monuments de la littérature latine, c'est Ennius et Caton qu'ils invoquent comme autorités. L'empereur Hadrien préférait Ennius à Virgile. Du temps d'Aulu-Gelle, des rapsodes prenant le nom d'*Ennianistes* déclament les vers du vieux poëte au théâtre. On pourrait multiplier ces témoignages, mais à quoi bon ? Il est plus intéressant de rechercher quel a été le caractère de la poésie d'Ennius, en quoi il a imité les Grecs, et comment cependant il est resté romain. Qu'on ne s'y trompe pas : il s'agit ici de la voie où va s'engager la poésie latine; il serait tout aussi injuste de lui dénier toute originalité que de prétendre qu'elle a tout tiré de son propre fonds.

La grande composition poétique d'Ennius, celle qui a fait de lui un Homère latin, ce sont les *Annales*, en dix-huit livres. Nævius, son prédécesseur, avait raconté en sept livres non la première guerre punique seulement, mais l'histoire légendaire de Rome jusqu'à l'année 500 environ. Ennius compose son poëme dans un temps où l'histoire traditionnelle des premiers siècles de Rome est définitivement constituée. Il raconte lui aussi la prise de Troie, l'arrivée d'Énée en Italie, ses guerres, éléments héroïques et nationaux de la légende : car si les Grecs en ont imaginé une partie, depuis longtemps la légende elle-même est devenue romaine. Le mariage d'Énée avec une fille du Latium, Procas, Numitor, Amulius, Rhéa Sylvia, Romulus et Rémus, tous ces événements fabuleux, mais acceptés, forment la matière du premier livre. Le savant éditeur d'Ennius, Vahlen, a essayé l'analyse des livres suivants avec beaucoup de sagacité : ce n'est pas ici le lieu de revoir son travail dans les détails. Ce qui importe, c'est de constater l'originalité absolue de l'œuvre d'Ennius. Ce poëte, qui prétendait posséder l'âme d'Homère, qui imposa, dit-on, l'hellénisme à ses contemporains, produit cependant une œuvre toute romaine, et même toute barbare. D'abord il choisit un sujet national. Ensuite, il adopte la forme imaginée par les prosateurs de son temps et du temps qui précède, la forme des Annales. Il ne se préoccupe point de l'unité de sujet; il suit les événements, mettant en lumière les plus glorieux : il s'arrête même dans son récit, et consacre un livre tout

entier à la glorification d'un ami, d'un protecteur illustre :
le XI° livre est dédié à Flamininus, le XII° à Fabius,
le XV° à Fulvius Nobilior. C'est là une composition rudimentaire, qui ne doit rien à l'art, qui est donc toute
romaine. L'esprit qui anime l'œuvre est essentiellement
romain. Les moindres vers qui nous ont été conservés
sont tout vibrants de patriotisme indompté. C'est Ennius
qui a résumé dans un seul vers le génie de la vieille
Rome :

> Moribus antiquis res stat romana virisque.

C'est lui qui a tracé le portrait de cette belle et sérieuse amitié du patricien et du plébéien, unis par les
liens religieux du patronat. Enfin l'enthousiasme guerrier de ce contemporain d'Annibal éclate à chaque instant
dans un langage barbare, mais puissant, qui rappelle
l'ardente inspiration d'Eschyle. C'est à lui que Lucrèce
emprunte les traits les plus expressifs de ses rapides
descriptions de batailles.

Donc cette partie de son œuvre est absolument originale ; et l'on ne saurait trop en déplorer la perte. Il
y en a une autre, et celle-là semble autoriser jusqu'à un
certain point les regrets de Niebuhr.

Ennius s'est à peu près exercé dans tous les genres.
C'est un poëte tragique, comique, satirique, didactique,
c'est encore un philosophe. Dans toute cette partie de son
œuvre, c'est encore un Romain, mais un Romain qui veut
initier ses contemporains aux diverses productions du génie grec. Ses tragédies sont des imitations, presque des
traductions des poëtes grecs. Nous avons vu que Livius
Andronicus et Nævius n'avaient pas fait autre chose. Le
héâtre à Rome ne fut jamais à aucune époque pure-

ment national : la gravité romaine se fût difficilement résignée à être exposée aux regards de la foule, et d'ailleurs les histrions étaient ou des esclaves ou des affranchis, toujours des êtres de vile condition : comment supporter la vue de ces gens sous le costume d'un consul ou d'un dictateur? C'est donc à la Grèce que l'on emprunta les sujets des drames : on restreignit les chants du chœur, on modifia certains détails de la fable ; on présenta certains faits sous un autre jour; mais, en somme, la tragédie romaine resta grecque par une foule de côtés. Le plus important de tous, ce fut l'esprit philosophique dont elle était animée. Le modèle auquel Ennius et ses successeurs s'attachèrent de préférence, c'est Euripide. On sait de quelles hardiesses philosophiques et religieuses étaient remplies les pièces du poëte grec. Ennius semble avoir goûté de préférence cette partie de l'œuvre de son modèle. On entendit sur une scène romaine une Ménalippé philosophe déclamant contre l'existence des dieux, ou attaquant dans sa base l'institution du mariage ; un Télamon invoquant l'existence du mal pour démontrer l'impuissance des dieux. Ajoutez à ces tirades irréligieuses des plaisanteries fort vives sur les devins et les astrologues, plaisanteries qui tombaient directement sur les augures.

Ennius ne s'arrêta point là. Il se fit le traducteur et l'introducteur à Rome d'Épicharme et d'Évhémère. Il enseigna aux Romains, d'après ses modèles, que Jupiter est tour à tour l'air personnifié ou un ancien roi dont la reconnaissance des mortels a fait un dieu. L'auteur a vu son tombeau en Crète, avec cette inscription : ΖΑΝΚΡΟΝΟΥ (*id est latine*, Jupiter Saturni). C'est donc à Ennius qu'il faut faire remonter le scepticisme religieux qui sera l'âme de la société romaine, cent ans plus tard. Bien que Cicéron n'admette pas le point de vue étroit auquel se place Évhémère, on ne voit que trop dans ses traités de *la Nature des Dieux* et de *la Divination*, qu'un travail sérieux de critique religieuse s'est fait dans les esprits, et que les vieilles croyances nationales ont été de bonne heure battues en brèche.

Ennius écrivit aussi des *Satires* (six livres). Il ne nous en a été conservé que des fragments sans aucune importance. Nous savons seulement, par Aulu-Gelle, qu'il avait traduit en vers le bel apologue *Ésopique* dont la Fontaine a fait sa fable de *l'Alouette, ses Petits et le Maître d'un champ*. Il est fort probable qu'Ennius avait renoncé à la vieille forme de la satire nationale, dont j'ai parlé plus haut. De ce côté encore ce serait donc un novateur, il aurait frayé la voie à Lucilius.

Enfin il traduisit du grec, d'Archestratos de Géla un poëme gastronomique, *les Friandises* (Ἡδυφαγετικά).

Tel est ce personnage intéressant : nous sommes réduits à deviner pour ainsi dire le caractère de ses œuvres ; car nous ne possédons de lui que des fragments d'une médiocre étendue, mais on ne peut s'y méprendre. Si Ennius a fait à la Grèce des emprunts considérables, il a cependant gravé sur ses productions l'empreinte de son propre génie et du génie romain. On la retrouve jusque dans les moindres vers cités par les grammairiens. Il n'a aucune idée de l'atticisme, et on ignore encore à Rome l'urbanité. D'autant plus efficace fut l'influence du vieux poëte : il laisse de côté les grâces molles du génie grec, et les remplace par l'énergique élan du Romain de ce temps-là. Sa pensée se grave tout d'abord dans l'esprit : « Salut, dit-il, ô poëte Ennius, toi qui verses aux mortels jusqu'au fond de la moelle des vers de flamme ! »

Enni poeta, salve, qui mortalibus
Versus propinas flammeos medullitus.

Écrivain rude, mais puissant, il a tiré de l'idiome latin des ressources inattendues. Il a banni définitivement l'horrible mètre Saturnin dont l'impuissance était bien constatée ; il a donné droit de cité à l'hexamètre, rudimentaire encore et fruste, mais vivace et perfectible ; il a même essayé de reproduire les formes métriques de la poésie grecque. Enfin il a préparé les esprits de ses contemporains à l'intelligence de cette civilisation hellénique, qui après lui prit possession de Rome.

CHAPITRE IV

LE THÉATRE.

Plaute. — Cæcilius. — Térence.

§ I.

Les Romains eurent de bonne heure des jeux publics, qui duraient un certain nombre de jours. Le dernier était consacré aux jeux du théâtre. Mais ces jeux ne furent pendant longtemps que des danses, des jongleries, des exercices de force et d'adresse. Il s'y mêlait bien quelques chants dialogués, mais sans action. C'est au sixième siècle seulement que des représentations scéniques proprement dites s'établirent à Rome. Il n'y avait pas de théâtre permanent; le premier fut construit par Pompée. Les représentations théâtrales étaient occasionnelles : elles avaient lieu aux grands jeux (*Megalensia*), à la suite d'un triomphe, et tout au plus deux ou trois fois l'an. Un parquet, supporté par des poutres, formait la scène où se plaçaient les acteurs (*pulpitum-proscenium.*) Au fond était le décor (*scena*). Les spectateurs occupaient un demi-cercle sans gradins et sans sièges (*cavea*). Les femmes étaient séparées des hommes et reléguées aux plus mauvaises places. Ce ne fut qu'en 560, que des places particulières furent réservées aux sénateurs et aux chevaliers.

L'auteur des pièces représentées appartenait d'ordinaire aux derniers rangs de la société ; c'était parfois un esclave affranchi. Le chef de la troupe (*dominus gregis, factionis, choragus*) n'est pas d'une condition plus relevée. Directeur et acteurs sont dans la main de la police. L'édile achète au premier une pièce quelconque ; et il ne la paye pas bien cher : encore le poëte ne touche-t-il son argent que si la pièce réussit. Ne cherchez pas ici de concours littéraire comme à Athènes, des récompenses honorifiques, une multitude attentive, recueillie, intelligente, érigée en juge des œuvres d'art qui sont représentées devant elle : rien de tout cela. Si les acteurs jouent mal, on les corrige à coups de fouet ; s'ils jouent convenablement, on leur donne une outre de vin. Voilà les stimulants pour le poëte et pour les acteurs. Ces derniers sont des esclaves, et, fussent-ils affranchis, par cela seul qu'ils sont comédiens, ils sont déclarés infâmes : quant à l'auteur, il compose des pièces pour gagner sa vie ; il exerce un métier, et un métier méprisé. Il écrit vite, il compose à la hâte sa comédie, qu'il traduit du grec ; il est en effet interdit de mettre en scène des personnages romains. Ainsi la comédie perd tout son nerf en perdant toute application directe aux personnages et aux événements contemporains.

Il ne faut point songer à Aristophane. « Ce n'est pas « le poëte, dit Cicéron, qui a le droit de noter un ci- « toyen d'infamie, c'est le censeur. Quoi ! un misé- « rable bouffon, payé par l'édile, aurait le droit de bafouer « en public un Scipion, un Caton, un Métellus ! La « vie d'un Romain est livrée aux enquêtes des magistrats, « aux discussions légales, mais non aux fantaisies des « poëtes. Nul de nous ne peut être attaqué et insulté,

« s'il n'a en même temps le droit de se défendre en jus-
« tice (1). » Voilà dans quelles conditions déplorables naît
le théâtre romain. Nous y trouverons la licence, non la
liberté. Rome apparaîtra bien derrière Athènes, mais
travestie; les mœurs romaines s'y feront jour, mais
timidement, par des allusions souvent inintelligibles.
L'œuvre dans ses parties essentielles n'est pas nationale.
Ce qui étonne le plus, c'est qu'elle ait été si remarquable,
assujettie à tant d'entraves.

§ II.

LA COMÉDIE ROMAINE ET LA COMÉDIE GRECQUE.

De toutes les importations helléniques de cette période, la comédie fut la plus populaire : la société grecque, telle qu'elle nous apparaît dans Ménandre et ses contemporains, ne ressemble guère, il est vrai, à la société romaine du milieu du sixième siècle; mais les personnages et les caractères de la tragédie étaient bien plus étrangers à l'Italie que les personnages et les caractères dont les originaux se rencontraient à chaque pas. De plus, les Romains étaient par nature plus portés à l'imitation des choses plaisantes qu'aux représentations idéalisées de la nature humaine. Il y eut donc dans le sixième siècle une multitude de comédies contre une quantité bien inférieure de tragédies. Et l'on peut assurer que les premières furent plus originales que les secondes. Les unes et les autres étaient imitées; et ce fut par le théâtre surtout que l'hellénisme pénétra à Rome.

Quel était le caractère général de la comédie grec-

---

(1) Cicer., *de Republ.*, IV.

que? Les sujets sont peu variés. C'est toujours la lutte d'un jeune homme amoureux contre son père ou contre le *leno* pour obtenir la possession de celle qu'il aime. Il est aidé dans son entreprise par un esclave rusé et escroc. L'action se compose des péripéties qu'amène cette poursuite de l'objet aimé (1). Notre comédie des *Fourberies de Scapin* peut en donner une idée assez exacte. Embarras, plaintes, désespoir des amants, scènes de tendresse et de douleur; la passion dans toute sa véhémence : tel était le sentiment qui était l'âme des comédies de Ménandre. Lui-même semble avoir abandonné à l'amour la plus grande part de sa vie. Le dénoûment de ces comédies était toujours le même. Les deux amants séparés par une foule d'obstacles étaient enfin réunis ; la jeune fille était reconnue personne de condition libre, et le mariage était célébré.

D'autres comédies avaient une action plus compliquée : c'étaient des pièces d'intrigues. Le romanesque y dominait; naufrages, enlèvement par des pirates, cassettes mystérieuses, signes de reconnaissance découverts au dénoûment, peintures de nobles sacrifices, l'ami se dévouant pour l'ami, l'esclave pour son maître. Mais, à quelque genre qu'elles appartinssent, ces comédies étaient claires, faciles à embrasser dans toutes leurs parties. Le théâtre ayant perdu son ancienne liberté politique, était devenu plus psychologique. Les types généraux avaient remplacé les caricatures d'individus ; la peinture des mœurs et des caractères était moins vive, mais plus profonde; la composition du drame plus régulière, le dialogue plus mesuré et plus naturel. Les bouf-

---

(1) Dum fallax servus, durus pater, improba lena
 Vivent, dum meretrix blanda, Menander erit. (Ovid., *Amor.*, l. 15)

fonneries étincelantes d'Aristophane, sa verve satirique, ses saillies avaient disparu. Le citoyen n'existait plus ; on avait l'homme, l'Athénien oisif, partageant les loisirs que lui faisait la liberté absente entre le plaisir et les arts. Cette comédie ne s'adresse plus au peuple tout entier, à ce peuple mobile et passionné qui applaudissait et sifflait au théâtre ses orateurs et ses généraux ; mais à un public restreint, fort civilisé et fort corrompu, fort sceptique surtout, et qui ne veut être qu'amusé. Des peintures fines et délicates, rien d'excessif, aucun éclat de voix, l'ingénieux, le romanesque, les molles tendresses, voilà ce qu'il faut à cette aristocratie blasée. C'est le temps des grandes expéditions d'Alexandre ; la transformation du patriotisme étroit des anciens en un cosmopolitisme universel se prépare. Les barrières artificielles tombent de toutes parts. La comédie, qui est l'image de la vie privée, amène doucement les esprits à une sorte de fusion générale. Les pères sont les camarades de leurs fils, non leurs maîtres ; il y a même entre le maître et l'esclave une sorte d'égalité qui commence à percer. Ce que nous appelons aujourd'hui la vie du monde existe déjà. Les hétaïres tiennent maison, comme Ninon et les femmes du dix-huitième siècle. Chez elles se réunissent les artistes, les philosophes, les princes du commerce et de la finance. Une foule d'industries nouvelles, difficiles à nommer, fruit de la molle corruption du temps, commencent à se faire jour, sont acceptées ; le théâtre les met en scène. Voilà le vice élégant, gracieux, de bonne compagnie, qui n'a rien de cynique et de révoltant.

Mais il faut dans ce tableau, baigné d'une douce lumière, jeter les ombres. Le peintre, avec un art exquis, mêle à ces personnages charmants des êtres ridicules, grossiers, parfois même odieux. Le cuisinier joue un grand rôle dans cette société mondaine : il tiendra une place importante au théâtre. Après lui, le parasite, avec les nombreuses variétés de l'espèce, depuis le flatteur de bon ton jusqu'au bouffon qui paye son dîner par des facéties. Puis le sycophante, non plus le délateur politique, mais le fourbe et le traître des rapports sociaux. Le marchand d'esclaves (leno), tour à tour odieux ou ridicule ; le prêtre et le superstitieux, l'un dupant, l'autre dupé. Ajoutez à cela les gros marchands étrangers, bouffis d'insolence, qui se croient adorés et enviés de toutes et de tous, parce qu'ils ont de l'argent, Turcarets antiques, qu'on vole et qu'on raille ; le soldat fanfaron, mercenaire que le pillage a enrichi, et qui se plaît à raconter des exploits impossibles, dont il est innocent. Voilà les héros de la comédie nouvelle, voilà l'esprit général de ces modèles charmants, essentiellement attiques, que le rude génie de Plaute chercha à introduire à Rome.

Quel qu'ait pu être l'art de Ménandre et de ses contemporains, l'inspiration élevée manque à leur œuvre. Il y a plus de licence et d'obscénités dans Aristophane, mais la lecture en était plus saine. Le patriotisme y vibre. Ici la grâce de la forme ne peut cacher le vide du fonds. On le sent trop, le premier intérêt de tous ces personnages, c'est l'amour, le plaisir. Hors de là ils ne sont plus. L'activité, l'enthousiasme, sont le partage des fripons ; eux seuls représentent l'énergie de la volonté. Ils sont l'âme de la pièce. Les dénoûments d'une moralité fade ou équivoque sont le triomphe de la passion. Parfois d'étranges conciliations rapprochent sur un singulier terrain amis et ennemis, enfants révoltés, pères barbares. Voyez le dernier acte des *Bacchis*. Il y a là une naïveté de dissolution profonde qu'on ne peut mesurer sans effroi. Voilà les modèles sur lesquels s'est formée la comédie romaine.

Le créateur du genre est Plaute.

§ III.

Maccius Plautus (1) est né à Sarsina, village de l'Ombrie, dans les premières années du sixième siècle : il était donc contemporain de Nævius et d'Ennius. D'abord acteur ou chef de troupe, puis commerçant, il fut ruiné par des spéculations malheureuses, et réduit à un travail servile pour vivre : il tournait, dit-on, la meule d'un boulanger. La misère le fit poëte. C'était un métier peu estimé, nous le savons. Il l'était moins encore lorsqu'on l'exerçait sans appuis, sans patrons. C'est ce qui arriva à Plaute : Livius Andronicus, Ennius, et plus tard Térence, jouissaient de la protection et jusqu'à un certain point de l'estime des Livius, des Fulvius, des Scipions; le plébéien misérable, comédien, petit commerçant, originaire de l'Ombrie, fut inconnu et méprisé des nobles. Il n'eut jamais de rapport qu'avec les édiles auxquels il vendait ses pièces. Elles durent lui être de bonne heure fort bien payées, car le peuple les adorait. Aussi de nombreuses contrefaçons ou imitations s'en produisirent. Il y avait au siècle suivant plus de 130 comédies Plautiniennes. Ælius Stilo réduisit à 25 le nombre des pièces authentiques : Varron n'en admit que 21 : nous en possédons 20. La dernière sur la liste de Varron (*Vidularia*) ne nous a pas été conservée. Elles restè-

---

(1) Nous l'appelons Maccius et non M. Accius. C'est l'opinion de Bernhardy, déjà émise par Ritschll.

rent presque toutes au théâtre avec le plus grand succès. Une *tessera* trouvée il y a quelques années à Pompeï nous apprend qu'on y jouait, l'an 79, la *Casina* de Plaute. Le catalogue dressé par Varron a été suivi par tous les éditeurs ; les comédies y sont rangées par l'ordre alphabétique des titres. Il nous est donc impossible de suivre les développements du génie de Plaute, et les modifications que subit sa première manière ; nous savons seulement que le poëte avait une prédilection particulière pour son *Truculentus* et son *Pseudolus*. Sur quoi était-elle fondée, nous l'ignorons. Était-elle même fondée ? qui peut le dire ? Les jugements contradictoires des critiques ne nous apprennent à peu près rien sur le poëte. Cicéron goûtait fort sa plaisanterie qu'il qualifie de *elegans, urbanum, ingeniosum, facetum*, et qu'il rapproche de l'atticisme. Horace la méprisait profondément. Ælius Stilo, contemporain du docte Varron, disait que « si les Muses voulaient parler latin, elles emploieraient le langage de Plaute ». Quintilien se récrie à cette étrange assertion. Tout dépend de l'idée que chaque époque se fait de l'esprit, de la grâce, du bon ton, choses essentiellement sujettes à la mode.

Plaute est un homme du peuple et de la dernière classe du peuple. C'est pour le peuple qu'il écrit, et il a su plaire à son public. Il est hors de doute que, si le théâtre eût été libre, s'il avait été permis à ce plébéien à moitié esclave de mettre sur la scène romaine des pièces tout à fait romaines, nous aurions dans le théâtre de Plaute la production la plus forte, la plus originale de toute la littérature latine. Je ne sais même si, malgré la nécessité de l'imitation qui pesait sur lui, le poëte n'est pas encore le chef des écrivains latins.

Le sujet de toutes ses comédies est emprunté au théâtre grec. Toutes avaient un prologue dans lequel l'auteur exposait l'argument de la pièce et indiquait les sources auxquelles il avait puisé ; mais les deux tiers de ces prologues sont perdus. Plaute semble avoir mis à contribution Diphile et Philémon, bien plus que Ménandre, « cet astre de la comédie nouvelle ». Il y a aussi en lui des ressouvenirs manifestes d'Aristophane et d'Épicharme, bien autrement vifs et mordants que les poëtes du siècle d'Alexandre (1). Une de ces pièces, *Amphitryon,* désignée par lui sous le nom de tragi-comédie, parce que les personnages du drame sont des dieux et des rois, doit avoir pour modèle le sceptique et railleur Épicharme. Mais, quels que soient les sujets qu'il emprunte, Plaute donne à son œuvre une forme originale. Il prenait d'ailleurs toutes les libertés possibles avec ses modèles, supprimait des épisodes et des personnages, les remplaçait par d'autres. Térence le lui reproche à mots couverts dans le prologue des *Adelphes.* Voilà donc bien des éléments divers et ennemis, à ce qu'il semble, pour composer une œuvre dont l'unité est la première loi. Un plébéien de Rome, condamné à un métier servile, imitant les chefs-d'œuvre de l'atticisme hellénique ; les imitant avec une grande liberté, les transformant au point de faire aimer à la populace de Rome, gens grossiers, violents, tapageurs, des sujets, des personnages, des mœurs qui n'ont aucun rapport avec le train ordinaire de la vie nationale. Les fausses couleurs abondent, il ne peut en être autrement : une reproduction fidèle de la société grecque au temps de

---

(1) Consultez sur le caractère des imitations de Plaute la thèse de M. Boissier. *Quomodo græcos poetas Plautus transtulerit.* Paris, 1857.

Ménandre n'eût eu aucun charme pour les Romains du sixième siècle. Il fallait leur rappeler incessamment et par une foule de détails la patrie absente de l'œuvre originale. Le lieu de la scène est toujours hors de Rome, toujours en Grèce ou en Sicile ; les Romains sont appelés barbares, suivant l'usage grec. Tous les personnages sont grecs, portent le pallium (*comedia palliata*), mais le Romain retrouve Rome à chaque instant. Les dieux ont des noms romains, les cérémonies du culte sont romaines, les termes de la langue militaire et juridique sont empruntés à la langue nationale. Plaute conserve bien çà et là les mots de *démarques* et d'*agoranomes* ; mais le plus souvent ce sont des *édiles*, des *préteurs*, des *triumvirs*, des *curions*. Nous retrouvons le Vélabre et le Capitole en Étolie. Le poëte se permet aussi en passant de décocher quelques traits sarcastiques contre certaines villes d'Italie, comme Atella, Préneste, Capoue ; il se répand même en invectives générales contre les usuriers, les accapareurs, les suborneurs de témoins, les collecteurs d'impôts et d'amendes, les marchands d'huile... Mais il s'arrête court, et pense au sort de Nævius. « Je suis bien sot, dit-il, de me mêler des affaires publiques : il y a des magistrats faits pour cela. » Tout au plus se permet-il, dans le prologue ou à la fin de la pièce, quelques allusions aux événements de la guerre, des vœux pour la victoire de sa patrie. Il ne pourrait aller impunément plus loin. La loi et la police s'y opposent. Mais il ne lui est pas interdit de transformer à sa fantaisie le modèle grec : on tolérera des personnages romains, s'ils ont le pallium grec, s'ils sont transplantés en Grèce : il faut même qu'il en soit ainsi, ou le public préférera à ces froides exhibitions de la société hellénique les saltimbanques et les jongleurs.

Mais y a-t-il à Rome des hétaïres, des leno, des soldats
fanfarons, des parasites spirituels, des esclaves fins, rusés, des pères faciles et accommodants, qui font la
débauche avec leurs fils? Rien de tout cela n'existe
encore, à vrai dire, et n'existera guère que cent ans
plus tard. Les conversations délicates, les sentiments
raffinés, la philosophie aimable, qui donnent une couleur
particulière et un charme exquis au modèle grec, tout
cela sera-t-il, pourra-t-il être reproduit? En aucune façon.
Les principaux événements, la charpente du drame,
la situation des personnages : voilà ce que Plaute emprunte; mais pour tout le reste il n'en a souci. Il
transforme tout, épaissit, grossit, charge tout. Ses parasites, ce ne sont point des gens de bonne compagnie,
qui pratiquent avec une habileté consommée l'art de se
faire inviter à dîner; ce sont de pauvres diables qui
payent bien cher les aliments qu'on leur jette : « Pour
être parasite, il faut savoir endurer les soufflets, et les
pots qu'on vous casse sur la tête; » on les relègue
au bas bout de la table, sur un escabeau. Ce sont
des Spartiates (*Lacones*), car ils supportent tout, particulièrement les coups (*plagipatidæ*). Quand le vin a
échauffé les convives et les a mis en bonne humeur,
plats, vases, cendre, ordures, eau glacée, ils lancent à
la tête du parasite tout ce qui leur tombe sous la
main. Il quitte tout sanglant la table inhospitalière : convives et spectateurs rient aux larmes des mésaventures
du misérable. Pour l'esclave, même transformation
du type primitif. La comédie nouvelle, contemporaine
d'Épicure et de Zénon, est pleine des plus belles
maximes sur l'égalité des hommes, et contre le préjugé
de la servitude. L'esclavage n'est qu'un mot : voilà ce

que répètent tous les personnages de Ménandre. Dans la vie ordinaire, l'esclave était en effet traité avec douceur : les Grecs n'ont jamais eu cette dureté du Romain propriétaire envers sa chose. L'esclave grec fait en réalité partie de la famille, non comme le bœuf ou le chien, mais comme un homme; à Rome, c'est un meuble animé. L'esclave joue un rôle considérable dans la comédie grecque; il est même souvent représenté comme supérieur à son maître par l'intelligence et le dévouement. Plaute accepte le plus souvent cette donnée de l'original; mais l'esclave a toujours le fouet pendu sur les épaules : une effrayante richesse d'injures sinistres, menaçantes, est déployée pour lui ; des supplices d'une incroyable variété sont sans cesse mis sous ses yeux ; lui-même plaisante sur les ingénieux raffinements imaginés pour le torturer. Il faut qu'il rie et soit gai même sous les coups. Le Romain, le pauvre diable qui tournait la meule du meunier, se souvient de ce qu'il a vu et souffert. Ce qu'il y avait de plus difficile à transporter sur la scène romaine, c'était la vie intérieure des familles grecques, qui semblent plutôt des associations volontaires dont une commune tolérance adoucit le joug, que la sévère collaboration à l'œuvre si grave de l'éducation des enfants. En Grèce, l'épouse jouit d'une grande liberté : la douceur et la facilité des mœurs l'exigeaient; de plus, la femme riche était par sa dot même affranchie. Le mari, plus libre encore, vivait volontiers hors de chez lui et chez les hétaïres; les filles, élevées légèrement et surveillées plus légèrement encore, étaient souvent exposées à de singuliers accidents. Quant aux fils, émancipés de bonne heure, ils imitaient leurs pères; et il dut arriver plus d'une fois que le père et le fils se trouvèrent rivaux. Quel spectacle à présenter aux Romains du milieu du sixième siècle, que celui de cette dissolution intime et profonde de la famille ! C'étaient des personnages grecs ; mais de tels exemples, vinssent-ils du fond de l'Orient, n'étaient pas bons à mettre sous les yeux des Romains. Plaute l'a fait. Rien de plus révoltant que le sujet des *Bacchis*, de *l'Asinaria*, de *Casina*, et les détails de la pièce. Les pères font bon marché de leur autorité et de leur majesté : ils n'ont conservé du caractère romain qu'un seul trait ; ils sont avares, ils pardonnent facilement les folies amoureuses, mais, s'il leur en coûte quelque chose, ils s'emportent. Quant aux fils, ils raillent volontiers leur père, et s'entendent avec des esclaves pour le voler. Seule la mère de famille est respectée. La matrone a protégé la femme grecque. Plaute se borne à la représenter comme importune, chagrine, acariâtre, soupçonneuse : « C'est, disait le censeur Métellus au peuple, un ennui nécessaire... » Mais du moins elle est chaste, jalouse de son honneur et de ses droits. Même dans la position équivoque où la supercherie de Jupiter a placé Alcmène, elle ne perd rien de sa majesté et de ses droits au respect. Panégyris et Pinacie dans le *Stichus*, Palæstra, dans le *Rudens*, Alcmène, dans l'*Amphitryon*, sont de belles images de la vertu féminine. Mais tout cela, on le voit, forme un composé assez étrange ; dans ce mélange de grossièreté romaine et de fine corruption hellénique, le seul enseignement qui se fasse jour n'est pas précisément celui de l'honneur, de la chasteté et de la vertu. Le poëte ne se faisait pas illusion sur la portée de son œuvre et s'en souciait médiocrement. *Gestit enim nummum in loculos demittere*. C'était le ton ordinaire de la comédie. Il termine ainsi les *Captifs*, pièce morale et héroïque en

quelques scènes : « Spectateurs, cette pièce est faite sur
« le modèle des bonnes mœurs. Elle ne renferme ni
« scène d'amour ni mouvements déshonnêtes, ni supposi-
« tion d'enfant, ni escroquerie ; pas de jeune homme
« amoureux qui affranchisse sa maîtresse à l'insu de son
« père. Elles sont rares les comédies de ce genre, des
« comédies qui rendent meilleurs ceux qui y assistent.
« Et maintenant, si vous le voulez bien, si nous avons
« réussi à vous plaire, témoignez-le par ce geste : ap-
« plaudissez, vous qui voulez récompenser la vertu. »

On ne peut donc en douter, le théâtre propagea la corruption : peintures aimables du vice, mépris des devoirs de la famille, glorification du plaisir, de l'amour, subordination de tout sentiment sérieux et élevé; le public romain ne put impunément être mis à un tel régime moral. Si la police romaine, au lieu d'obéir à un scrupule d'orgueil national peu intelligent, eût accordé aux poëtes plus de liberté, le théâtre eût été moins licencieux. Une certaine gravité naturelle à ce peuple eût tempéré les écarts de la verve comique (1). Mais qu'importait à Plaute l'immoralité des sujets et des personnages ? Tout cela venait de Grèce. Comme si le poison, pour être étranger, n'était pas du poison! Le mauvais l'emporta donc sur le bon; mais il y eut du bon. Si le patriotisme romain ne trouva aucun aliment dans le théâtre étranger importé à Rome, il ne faut pas trop s'en plaindre. Un souffle nouveau pénétra dans l'Italie, et jusqu'au cœur du Sénat. L'idée de l'égalité des hommes, fus-

---

(1) Et d'ailleurs la société romaine d'alors n'eût pas fourni au poëte les types que la Grèce seule pouvait donner.

sent-ils séparés par les mers, les lois, la langue, les
institutions, les préjugés de toute nature, se fit jour.
La littérature grecque postérieure au siècle de Périclès
en est profondément imprégnée. L'immense empire d'A-
lexandre, qui rapprochait sous une même domination
des peuples jusqu'alors ennemis et presque inconnus
les uns aux autres, cette œuvre grandiose de fusion
anime d'une inspiration nouvelle les productions des
artistes et les systèmes des philosophes. On ne peut
la méconnaître, cette inspiration, dans les fragments de la
comédie nouvelle. Le monde commence à apparaître
comme une grande cité dont tous les hommes sont citoyens. De là un singulier adoucissement dans les mœurs,
l'ébranlement de bien des institutions nationales ou civiles, des revendications éloquentes en faveur de l'esclave, du pauvre, une sorte de cosmopolitisme en germe.
Or, par ses conquêtes, par la diffusion de sa langue, par
ses colonies, par l'influence prépondérante qu'elle exerçait dans le monde, Rome était appelée à être l'instrument de cette grande révolution qui s'élaborait. Le
théâtre romain y prépara jusqu'à un certain point les
esprits, et contribua à ébranler les barrières que le
patriotisme s'obstinait à maintenir. Nous ne sommes
pas fort éloignés du temps où les Gracques se feront les
interprètes passionnés des réclamations et des droits
des Italiens et des dépossédés.

Plaute est un génie véritablement comique et un
grand écrivain. Il a la verve et la gaieté qui manquent
presque absolument à Térence. Tout lui est bon pour
exciter le rire : jeux de mots, mots forgés, charge, il anime
la scène d'un entrain extraordinaire. Les monologues eux-
mêmes, véritables hors-d'œuvre pour nous, sont pétillants

d'esprit. Les délicats seront parfois choqués et demanderont grâce, mais il sait aussi prendre un ton plus noble ; il ne le garde pas longtemps, son public ordinaire ne l'eût pas permis. Dans cette partie de son œuvre, il rappelle notre Rabelais ; mais il lui manque ce qui fait accepter toutes les bouffonneries de l'autre : une idée. Jamais la tyrannie du goût des spectateurs ne pesa plus impérieuse sur un poëte. Mais il portait le joug facilement, étant par son caractère et son éducation assez semblable à ses contemporains. Il abonde en situations d'un comique naturel, et alors sa verve est merveilleuse. Il se saisit de tout ; l'attitude, la grimace, les gestes, les moindres mots de ses personnages sont mis à nu, reproduits, chargés ; on voit la mimique sous les paroles, le poëte a été acteur, on le sent bien. Cette habile et puissante économie de l'interêt, cet à-propos de la plaisanterie pour soutenir la scène, cette bouffonnerie imprévue, grâce à laquelle le poëte et l'acteur reprennent haleine et s'élancent de nouveau en avant, cette sage économie du dialogue qui à travers toutes les saillies se poursuit régulier jusqu'au bout : il faut avoir pratiqué et étudié sérieusement le théâtre pour posséder ces qualités si diverses et si rares que la nature ne donne point. Auprès de cela, des fautes grossières dans la composition générale et l'agencement des scènes. Il était homme à les éviter aisément s'il eût voulu s'en donner la peine ; mais quoi ! les Romains de ce temps-là se souciaient fort peu de l'observation des règles ; ils voulaient être amusés à tout prix. Horace l'a remarqué avec raison, mais il n'a pas compris que les négligences étaient imposées au poëte, et qu'elles n'enlèvent presque rien à la puissante et entraînante gaieté de l'œuvre. Les caractères de Plaute sont vivants. Il les dessine à grands traits, mais en vigoureuses saillies. Ne cherchez point les nuances délicates, les fines oppositions, l'art de distribuer l'ombre et la lumière. Les Romains de cette époque n'eussent rien compris à ces raffinements d'une pénétrante observation. Et d'ailleurs le poëte n'a pas le temps de limer patiemment son œuvre. Il prend un personnage à Philémon ou à Ménandre, le met à nu et l'habille à sa façon. C'est souvent une caricature, mais l'ensemble est vrai, saisissant ; la physionomie primitive est profondément altérée, ou plutôt c'en est une autre, qui est bien réellement l'œuvre du poëte, et que le modèle renierait. Plaute a donc une originalité vraie et puissante : il a l'audace et le vif sentiment de ce qu'il faut au théâtre de son temps. Ses fautes grossières, le plus souvent, ne viennent pas d'ailleurs. Horace lui a reproché de n'avoir pas su garder jusqu'au bout à ses personnages le caractère qu'il leur avait donné d'abord : c'était exagérer singulièrement quelques écarts de détail. Et, d'ailleurs, ces modifications brusques, surtout au dénoûment, ces revirements complets sont aussi dans la nature. Le misanthrope a commencé par aimer les hommes plus qu'ils ne méritaient. Ces coups de théâtre peuvent plaire et trouvent bien souvent un complice dans le spectateur.

La langue est la plus belle création du poëte. Singulièrement plus souple que celle de Nævius, elle est encore rude et heurtée, mais elle se prête à tout. Claire et vive, elle se meut aisément, malgré le luxe encore lourd des mots inutiles qui surchargent la phrase. Plaute manie en maître cet instrument encore rebelle. Exact, précis, énergique, il reste fidèle aux lois étroites de l'analogie, et il est demeuré une autorité comme source. Quant au style, je ne sais s'il y en a de plus vif et de plus coloré. Nul écrivain n'a osé plus heureusement ; il abonde en expressions trouvées, en alliances de mots ingénieuses et pittoresques ; il a surtout le mouvement, l'élan brusque et imprévu.

Quant à la métrique, elle semble avoir plutôt consisté pour lui dans le nombre que dans la régularité du rhythme. L'iambe n'y tient pas la place qui lui convient au théâtre. Le tétramètre iambique y domine ; il fallait aux Romains de ce temps une certaine majesté même au théâtre. Cicéron appelle ses vers *versus innumeri;* il dit même que souvent c'est à peine si on peut y reconnaître un nombre et un vers. (*Orat.*, 55.)

Nous ne pouvons nous flatter de posséder le texte authentique de Plaute dans toutes ses pièces. Les acteurs ont fait subir à un grand nombre d'entre elles de graves modifications : il a été souvent interpolé. La liste même dressée par Varron ne contient-elle que des pièces de Plaute ? Pendant de longs siècles on ne connut que les huit premières ; les douze autres, qui ont souffert davantage, ne furent connues qu'en 1430. Les premiers manuscrits des vingt comédies ne remontent par au delà du quinzième siècle. Enfin plusieurs pièces, comme l'*Aulularia*, sont incomplètes. Quelques éditions mettent à la suite des vingt comédies de Plaute *Querolus*, œuvre sans esprit, sorte d'*Aulularia* en prose qui ne pouvait être de lui (1).

Plaute mourut en 570, c'est-à-dire au moins trente ans avant que l'hellénisme eût reçu définitivement droit de cité à Rome. Par certains côtés il se rattache à Nævius, qui voulut rester et resta romain ; par d'autres, il se

(1) Il est à regretter que M. Ritschll ne termine pas son édition de Plaute, si bien commencée.

rapproche de Térence, qui est déjà tout imprégné d'atticisme. C'est ce qui explique son succès constant auprès du peuple, que les délicatesses de la civilisation hellénique ne touchèrent jamais, et le mépris qu'il inspira aux poëtes raffinés du siècle d'Auguste. A l'exemple de Nævius, il avait composé lui-même son épitaphe que voici :

> Post quam est mortem aptus Plautus, comedia luget,
> Scena deserta, dein Risus Ludu Jocusque
> Et numeri innumeri simul omnes collacrumarunt.

Les pièces de Plaute se divisent naturellement en deux séries : l'une comprend les huit premières, qui furent seules connues jusqu'en 1430, et qui sont :

Amphitruo (Amphitryon), tragi-comédie. Le modèle de Plaute est probablement Épicharme. Bocace, Molière, Dryden, l'ont imitée.

Asinaria. Comédie empruntée à Démophile. Nous ferons remarquer à ce propos que ces terminaisons en *aria* ne veulent dire autre chose que *pièce où il est question de*. Ainsi *Asinaria*, comédie où il est question d'*ânes*. Le principal ressort de l'action est l'argent qui provient de la vente d'un troupeau d'ânes. « Cette comédie est très enjouée, » dit Plaute dans le prologue. Elle l'est à un tel point que nous ne pouvons en donner une analyse.

Aulularia (ou la Marmite). C'est le premier modèle de l'*Avare* de Molière. Les dernières scènes ne sont pas de Plaute, mais de l'érudit Urceus Codrus.

Captivi (les Captifs). C'est la plus morale des pièces de Plaute. Il n'y a ni *leno* ni amoureux. Elle fut représentée en 560, dix ans avant la mort de l'auteur. Il est probable qu'elle inaugurait une manière nouvelle. Elle a été imitée par *Rotrou*.

Curculio (le Charançon). C'est le nom du parasite qui y joue le principal rôle.

Casina. Comédie imitée des Κληρούμενοι de Diphile. Le sujet en est fort scabreux. C'est la rivalité d'un père et d'un fils.

Cistellaria (ou la Corbeille). Une des premières de Plaute. Une certaine sentimentalité vertueuse, qui n'est pas sans charme, y contraste heureusement avec le cynisme d'une *lena*.

Épidicus, ou les ruses d'un esclave qui trompe le père de son jeune maître.

Les douze comédies découvertes seulement au quinzième siècle sont dans un état de conservation bien inférieur aux premières. Les mutilations, les interpolations y abondent.

Bacchides (les Bacchis). Pièce d'amour. Le prologue est apocryphe, ainsi que la première scène.

Mostellaria ou *Phasma* (le Revenant). Comédie imitée par Régnard, Addison, Destouches.

Menœchmi (les Ménechmes). Imitée aussi par Régnard.

Miles gloriosus (le Soldat fanfaron). Rappelle le Bramarbas d'Holbein. Ce type est tout à fait étranger aux mœurs romaines.

Mercator (le Marchand). Imitation de Ἔμπορος de Philémon, encore une comédie dont le sujet est la rivalité d'un père et d'un fils.

Pseudolus (le Fourbe). Une des pièces de prédilection de Plaute (avec *Epidicus et Truculentus*). Bons tours joués à un leno par un esclave.

Pœnulus (le Carthaginois). Probablement traduit du *Carthaginois* de Ménandre. Il est remarquable que dans un tel sujet il n'y ait pas la moindre allusion politique. Il fallait donc que tout ce qui touchait à la vie publique des Romains fût sévèrement banni du théâtre. C'est dans le *Pœnulus* que se trouve ce fragment en langue carthaginoise qui a si longtemps exercé la sagacité des philologues (1). Le *Pœnulus* fut représenté en 563 ou 564. Il appartient donc à la dernière manière de l'auteur. Aussi y remarque-t-on une observation plus exacte, une peinture plus scrupuleuse des caractères.

Persa (le Perse.) C'est à peu près le même sujet que le *Pseudolus*. Pas de prologue.

Rudens (le Câble.) Pièce romanesque et morale empruntée à Diphile. Le prologue, prononcé par l'étoile Arcturus, est d'une grande élévation religieuse et philosophique. Tout n'était pas mauvais dans l'hellénisme que Plaute introduisait au théâtre.

Stichus. C'est le nom d'un esclave qui célèbre à la fin de la pièce le retour de son maître. Peu de mouvement, mais une singulière pureté de sentiments.

Trinummus ou le Trésor, imité du Θησαυρός de Philémon. Appartient aussi à la dernière manière de Plaute. Le sujet en est moral. Quelque analogie avec celui de l'Enfant prodigue.

Truculentus (le Bourru). Tentative pour donner à un esclave une sorte de rôle moral. Plaute aimait beaucoup cette comédie.

(1) Acte V.

EXTRAITS DE PLAUTE

I

Arrivée de Sosie à Thèbes.

SOSIE.

Allons nous acquitter du message dont Amphitryon nous a chargé pour Alcmène. (*Apercevant Mercure.*)
Mais qui est-ce qui se tient là devant la maison à cette heure de nuit ? Cela ne dit rien de bon.

MERCURE (*à part*).
Il n'y a pas de plus grand poltron.

SOSIE (*à part*).
Je me figure que cet homme est venu tout exprès pour rebattre mon manteau.

MERCURE (*à part*).
Il a peur, je veux m'en assurer.

SOSIE (*à part*).
C'est fait de moi. La mâchoire me démange. Certainement il va me régaler d'une provision de coups pour mon arrivée. Il est trop bon. Mon maître m'a fait veiller ; lui avec ses gourmades veut me faire dormir. Je suis mort ! Voyez, qu'il est grand et robuste.

MERCURE (*à part*).
Parlons haut pour qu'il m'entende ; il faut redoubler son effroi. (*Haut.*) Allons, mes poings, ne soyez pas de mauvais pourvoyeurs. Il me semble qu'il s'est passé un siècle, depuis qu'hier vous couchâtes par terre ces quatre hommes bien endormis et nus comme ver.

SOSIE (*à part*).
Ah ! que je crains de changer de nom aujourd'hui ! de

Sosie je deviendrai Quintus! Il dit qu'il a couché par terre quatre hommes : je tremble d'augmenter le nombre (1).

MERCURE (*dans l'attitude d'un homme qui se prépare à frapper*).
Or çà, qu'on se dispose.

SOSIE (*à part*).
Le voilà qui s'apprête et qui se met sous les armes.

MERCURE (*à part*).
Il ne s'en ira pas sans tâter de mes gourmades.

SOSIE (*à part*).
Qui donc?

MERCURE.
Le premier que je rencontrerai... je lui fais avaler mes poings.

SOSIE (*à part*).
Non, non, je ne mange pas la nuit, si tard; je viens de souper. Tu feras mieux de servir ce repas à des gens en appétit.

MERCURE (*à part*).
Ces poings-là sont d'un assez bon poids.

SOSIE (*à part*).
Je suis perdu ! Il essaye la pesanteur de ses poings.

MERCURE.
Si je commençais à le caresser pour l'endormir.

SOSIE (*à part*).
Tu me ferais grand bien. Voilà trois nuits que je ne dors pas.

MERCURE.
Je suis très-mécontent de ma main. Elle ne sait plus frapper comme il faut un visage. Un homme ne doit plus être reconnaissable, quand on lui a frotté le museau avec le poing.

SOSIE (*à part*).
Il va me mettre en presse, et me façonner à neuf la figure.

MERCURE (*à part*).
Il faut qu'il ne reste pas un seul os à une mâchoire, si les coups sont bien appliqués.

SOSIE (*à part*).
Il a sans doute envie de me désosser comme une mu-

(1) *Quintus* le cinquième.

rène. Va-t'en, vilain désosseur d'hommes. C'est fait de moi, s'il m'aperçoit.

MERCURE (*à part*).

Ne sens-je pas ici quelqu'un ? C'est tant pis pour lui.

SOSIE (*à part*).

O ciel ! est-ce que j'ai de l'odeur ?

MERCURE.

Il ne peut pas être éloigné.

SOSIE (*à part*).

C'est un sorcier.

MERCURE (*à part*).

Les poings me grillent.

SOSIE (*à part*).

Si tu les apprêtes pour moi, attendris-les un peu contre la muraille.

MERCURE (*à part*).

Des paroles ont volé jusqu'à mes oreilles.

SOSIE.

Que je suis malheureux d'avoir des paroles volantes ! Il fallait leur couper les ailes.

MERCURE (*à part*).

Il vient au galop chercher sa ruine.

SOSIE (*à part*).

Je ne suis pas à cheval.

MERCURE (*à part*).

Allons ! une bonne charge de coups.

SOSIE (*à part*).

La traversée m'a bien assez fatigué. J'ai encore mal au vœur. A peine si je puis marcher sans rien porter ; comment ceux-tu que j'aille avec ton fardeau ?

MERCURE (*à part*).

Assurément, j'entends ici parler je ne sais qui.

SOSIE (*à part*).

Je suis sauvé, il ne m'a pas vu. Il dit qu'il a entendu parler je ne sais qui ; moi je m'appelle Sosie.

MERCURE, *à part.*

Une voix, ce me semble, est venue de ce côté frapper mon oreille.

SOSIE, *à part.*

J'ai peur de payer aujourd'hui pour ma voix qui le frappe.

MERCURE.

Le voici justement qui s'approche.

SOSIE, *à part.*

Je tremble de tout mon corps. Je ne saurais dire en quel lieu de la terre je suis dans ce moment. La terreur me rend perclus, immobile. C'en est fait de Sosie et du message de mon maître. Mais non, parlons-lui vertement, pour qu'il me croie homme de cœur, il n'osera pas me toucher.

MERCURE.

Où vas-tu toi qui portes Vulcain dans cette prison de coche? (*une lanterne*).

SOSIE.

Qu'est-ce que cela te fait, à toi qui brises les os des gens à coups de poings?

MERCURE.

Es-tu esclave ou libre?

SOSIE.

L'un ou l'autre, selon mon bon plaisir.

MERCURE.

Ah ça! vraiment, répondras-tu?

SOSIE.

Je te réponds, vraiment.

MERCURE.

Enclume à coups de bâton.

SOSIE.

A l'instant tu mens.

MERCURE.

Je te ferai bientôt convenir que je dis vrai.

SOSIE.

Ce n'est pas nécessaire.

MERCURE.

Puis-je enfin apprendre où tu vas? à qui tu es? ce qui t'amène?

SOSIE.

Je vais là, j'appartiens à mon maître. Es-tu plus savant?

MERCURE.

Tu ne cesseras pas de faire le bel esprit? Que cherches-tu auprès de cette demeure?

SOSIE.

Qu'y cherches-tu toi-même?

MERCURE.

Le roi Créon met ici toutes les nuits une sentinelle.

SOSIE.

Grand merci d'avoir protégé notre logis en notre absence! Mais tu peux t'en aller à présent; dis-lui que les gens de la maison sont de retour.

MERCURE.

Je ne sais à quel titre tu peux en être; mais si tu ne t'éloignes au plus vite, notre ami, tu ne seras pas reçu en ami de la maison.

SOSIE.

Mais je demeure ici, te dis-je, et je suis serviteur des maîtres de ce logis.

MERCURE.

Prends garde, tu vas être battu; dépêche-toi de partir.

SOSIE.

Comment! tu voudrais, quand j'arrive, m'interdire l'entrée de chez nous?

MERCURE.

C'est ici ta demeure?

SOSIE.

Je te dis que oui.

MERCURE.

Qui donc est ton maître?

SOSIE.

Amphitryon, maintenant général des Thébains, époux d'Alcmène.

MERCURE.

Dis-moi quel est ton nom?

SOSIE.

A Thèbes, on m'appelle Sosie, fils de Dave.

MERCURE.

O comble de l'effronterie ! tu te repentiras de venir avec un tissu de fourberies et de mensonges.

SOSIE.

Point du tout, je viens avec un tissu de laine et non de mensonges.

MERCURE.

C'est toi qui mens, car tu viens avec tes pieds et non avec un tissu de laine.

SOSIE.

Oui-dà.

MERCURE.

Oui-dà, tu mérites d'être rossé pour tes impostures.

SOSIE.

Oui-dà, je m'en passerai.

MERCURE.

Oui-dà, tu le seras malgré toi. Tiens, voilà qui est fait ; on ne te demande pas ton avis. (*Il le bat.*)

SOSIE.

Grâce ! par humanité !

MERCURE.

Oses-tu dire encore que tu es Sosie, quand c'est moi qui le suis ?

SOSIE.

Je suis perdu !

MERCURE.

Tu n'y es pas encore : ce sera bien autre chose. A qui appartiens-tu maintenant ?

SOSIE.

A toi, puisque ton poing t'a mis en possession de ma personne. O Thébains ! citoyens ! à l'aide !

MERCURE.

Tu cries, bourreau ! parle : pourquoi viens-tu ?

SOSIE.

Pour exercer ton humeur battante.

MERCURE.

A qui appartiens-tu ?

SOSIE.

A Amphitryon, te dis-je, moi, Sosie.

MERCURE.

Je t'assommerai pour mentir ainsi. C'est moi qui suis Sosie. Ce n'est pas toi.

SOSIE, *à part.*

Plût aux dieux que tu le fusses au lieu de moi, comme je t'étrillerais !

MERCURE.

Tu murmures.

SOSIE.

Je me tais.

MERCURE.

Qui est ton maître ?

SOSIE.

Qui tu voudras.

MERCURE.

Et ton nom ?

SOSIE.

Aucun, que celui qu'il te plaira que je porte.

MERCURE.

Tu me disais que tu étais Sosie à Amphitryon.

SOSIE.

Je me suis trompé ; c'est associé à Amphitryon que je voulais dire.

MERCURE.

Je le savais bien que nous n'avions pas d'autre esclave Sosie que moi. Tu as perdu l'esprit.

SOSIE, *à part.*

Que n'en as-tu fait autant de tes poings !

MERCURE.

C'est moi qui suis ce Sosie que tout à l'heure tu prétendais être.

SOSIE.

Je t'en supplie, permets-moi de te parler en paix, et sans que les poings soient de la partie.

MERCURE.

Eh bien ! faisons trêve pour un moment, et parle.

SOSIE.

Je ne parlerai pas que la paix ne soit conclue ; tu es trop fort quand on en vient aux coups.

MERCURE.

Dis tout ce que tu voudras, je ne te ferai pas de mal.

SOSIE.

Tu me le promets?

MERCURE.

Oui.

SOSIE.

Et si tu me trompes?

MERCURE.

Qu'alors retombe sur Sosie la colère de Mercure.

SOSIE.

Écoute donc. A présent je peux parler librement sans rien déguiser. Je suis Sosie, esclave d'Amphitryon.

MERCURE.

Encore!

SOSIE.

J'ai fait la paix, j'ai fait un traité. Je dis la vérité.

MERCURE.

Mille soufflets!

SOSIE.

Ce que tu voudras, comme tu voudras, tu es le plus fort. Mais tu auras beau faire; par Hercule! je ne me renierai pas.

MERCURE.

Par la mort, tu ne m'empêcheras pas aujourd'hui d'être Sosie.

SOSIE.

Et toi, par Pollux, tu ne m'empêcheras pas d'être moi, et d'appartenir à mon maître. Il n'y a pas ici d'autre esclave nommé Sosie que moi, qui ai suivi Amphitryon à l'armée.

MERCURE.

Il est fou.

SOSIE.

Tu me gratifies de ton propre mal. Quoi, diantre! est-ce que je ne suis pas Sosie, l'esclave d'Amphitryon? notre vaisseau ne m'a-t-il pas conduit ici cette nuit, du port Persique? mon maître ne m'a-t-il pas envoyé ici? n'est-ce pas moi qui suis devant notre maison? n'ai-je pas une lanterne à la main? ne parlé-je pas? ne suis-je pas éveillé? ne m'a-t-il pas tout à l'heure meurtri de coups? Vraiment oui, ma pauvre mâchoire ne s'en ressent que trop. C'est trop tarder, entrons chez nous.

MERCURE.

Chez vous?

SOSIE.

Oui, sans doute.

MERCURE.

Non, tu n'as dit que des mensonges. C'est moi qui suis Sosie, esclave d'Amphitryon. Notre vaisseau est parti cette nuit du port Persique, et nous avons pris la ville où régna Ptérélas, et nous avons défait les légions des Téléboens, et mon maître a tué de sa propre main Ptérélas dans le combat.

SOSIE.

Je m'en crois à peine, quand je l'entends parler de la sorte. C'est qu'il dit tout, de point en point, exactement. Mais voyons. Sur le butin enlevé aux Téléboens, qu'a-t-on donné à Amphitryon?

MERCURE.

La coupe d'or qui servait au roi Ptérélas dans ses repas.

SOSIE.

C'est cela. Et où est-elle à présent?

MERCURE.

Dans un coffret scellé du cachet d'Amphitryon.

SOSIE.

Et quel signe porte le cachet?

MERCURE.

Un soleil levant sur un quadrige. Pourquoi toutes ces questions insidieuses, bourreau?

SOSIE, *à part.*

Voilà des preuves convaincantes. Je n'ai plus qu'à trouver un autre nom. D'où a-t-il vu tout cela? Mais je vais bien l'attraper. Ce que j'ai fait tout seul, sans témoin dans notre tente, c'est ce qu'il ne pourra pas me dire. (*Haut.*) Si tu es Sosie, pendant le fort de la bataille que faisais-tu dans la tente? Je m'avoue vaincu si tu le dis.

MERCURE.

Il y avait un tonneau de vin; je remplis de ce vin un grand flacon.

SOSIE.

L'y voilà!

MERCURE.
Et tel qu'il était sorti du sein maternel, je l'avalai tout pur.
SOSIE.
C'est merveille, s'il n'était caché dans le flacon. Le fait est vrai. J'ai bu un grand flacon de vin pur.
MERCURE.
Eh bien ! t'ai-je convaincu que tu n'es pas Sosie ?
SOSIE.
Tu prétends que je ne le suis pas ?
MERCURE.
Oui, certes, puisque c'est moi qui le suis.
SOSIE.
J'atteste Jupiter que je n'en impose pas.
MERCURE.
Et moi j'atteste Mercure que Jupiter ne te croit pas. Il s'en rapportera plus, j'en suis sûr, à ma simple parole qu'à tous tes serments.
SOSIE.
Qui suis-je donc, au moins, si je ne suis pas Sosie ? je te le demande.
MERCURE.
Quand je ne voudrai plus être Sosie, alors tu pourras l'être. Mais à présent que je le suis, je t'assommerai si tu ne t'en vas, mortel sans nom.
SOSIE.
Par Pollux ! plus je l'examine, et plus je reconnais ma figure. Voilà bien ma ressemblance, comme je me suis vu souvent dans un miroir. Il a le même chapeau, le même habit. Il me ressemble comme moi-même. Le pied, la jambe, la taille, les cheveux les yeux, la bouche, les joues, le menton, le cou ; tout enfin. Vraiment, s'il a le dos labouré de cicatrices, il n'y a pas de ressemblance plus ressemblante. Cependant, quand j'y pense, je suis toujours ce que j'étais. Certes, je connais mon maître, je connais notre maison, j'ai l'usage de ma raison et de mes sens. Ne nous arrêtons pas à ce qu'il peut dire, frappons.
MERCURE.
Où vas-tu ?

SOSIE.

A la maison.

MERCURE.

Quand tu monterais sur le char de Jupiter, pour t'enfuir au plus tôt, tu aurais peine encore à éviter l'orage qui te menace.

SOSIE.

Ne m'est-il pas permis de rapporter à ma maîtresse ce que mon maître m'a chargé de lui dire ?

MERCURE.

A ta maîtresse, oui, tant que tu voudras ; mais pour la nôtre, ici, je ne souffrirai pas que tu lui parles. Si tu m'irrites, tu n'emporteras d'ici que les débris de tes reins.

SOSIE.

J'aime mieux me retirer. O dieux immortels, secourez-moi ! que suis-je devenu ? où m'a-t-on changé ? comment ai-je perdu ma figure ? est-ce que je me serais laissé là-bas par mégarde ? car il possède mon image, celle qui fut mienne jusqu'aujourd'hui. Vraiment on me fait de mon vivant un honneur qu'on ne me rendra pas après ma mort. Allons retrouver au port Amphitryon ; je lui raconterai tout ce qui s'est passé, si toutefois il ne me méconnaît pas aussi. O Jupiter ! fais-moi ce bonheur, et puissé-je aujourd'hui, devenu chauve par l'office du rasoir, me coiffer du chapeau d'affranchi (1) !

(Plaute, *Amphitryon*, acte I, scène i.)

II

L'Avare au marché.

EUCLION.

J'ai voulu faire un effort et me régaler pour la noce de ma fille. Je vais au marché, je demande : Combien le poisson ? trop cher. L'agneau ? trop cher. Le bœuf ? trop cher. Veau, marée, charcuterie, tout est hors de prix. Impossible d'en approcher, d'autant plus que je n'avais pas d'argent. La colère me

---

(1) Rapprocher cette scène de la scène semblable de l'*Amphitryon* de Molière.

prend et je m'en vais, n'ayant pas le moyen d'acheter. Ils ont été ainsi bien attrapés, tous ces coquins-là. Et puis, dans le chemin, j'ai fait réflexion : quand on est prodigue les jours de fête, on manque du nécessaire les autres jours; voilà ce que c'est que de ne pas épargner. C'est ainsi que la prudence a parlé à mon esprit et à mon estomac; j'ai fait entendre raison à la sensualité, et nous ferons la noce le plus économiquement possible. J'ai acheté ce peu d'encens et ces couronnes de fleurs; nous les offrirons au dieu Lare, dans notre foyer, pour qu'il rende le mariage fortuné. Mais que vois-je? ma porte est ouverte! Quel vacarme dans la maison! Malheureux! est-ce qu'on me vole?

CONGRION (*de l'intérieur de la maison*).

Va demander tout de suite, chez le voisin, une plus grande marmite. Celle-là est trop petite pour ce que je veux faire.

EUCLION.

Hélas! on m'assassine. On me ravit mon or, on cherche la marmite; je suis mort, si je ne cours en toute hâte. Apollon, je t'en conjure, viens à mon secours. Perce de tes traits ces voleurs de trésors : tu m'as déjà défendu en semblable péril. Mais je tarde trop, courons avant qu'on m'ait égorgé. (Plaute, *la Marmite*, acte II, scène III.)

III

Désespoir de l'avare à qui on a volé son trésor.

EUCLION.

Je suis mort! je suis égorgé! je suis assassiné! Où courir, où ne pas courir? Arrêtez! arrêtez! Qui? lequel? je ne sais; je ne vois plus, je marche dans les ténèbres. Où vais-je? où suis-je? Qui suis-je? Je ne sais; je n'ai plus ma tête. Ah! je vous prie, je vous conjure, secourez-moi. Montrez-moi celui qui me l'a ravie..... Vous autres, cachés dans vos robes blanchies, et assis comme des honnêtes gens..... Parle, toi, je veux t'en croire; ta figure annonce un homme de bien... Qu'est-ce? pourquoi riez-vous? On vous connaît tous. Certainement il y a ici plus d'un voleur... Eh bien! dis, aucun d'eux ne l'a prise?..... Tu me donnes le coup de la mort. Dis-moi donc, qui est-ce qui l'a ? Tu l'ignores ! Ah ! malheureux, malheureux ! C'est fait de moi ; plus de ressource, je suis dépouillé de tout ! Jour déplorable, jour funeste, qui m'apporte la misère et la faim ! Il n'y a pas de mortel sur la terre qui ait éprouvé un pareil désastre. Et qu'ai-je affaire de la vie, à présent que j'ai perdu un si beau trésor, que je gardais avec tant de soin ? Pour lui je me dérobais le nécessaire, je me refusais toute satisfaction, tout plaisir. Et il fait la joie d'un autre qui me ruine et qui me tue ! Non, je n'y survivrai pas. (Plaute, *la Marmite*, acte IV, scène IX.)

IV

Dévouement de l'esclave Tyndare qui s'est fait passer pour son maître Philocrate et lui a fait rendre la liberté.

HÉGION, TYNDARE, ARISTOPHONTE.
PLUSIEURS ESCLAVES.

HÉGION.
Qu'on mette à l'instant les menottes à ce pendard.

TYNDARE.
Qu'est-ce que cela signifie ? quel mal ai-je fait

HÉGION.
Tu le demandes ? Recueille la moisson de tes crimes, bon semeur, bon sarcleur.

TYNDARE.
Pourquoi n'as-tu pas dit d'abord bon herseur ? La herse précède toujours le sarcloir, dans le labourage.

HÉGION.
Avec quelle hardiesse il me brave !

TYNDARE.
La hardiesse sied bien à un esclave innocent et sans reproches, surtout devant son maître.

HÉGION.
Allons, serrez-lui vigoureusement les mains, je vous l'ordonne.

TYNDARE.

Je t'appartiens; tu peux même les faire couper. Mais qu'est-ce? pourquoi cette colère?

HÉGION.

Parce que tu as fait tout ce qui dépendait de toi, imposteur, avec tes impostures scélérates, pour massacrer moi et mon bien, pour couper bras et jambe à ma fortune, pour exterminer mes espérances avec tous mes calculs. Ne m'as-tu pas dérobé Philocrate par tes mensonges? Je l'ai cru esclave, et je t'ai cru libre, selon que vous disiez; vous aviez ainsi fait échange de noms entre vous.

TYNDARE.

Oui, je l'avoue, la chose s'est faite comme tu le dis, et par moi; il t'a échappé, grâce à mes feintes et à mon adresse. Est-ce donc cela, par Hercule! qui m'attire ton courroux?

HÉGION.

Oui, et ce qui t'attirera de terribles supplices.

TYNDARE.

Pourvu que je n'aie pas mérité la mort, elle m'effraye peu. Si je meurs ici, et qu'il ne revienne pas, ainsi qu'il l'a promis, moi, j'aurai l'honneur, après mon trépas, d'avoir tiré mon maître captif de la servitude et des mains de l'ennemi, de l'avoir renvoyé en liberté dans son pays chez son père, et d'avoir exposé ma tête aux périls pour qu'il ne pérît pas.

HÉGION.

Va donc jouir de ta gloire sur les bords de l'Achéron.

TYNDARE.

Qui périt pour la vertu ne meurt pas.

HÉGION.

Quand je t'aurai fait passer par les plus cruelles tortures, et que je t'aurai mis à mort pour tes manœuvres, qu'on dise, après, ou que tu es mort ou que tu as péri, il ne m'importe guère; on peut dire même que tu vis, pourvu que tu périsses.

TYNDARE.

Par Pollux! ce ne serait pas impunément que tu ferais cela, si Philocrate revient, comme j'en suis sûr.

HÉGION.

T'avais-je recommandé de ne pas me tromper?

TYNDARE.

Oui.

HÉGION.

Pourquoi as-tu osé me mentir?

TYNDARE.

Parce que la verité nuisait à celui que je voulais servir, et que mon mensonge lui est utile à présent.

HÉGION.

Mais il te sera nuisible, à toi.

TYNDARE.

C'est très-bien, mais j'ai sauvé mon maître; je suis heureux de l'avoir sauvé, lui à qui son père m'avait attaché pour être son gardien. Penses-tu que j'aie fait une mauvaise action?

HÉGION.

Très-mauvaise.

TYNDARE.

Moi je dis qu'elle est bonne; mon sentiment diffère du tien. Réfléchis un peu : si un de tes esclaves se conduisait ainsi envers ton fils, quel gré ne lui en saurais-tu pas? Affranchirais-tu, oui ou non, un tel serviteur? ne te serait-il pas bien cher? Réponds (1).

HÉGION.

Cela se peut.

TYNDARE.

De quoi donc me sais-tu mauvais gré?

HÉGION.

D'avoir été plus fidèle à un autre qu'à moi.

TYNDARE.

Quoi! tu aurais voulu qu'il te suffît d'un jour et d'une nuit pour changer le cœur d'un captif tout nouveau, tout récent, et de la veille à ton service, au point qu'il préférât ton intérêt à celui d'un homme avec qui il a passé sa vie dès l'enfance?

HÉGION.

Demande donc à l'autre qu'il t'en soit reconnaissant. (*Aux esclaves.*) Conduisez-le où il doit être, pourvu de grosses et lourdes

---

(1) Cette hypothèse est justement la réalité.

chaînes. De là tu iras tout droit à la carrière, et, au lieu de huit pierres que tirent les autres par jour, il faudra que tu fasses moitié plus d'ouvrage ; autrement tu prendras le nom de Sexcentoplagus (1).

ARISTOPHONTE.

Par les dieux et les hommes ! je t'en conjure, Hégion, ne perds pas ce malheureux.

HÉGION.

On y aura soin. La nuit il sera gardé dûment enchaîné ; le jour, il demeurera sous terre à fendre le roc. Je veux que son supplice dure longtemps. Il n'en sera pas quitte pour une journée.

ARISTOPHONTE.

Est-ce bien certainement arrêté ?

HÉGION.

Aussi certainement qu'on doit mourir un jour. Emmenez-le promptement à la forge d'Hippolyte ; dites qu'on lui applique de fortes entraves, et menez-le ensuite chez mon affranchi Cardalus, à la porte de la ville, à la carrière. Recommandez de ma part qu'on ait soin de lui, si bien qu'il ne soit pas plus maltraité que celui qu'on maltraite le plus.

TYNDARE.

Pourquoi voudrais-je être sauvé, si tu ne le veux pas ? Ma vie est en péril à tes périls et risques. Après la mort il n'y a plus dans la mort aucun mal que j'aie à redouter. Quand mes jours se prolongeraient jusqu'au terme le plus reculé, courte sera toujours la durée des souffrances dont tu me menaces.

Adieu — le ciel te conserve ! quoique tu mérites un autre vœu. Toi, Aristophonte, que les dieux te rendent ce que tu m'as fait ! car c'est à toi que je suis redevable de mon infortune.

HÉGION.

Qu'on l'emmène.

TYNDARE.

Je ne demande qu'une chose : si Philocrate revient, permets-moi de lui parler.

(1) **Qui reçoit mille coups.**

HÉGION, *aux esclaves.*

Vous êtes morts si vous ne l'emmenez hors de ma présence.

TYNDARE.

On me tire, on me pousse, par Hercule ! ne me faites pas violence.

HÉGION.

On le conduit en lieu de sûreté, où il mérite d'être. Ce sera une leçon pour les autres captifs, s'il était quelqu'un qui fût tenté de faire une action pareille. Sans celui-ci, qui m'a tout découvert, ils me mèneraient encore avec leurs ruses comme un âne bridé.

Désormais je ne me fie plus à personne. C'est assez d'avoir été dupe une fois. Quel malheur ! j'espérais avoir racheté mon fils de la servitude, mon espoir s'est évanoui. J'ai perdu un fils, qu'un esclave me ravit à l'âge de quatre ans, et je n'ai jamais retrouvé ni l'esclave ni l'enfant ; mon aîné est tombé au pouvoir de l'ennemi. Quel funeste sort ai-je donc ? il semble que je mettes au monde des fils pour rester isolé sur la terre. (*A Aristophonte.*) Suis-moi, que je te ramène où je t'ai pris. Je veux n'avoir de pitié pour personne, puisque personne n'a pitié de moi.

ARISTOPHONTE.

J'inaugurais ma sortie de prison ; il me faut, à ce que je vois, réinaugurer ma captivité.

(Plaute, *les Captifs*, acte III, scène v.)

Tyndare représente l'esclave sous un jour nouveau. — Sosie est lâche, gourmand ; il a tous les vices qui naissent de la servitude. Tyndare est noble, dévoué, courageux. — Aussi quelle élévation dans le langage ! Comme il abandonne volontiers la vie, heureux qu'il est d'avoir sauvé son jeune maître ! — Ce caractère est une des plus belles créations de Plaute.

V

Embarras du parasite.

ERGASILE, *seul.*

Malheureux est le mortel qui cherche sa vie, et la trouve à grand'peine ! plus malheureux celui qui se donne de la peine sans rien trouver ! Malheureux sans égal celui qui a faim et n'a pas de quoi manger !

La maudite journée ! que j'aurais plaisir à lui arracher les yeux, si je pouvais ! C'est elle qui met l'avarice dans le cœur de tous ceux à qui je m'adresse. Non, je n'en vis jamais de plus famélique, de plus soûlée de jeûnes, de plus malencontreuse en toutes ses recherches. Mon ventre et mes mâchoires aujourd'hui chôment la fête de la famine. Peste soit du métier de parasite ! je lui dis adieu. La jeunesse aujourd'hui relègue loin d'elle les plaisants, qui meurent de misère. On ne fait plus le moindre cas des Spartiates du bas bout de la table, ces intrépides souffre-gourmades, riches en bons mots, mais n'ayant rien dans le garde-manger et dans l'escarcelle. Qui invite-t-on à présent ? Celui qui, après s'être régalé de bon cœur chez les autres, peut les traiter à son tour. On fait soi-même ses emplettes au marché, fonction dévolue jadis au parasite. On ne fait pas plus de cas d'un bouffon que d'une obole. Ce sont tous des égoïstes. Tout à l'heure, en sortant d'ici, j'accostai des jeunes gens au Forum : « Eh bien ! chez qui dînons-nous aujourd'hui ? » Pas un mot. « Qui est-ce qui répond : Chez-moi ? Qui se présente ? » Ils restent silencieux comme des muets, et gardent leur sérieux. « Chez qui soupons-nous ? » Ils me font nenni ; alors je décoche un lazzi, un de mes plus risibles, qui me valait autrefois un mois de bonnes lippées ; personne ne rit. Plus de doute, c'est un complot. Pas un ne veut seulement imiter un chien en colère, et sinon me faire un rire d'approbation, montrer les dents du moins. Je les laisse là, quand je vois qu'ils se moquent ainsi de moi ; je m'adresse à d'autres, et ensuite à d'autres, puis encore à d'autres, c'est tout un ; ils se sont donné le mot, comme les marchands d'huile, au Vélabre. J'ai quitté la place ; cela m'ennuie d'être joué de la sorte. Il y avait aussi d'autres parasites qui se promenaient et se morfondaient dans le Forum. Je suis bien décidé à demander justice, conformément à la loi barbare. Un complot ayant été formé pour nous ôter les vivres et la vie, j'intente procès aux coupables ; je réclame une amende : dix soupers à ma discrétion, vu la cherté des denrées. C'est cela. Maintenant je vais au port ; là est la seule espérance de mon souper pour ce soir ; si elle fuit, je reviendrai chez le vieillard souper à la dure. (*Les Captifs*, acte III, scène I.)

VI

Le militaire fanfaron.

PYRGOPOLINICE, ARTOTROGUS (suite du militaire).

PYRGOPOLINICE.

Soignez mon bouclier ; que son éclat soit plus resplendissant que les rayons du soleil dans un ciel pur. Il faut qu'au jour de la bataille, quand il sera temps, les ennemis, dans le feu de la mêlée, aient la vue éblouie par ses feux. Et toi, mon épée, console-toi, ne te lamente pas tant, ne laisse point abattre ton courage, s'il y a trop longtemps que je te porte oisive à mon côté, tandis que tu frémis d'impatience de faire un hachis d'ennemis. Mais où est Artotrogus ?

ARTOTROGUS.

Me voici, fidèle compagnon d'un guerrier fortuné, intrépide, beau comme un roi, vaillant comme un héros. Mars n'oserait, pour vanter ses prouesses, les comparer aux tiennes.

PYRGOPOLINICE.

Lui que je sauvai dans les champs Gurguotidoniens, où commandait en chef Bomlevachidès Clunin Staridysarchidès, petit-fils de Neptune ?

ARTOTROGUS.

Je m'en souviens ; tu veux parler de ce guerrier aux armes d'or, dont tu dispersas d'un soufle les légions comme le vent dissipe les feuilles ou le chaume des toits.

PYRGOPOLINICE.

Ce n'est rien, par Pollux, que cette prouesse.

ARTOTROGUS.

Rien, par Hercule, au prix de toutes les autres...... (*à part*) que tu n'as jamais faites. Si l'on peut voir un plus effronté menteur, un glorieux plus vain, je me livre à qui le trouvera, en toute propriété pour une confiture d'olives, et je consens à enrager la faim dans ma nouvelle condition.

PYRGOPOLINICE.

Où es-tu ?

ARTOTROGUS.

Me voici. Et dans l'Inde, par Pollux, comme tu cassas d'un coup de poing le bras à un éléphant !

PYRGOPOLINICE.

Comment, le bras ?

ARTOTROGUS.

Je voulais dire la cuisse.

PYRGOPOLINICE.

Et j'y allais négligemment.

ARTOTROGUS.

Si tu y avais mis toute ta force, par Pollux, tu aurais traversé le cuir, le ventre, la mâchoire de l'éléphant avec ton bras.

PYRGOPOLINICE.

Trêve pour le moment à ce récit.

ARTOTROGUS.

Par Hercule, tu n'as pas besoin de me raconter tes hauts faits, à moi qui les connais si bien. (*A part.*) C'est mon ventre qui me cause tous ces ennuis ; il faut que mes oreilles les endurent pour que mes dents ne s'allongent pas ; et je suis obligé d'applaudir à tous les mensonges qu'il lui plaît d'inventer.

PYRGOPOLINICE.

Qu'est-ce que je voulais dire ?

ARTOTROGUS.

Voici : je sais déjà ta pensée. Oui, le fait est vrai, par Hercule, je m'en souviens.

PYRGOPOLINICE.

Qu'est-ce ?

ARTOTROGUS.

Tout ce qu'il te plaira.

PYRGOPOLINICE.

As-tu des tablettes ?

ARTOTROGUS.

Veux-tu faire des enrôlements ? j'ai aussi un poinçon.

PYRGOPOLINICE.

Que tes pensées s'accordent heureusement avec les miennes !

ARTOTROGUS.

C'est un devoir pour moi de connaître ton humeur, de m'en

faire une étude assidue, pour que mon esprit vole au-devant de tes désirs.

PYRGOPOLINICE.

Te souviens-tu?

ARTOTROGUS.

Oui, cent cinquante hommes en Cilicie, cent Sycolatronides, trente Sardes, soixante Macédoniens périrent sous tes coups en un seul jour.

PYRGOPOLINICE.

Combien cela fait-il de morts?

ARTOTROGUS.

Sept mille.

PYRGOPOLINICE.

Ce doit être le nombre, tu comptes bien.

ARTOTROGUS.

Je n'ai pas besoin de tenir registre pour m'en souvenir.

PYRGOPOLINICE.

Par Pollux, ta mémoire est excellente.

ARTOTROGUS, *à part*.

Les bons morceaux me la rafraîchissent.

PYRGOPOLINICE.

Tant que tu te comporteras comme jusqu'à ce jour, tu seras constamment bien nourri, je t'admettrai toujours à ma table.

ARTOTROGUS (*avec un redoublement de chaleur*).

Et en Cappadoce, si ton glaive ne s'était pas émoussé, n'aurais-tu pas tué d'un seul coup cinq cents ennemis, seuls restes de l'infanterie, s'ils ont échappé? Et pourquoi te dirai-je ce qui est connu de l'univers, que Pyrgopolinice efface tout ce qui existe sur la terre par sa beauté, sa bravoure, sa force invincible? Toutes les femmes t'adorent, et elles n'ont pas tort vraiment, tu es si beau!.... Par exemple, celles qui me prirent hier par mon manteau.

PYRGOPOLINICE.

Que t'ont-elles dit hier?

ARTOTROGUS.

N'est-ce point Achille qui est avec toi? demandait l'une d'elles. Non, répondis-je, c'est son frère. Ah! oui, par Castor, s'écrie l'autre avec un mouvement de tête, qu'il me semble beau, qu'il a l'air noble ! Regarde comme sa chevelure tombe avec grâce ! Heureuses les femmes qui sont honorées de son attention !

PYRGOPOLINICE.

Oui-dà ! elles s'exprimaient ainsi ?

ARTOTROGUS.

Et elles m'ont supplié toutes les deux de te mener aujourd'hui de ce côté-là.

PYRGOPOLINICE.

On est bien à plaindre d'être si beau.

ARTOTROGUS.

Elles m'assomment ; ce sont toujours des prières, des sollicitations, des instances pour que je leur procure le bonheur de te voir ; ce sont des messages pour me faire venir, au point que je n'ai plus le temps de vaquer à tes affaires.

PYRGOPOLINICE.

Il est l'heure, je crois, d'aller à la place, pour payer aux soldats que j'enrôlai hier le prix de leur engagement. Le roi Séleucus m'a prié avec instances de lever et d'enrôler pour lui des soldats mercenaires. Je veux consacrer la journée au service de ce prince.

ARTOTROGUS (*d'un air belliqueux*).

Eh bien ! marchons à sa suite.

PYRGOPOLINICE.

Soldats, suivez-moi.

(Plaute, *le Militaire fanfaron*, act. I, sc. I.)

VII

Prologue du *Cordage*.

L'ÉTOILE ARCTURE.

Le grand moteur de toutes les nations, et des terres et des mers, je suis son concitoyen dans la cité céleste. Je suis, vous le voyez, un astre brillant, une blanche étoile, qui se lève toujours à son heure, ici et dans le ciel. Mon nom est Arcture. Je brille là-haut pendant la nuit parmi les dieux ; je parcours durant le jour la demeure des mortels. Mais je ne suis pas la seule constellation qui descende sur la terre. Le souverain des dieux et des hommes, Jupiter, nous envoie dans les différentes contrées pour observer les mœurs et la conduite des mortels ; comment ils pratiquent le devoir et la bonne foi, comment chacun obtient les présents de la fortune. Ceux qui soutiennent des poursuites frauduleuses par de frauduleux témoignages ; ceux qui nient avec serments une dette devant les tribunaux, leurs noms sont écrits par nous et portés à Jupiter. Chaque jour il sait qui provoque sa vengeance. Que les méchants s'efforcent de gagner des procès par leurs impostures, qu'ils obtiennent par la sentence du juge un bien qui ne leur appartient pas ; Jupiter remet en jugement la chose jugée, et l'amende qu'il leur inflige dépasse le gain qu'ils emportent. Il garde les noms des honnêtes gens inscrits sur d'autres tables. Voyez encore les criminels ; ils s'imaginent qu'ils pourront acheter la clémence de Jupiter par des offrandes, par des sacrifices ; ils perdent leurs soins et leur argent. C'est que jamais les prières des perfides ne sauraient le toucher. Mais lorsqu'un homme juste implore les dieux, il lui est plus facile qu'à l'impie de trouver grâce devant eux. Je vous le conseille donc, hommes de bien, dont la vie est conforme aux lois de la justice et de la vertu, persévérez, vous vous féliciterez, après, de votre conduite (1).

§ IV.

CONTEMPORAINS ET SUCCESSEURS IMMÉDIATS DE PLAUTE.

Il y eut, du vivant même de Plaute et dans les dernières années du sixième siècle, un assez grand nombre de poëtes comiques, imitateurs du théâtre grec. Les fêtes publiques, les jeux, les triomphes, les funérailles d'hommes illustres

(1) La traduction de ces fragments de Plaute est empruntée à M. Naudet.

rendirent naturellement plus fréquentes les représentations scéniques. Le métier de poëte commença donc à être lucratif. Il ne semble pas qu'il ait été beaucoup plus estimé. En effet, les auteurs dont l'histoire nous a conservé les noms sont ou des esclaves affranchis ou des personnages de basse extraction. — Nous sommes bien éloignés encore du temps où des Romains de noble naissance ne croiront pas s'avilir en se faisant poëtes.

CÆCILIUS STATIUS.

A la tête des poëtes comiques de cette période, dont nous ne possédons que des fragments recueillis et disposés par Otto Ribbekk (*Reliquiæ comicorum Latinorum, præter Plautum et Terentium*, Leipzig, 1855), se place *Cæcilius Statius*, qui fut contemporain de Plaute, et connut Térence. C'était un esclave. Il était Gaulois Insubrien de naissance. Les écrivains du septième siècle en faisaient le plus grand cas, et l'un d'eux, *Volcatius Sédigitus*, dans le canon qu'il a dressé des auteurs comiques, lui donne la première place, même avant Plaute. Cicéron serait volontiers du même avis, mais un scrupule semble l'arrêter : Cæcilius est un mauvais écrivain, *malus auctor latinitatis*. Varron admire fort la sage économie de ses pièces ; Horace parle de sa *gravité*, peut-être ironiquement. Aulu-Gelle, dans un long chapitre qu'il lui consacre, ne le compare à Ménandre que pour le déclarer bien inférieur au poëte grec. Cæcilius imita surtout Ménandre. Les noms de *Luscius Lavinius*, de *Sextus Turpilius*, de *Licinius Imbrex*, et de plusieurs autres qui vivaient à cette époque, ne nous apprendront rien de nouveau sur le théâtre romain au sixième siècle. A quoi bon rapporter les jugements des anciens sur leur compte, puisque nous ne pouvons les contrôler ? Venons à Térence.

§ V.

TÉRENCE.

Dans le canon des poëtes comiques, dressé au septième siècle par Volcatius Sédigitus, Térence n'occupe que la sixième place. Avant lui sont rangés *Cœcilius, Plaute, Nævius, Licinius, Attilius.* Ennius est le dernier de tous, et peut-être n'aurait-il pas l'honneur d'y figurer, si l'on ne devait quelques égards à la vieillesse :

Decimum addo causa antiquitatis Ennium.

Il s'en faut que de tels jugements doivent être acceptés sans réserves par nous. Ils sont d'ailleurs démentis par d'autres jugements portés à des époques différentes. Rien de plus mobile, de plus sujet aux caprices de la mode et du goût du jour que la renommée des poëtes dramatiques. Térence en est un exemple bien curieux. A mesure que l'hellénisme pénétra de plus en plus la littérature romaine, sa gloire s'accrut ; au commencement du septième siècle, le vieil esprit romain existait encore, au théâtre surtout : c'est l'époque du grand succès des *Atellanes* et de quelques comédies à toge (*comœdia togata*). Térence fut relégué au sixième rang. Cent ans plus tard, César le place *in summis*. Horace l'épargne seul dans son injuste censure des vieux poëtes. Les critiques des seizième, dix-septième et dix-huitième siècles ont pour lui la plus vive admiration : pourquoi ? Il est plus poli, d'une douceur unie, ses peintures de la nature humaine sont plus générales. De nos jours, il est moins goûté que Plaute. Celui-ci sent plus son Romain ; il a ce goût de terroir qui nous plaît ; la forte empreinte du cachet national est sur son œuvre. Térence est plus terne, ni Grec ni Romain.

A vrai dire, il est plus Grec que Romain. Originaire d'Afrique, d'où le surnom d'*Afer*, amené dès son bas âge à Rome, il est élevé avec le plus grand soin par le sénateur Terentius Lucanus, qui l'affranchit. Toutes les traditions nous le représentent beau, doux, aimable, avec une légère teinte de mélancolie qui n'est pas sans charmes. D'une santé délicate, d'une âme plus délicate encore, il ne peut supporter la douleur que lui cause la perte de ses vers engloutis dans un naufrage, et il meurt à trente-cinq ans, dans le plus pur épanouissement de son talent. Ajoutez à cela ce voyage en Grèce, sorte de pèlerinage pieux à la terre nourricière de toute poésie, à la patrie de Ménandre, ce cher modèle du poëte latin; cette langueur subite, et cette mort mystérieuse en Arcadie, seconde patrie des Muses et de la vie poétique : il y a dans cette existence, si tôt dénouée, je ne sais quoi de romanesque et de sentimental qui entraîne l'imagination bien loin de Rome. Les biographes, obéissant peut-être à leur insu à une loi mystérieuse d'analogie morale, ont reproduit, à propos de Térence, quelques-unes des plus touchantes circonstances de la vie de Virgile, notamment ce suprême voyage en Grèce, et cette mort dont la cause reste ignorée. Ces deux figures s'attirent, se répondent. Elle ont des traits communs ; toutes deux emportent la pensée loin du Latium et font ressouvenir de l'Attique. Virgile, Térence, plantes étrangères, charmantes et délicates, qui, transplantées, languissent, se retournent vers le lieu natal et meurent.

Il est né vers 560 ou 562, huit ou dix ans avant la mort de Plaute. Il débuta fort jeune au théâtre par sa comédie de l'*Andrienne*. On connaît l'anecdote rapportée à ce sujet par les biographes. Térence se présenta chez le vieux poëte Cæcilius pour lui lire sa pièce. Timide, embarrassé, ne sachant quelle contenance garder, on le fait asseoir sur un escabeau ; le maître de la maison était étendu sur un lit de table et soupait. La lecture commence : Cæcilius s'étonne, il est touché, il admire, il force Térence à quitter son escabeau, à venir s'asseoir auprès de lui, à partager son souper. Les derniers vers lus, il comble d'éloges le jeune poëte, et lui fait acheter sa pièce par les édiles. Voilà l'anecdote ; elle est honorable pour Cæcilius, et on y retrouve cette légère teinte romanesque dont je parlais. Les biographes l'ont voulu : le charme qui était en Térence gagne jusqu'au vieux rival et le transforme en ami, en admirateur. Les prologues du poëte ne permettent guère d'ajouter foi à cet aimable conte. Il s'y plaint sans cesse des attaques malveillantes et envieuses d'un vieil adversaire : celui-là, disciple de Plaute sans doute, n'avait que du mépris pour les grâces efféminées de l'affranchi du sénateur. Il semble que les spectateurs aient été de son avis. Le poëte lui-même nous confesse, non sans amertume, qu'à deux reprises différentes le peuple abandonna la représentation d'une de ses comédies pour courir aux tours de force d'un athlète, à un funambule. Il s'en consolait en disant qu'il aimait mieux plaire aux gens d'un goût délicat qu'à la multitude grossière. Ici encore la tradition se plaît à représenter

Térence honoré des plus hautes amitiés, admis dans la familiarité intime des jeunes nobles comme Scipion Émilien et Lélius; elle va même jusqu'à attribuer une partie de son œuvre à des collaborateurs illustres; et il est certain que le poëte lui-même autorisait cette conjecture lorsqu'il disait : « Des envieux prétendent que des hommes de haute naissance m'aident de leurs lumières et travaillent avec moi : eh bien! qu'y a-t-il là d'injurieux pour le poëte? Il est fier de plaire à des hommes qui plaisent à tous, au peuple tout entier, à des hommes qui dans la guerre, dans la paix, dans toutes les affaires ont rendu service à chaque citoyen sans en être plus vains. » Certains commentateurs sont allés jusqu'à indiquer les scènes qui appartiennent à Scipion, et celles qui sont l'œuvre de Lélius. Naïve et innocente illusion de l'érudition! Quoi qu'il en soit, tous ces traits réunis donnent à Térence une physionomie toute particulière. C'est un étranger, un affranchi comme la plupart des poëtes du temps : mais il a été élevé à Rome; de plus, il a été admis dans la société intime de l'aristocratie la plus délicate de son temps : dans ce monde déjà raffiné il a puisé ces habitudes d'élégance, ce bon ton, cette urbanité qui ne l'abandonnèrent jamais; et ses comédies en étaient si profondément imprégnées que les contemporains croyaient y reconnaître la main de ces hommes distingués et polis qui étaient les arbitres des belles manières et du goût.

Voilà donc, on peut l'assurer d'avance, un poëte qui ne ressemblera guère à Plaute. Avec lui, en effet, commence une ère nouvelle; il est le premier et un des plus parfaits représentants de cette qualité charmante et indéfinissable que les Grecs appelaient atticisme, que les Romains commençaient à désigner sous le nom d'*urbanitas*. La première condition de l'urbanité, c'est une culture intellectuelle riche et variée. Pour les Romains de ce temps, cette culture ne pouvait leur venir que de la Grèce. D'abord méprisée par les purs représentants de l'esprit national, elle commence à être avidement recherchée dans les dernières années du sixième siècle. Caton lui-même sacrifie au goût du jour. Paul-Émile, dit Plutarque, fait élever ses fils à la romaine, mais surtout à la grecque. Après la défaite de Persée, il fait apporter à Rome les livres de la Grèce et fonde la première bibliothèque (587). L'hellénisme pénètre de tous côtés : des philosophes grecs parlent en public et passionnent la jeunesse romaine : des Grecs illustres, et à leur tête Polybe et Panætius, vivent dans la société intime des plus grandes familles. On commence à rougir de la grossièreté des mœurs nationales, à comprendre et à rechercher les élégances de la vie. Cette révolution universelle, qui, comme toutes les choses de ce monde, fut à la fois un bien et un mal, ne pouvait laisser la littérature hors de son action. Le théâtre, ce puissant véhicule de toutes les nouveautés, fut le premier à ressentir l'effet de cette transformation générale. Il y eut une réaction très-vive contre la comédie telle que Plaute l'avait conçue et montrée à la génération précédente. Térence fut le représentant de cette réaction.

A en juger par les prologues de ses comédies, le peuple romain, j'entends la multitude, regretta Plaute et sa grosse bouffonnerie. Térence semble demander grâce aux spectateurs ; il accuse d'envie le *vieux poëte malveillant*, et se justifie assez faiblement des innovations qu'il hasarde. Les comédies de Plaute étaient pleines de mouvement (*motoriæ*, comme disent les grammairiens), il brûlait les planches, comme nous dirions aujourd'hui ; celles de Térence sont du genre calme, presque immobiles (*statariæ*). Il implore le silence et l'attention ; il se doute bien en effet que la douceur unie, les grâces délicates de son œuvre échapperaient à un public turbulent. Celui-ci était forcé de tenir ses yeux et ses oreilles attachés à la scène, quand à chaque instant un esclave s'y précipitait en fuyant, un vieillard s'y démenait en fureur, un parasite y exposait ses bouffonnes infortunes, un avare *leno* se voyait assiégé ou battu par l'amant dont il détenait la maîtresse. Rien de tout cela dans Térence ; il méprise ces turbulences, il ne veut pas abaisser son art jusqu'à l'emploi de ces grossiers moyens. Mais le succès était à ce prix. C'est là le caractère le plus saillant de ses comédies : elles manquent de mouvement. Charmantes à la lecture, elles sont froides à la représentation. Des Athéniens auraient pu s'y plaire : elles ennuyaient des Romains.

Les sujets sont empruntés au théâtre grec ; c'était une nécessité, mais quelle variété dans les poëtes de la comédie nouvelle ! Lequel imiter de préférence ? Plaute a une prédilection particulière pour Philémon, le plus gai, le moins scrupuleux de tous ; et il charge encore les peintures du modèle. C'est à Ménandre que Térence s'attache, au plus pur et au plus délicat des poëtes attiques, le moins romain de tous, si on peut parler ainsi. Les didascalies, les prologues ne manquent pas de nous apprendre que la pièce est tout entière grecque (*est tota græca*) : cela est vrai ; elle est grecque par le choix des sujets, par l'unité de couleur, par la scrupuleuse observation de la vérité locale. Pas d'anachronismes, pas de transpositions de lieux, de mœurs, d'usages : dans Plaute, on voit Rome derrière Athènes, on la sent pour ainsi dire vivante et présente dans tous les détails de l'œuvre ; rien de tel dans Térence. Pas une allusion, pas une réminiscence. La pièce est bien grecque ; c'est un calque d'un art parfait. Mais où est la vie, où est l'intérêt pour les contemporains ?

Chose bien remarquable et qui met en pleine lumière l'art exquis de Térence. Il avoue que plus d'une fois, à l'imitation de ses devanciers, il a fondu deux pièces grecques en une seule. Dans Plaute, ces agencements sautent aux yeux ; on voit la pièce rapportée : Térence adapte l'épisode au sujet principal avec tant d'art, que l'ensemble de l'œuvre n'en est pas détruit. Il est vrai que les innombrables comédies grecques, presque toutes semblables par le sujet, rendaient plus faciles ces transpositions. On l'accusait cependant de se les permettre : c'était gâter, disait-on, les sujets grecs (*contaminare græcas fabulas*). Sans doute ses rivaux, qui lui adressaient ces reproches, craignaient que ces soudures si habilement faites ne rendissent le public plus exigeant et plus difficile pour leurs propres œuvres : ils n'y mettaient eux pas tant de façons. Térence avait l'amour et le respect de son art. Ses prédécesseurs exerçaient un métier et un métier peu estimé ; Térence est un poëte, dans l'acception la plus délicate du mot : c'est en qualité de poëte et d'homme de bonne compagnie, qu'il est recherché par les Scipions et les Lélius ; il ne compromettra jamais ce double caractère. Dût le succès faire défaut, il n'abaissera point le niveau de l'art, il ne souillera point par des plaisanteries viles la fine fleur de son beau langage. Les épisodes qu'il ajoute à l'action principale font corps avec elle : dans Plaute, ce sont des hors-d'œuvre que rien ne justifie, si ce n'est le besoin d'égayer la scène. Souvent même Plaute introduit un personnage qui n'est d'aucune utilité dans la pièce, un parasite par exemple : Térence se refuse sévèrement une telle licence. Le public romain la supportait, la réclamait même ; mais le poëte plus difficile ne voulait pas acheter un succès à ce prix.

Non-seulement il n'y a aucun personnage inutile ; mais tous se tiennent et se complètent pour ainsi dire l'un l'autre. Térence excelle dans ces oppositions heureuses qui mettent en lumière les différences de caractères, source féconde de comique noble. Les *Adelphes* sont un modèle du genre. Notre Molière a reproduit à un dégré bien supérieur ces contrastes ingénieux dont il ne faut pas abuser, sous peine de faire dominer les abstractions dans une œuvre éminemment concrète par sa nature.

Mais l'innovation capitale de Térence, ce sont ses caractères. Dans Plaute, ils sont esquissés à grands traits, et souvent voisins de la caricature : Térence peint avec amour de fines miniatures. De là son aversion pour les personnages bas et ignobles, qui exigeraient des tons criards, de grosses couleurs, et forceraient l'acteur et le poëte à élever la voix. Le vil leno, si cher à Plaute, est banni du théâtre de Térence ; vous n'y trouverez pas non plus l'impassible et rapace courtisane, être sans entrailles et qui ne vit que pour le gain ; ni l'esclave ivrogne, gourmand et débauché, toujours placé entre la fourche, les étrivières ou le cachot humide de la cave ; ni les pères imbéciles et lascifs, qui tolèrent les vices de leurs enfants à condition qu'ils puissent satisfaire les leurs ; ni les jeunes gens sans pudeur et sans esprit, exploités, raillés, insultés par les esclaves malins et méprisants. Toutes ces crudités font rire le peuple, mais de quel air les gens du monde les recevraient-ils ? De tout ce monde tumultueux, grossier, cynique, à qui Plaute a donné droit de cité, Térence n'a conservé que le parasite. Mais comme il l'a transformé ! Qui reconnaîtrait dans Gnaton, gros, fleuri, gai, dispos, ce misérable Laconien, ce souffre-douleur, cet homme du bas bout de la table, que les convives en belle humeur vilipendent, inondent d'eau sale, accablent de projectiles de toute nature, et qui quitte la table du festin tout en sang ? La vie du monde qui commence a adouci les mœurs, poli les vices, modifié les industries. Les gens riches ont encore des parasites à leur table, mais ce n'est point pour les rouer de coups, distraction grossière et bonne pour les Romains d'autrefois. Le parasite moderne est un homme d'esprit qui sait flatter. Voilà pourquoi il trouve son couvert mis dans les bonnes maisons. Le passage est curieux, je veux le transcrire. Nous prenons sur le vif un des côtés les plus intéressants de la société nouvelle qui se fonde sur les ruines de l'ancienne, et Térence nous apparaît ce qu'il est en effet, le représentant au théâtre des mœurs et des habitudes du jour.

Le parasite Gnaton. « Quelle différence, grands dieux! d'un homme à un autre ! Que les gens d'esprit l'emportent sur les sots ! Voici ce qui me fait penser ainsi. Aujourd'hui, en arrivant, je rencontre un homme de mon pays, de ma condition, homme très comme il faut, qui avait dévoré tout son patrimoine. — Le malheureux était sale, malpropre, défait, couvert de haillons et vieilli par la misère. « Quel est cet équipage, lui dis-je ? — J'ai perdu tout ce que je possédais : voilà où j'en suis réduit. Tous mes amis, toutes mes connaissances m'abandonnent. » — Je le pris en dédain : il me ressemblait si peu ! « Quoi ! lui dis-je, ô le plus lâche des hommes, es-tu donc au point de ne trouver plus en toi-même aucune ressource ? as-tu perdu l'esprit en perdant ton bien ? Je suis de même condition que toi : vois ce teint, cette fraîcheur, cet embonpoint, ces habits ! J'ai tout et ne possède rien ; je n'ai pas un as et rien ne me manque. — Mais j'ai un malheur, je ne sais pas faire le métier de bouffon et endurer les coups. — Eh ! crois-tu donc que ce soit là mes moyens ! Tu te trompes du tout au tout. Jadis, dans l'ancien temps, on gagnait ainsi sa vie ; mais nous faisons une autre chasse aujourd'hui : et c'est moi qui en suis l'inventeur. Il y a des gens qui veulent être les premiers en tout, et qui en sont bien loin : je m'attache à eux, non pour les faire rire ; au contraire, c'est moi qui ris de tout ce qu'ils disent. Je me pâme d'admiration à leurs moindres mots, des éloges à propos de tout : quand ils disent oui, je dis oui ; quand ils disent non, je dis non. Enfin je me suis fait une loi de leur complaire, de les flatter en tout. C'est aujourd'hui la meilleure de toutes les industries (1). »

On peut étendre ce parallèle à tous les caractères ; l'étude est intéressante, et l'on voudrait pouvoir s'y arrêter. Je me borne à indiquer celui de l'esclave, de la

---

(1) *Eunuch*, act. II, sc. III.

courtisane, du père, et enfin du soldat fanfaron. Tous ces types, vulgaires, mais saisissants de vérité et de verve dans Plaute, sont adoucis, *urbanisés* dans Térence. La touche est plus mesurée, plus délicate ; il n'aime pas les gens de basse compagnie et de langage grossier ; il faut avoir fait sa toilette pour entrer dans le salon où le poëte réunit ses personnages.

Ces délicatesses qui nous charment doucement, le poëte comique les expie chèrement. Ses personnages n'ont pas les mouvements assez vifs, le verbe assez haut, l'expression assez colorée. On ne supporterait pas dans le monde un homme qui se démènerait, agiterait les bras, frapperait du pied, parlerait haut et fort, accaparerait pour lui seul toute l'attention de l'assemblée ; au théâtre, il faut être ainsi. Les personnages sont censés possédés d'une passion dominante qui ne leur permet pas d'être calmes et mesurés. Comme la tragédie, la comédie est une crise. Il y faut de l'action et une action vive, de l'entrain, une certaine fièvre. Cet amant obtiendra-t-il celle qu'il aime, dont il est séparé, qu'il désire, qu'il pleure ? Ce père inquiet, tourmenté des folles amours de son fils, réussira-t-il à le guérir de sa maladie ? Cet esclave qui sert son jeune maître aux dépens du père de famille, sera-t-il assez malin, assez rusé, assez menteur pour tromper le vieillard et satisfaire le jeune homme ? Térence est trop calme ; il craint trop les saillies impétueuses, les incorrections de termes et de langage ; ses personnages, même les plus infâmes, sont trop convenables. Il n'a pas le diable au corps, l'action se déroule doucement, uniformément, régulièrement. Les parties en sont bien disposées, bien agencées, l'intrigue raisonnablement embrouillée, jamais trop, le dénoûment judicieusement préparé, chaque chose est à sa place, chaque personnage se tient religieusement dans son rôle ; mais quoi ! le rôle manque de relief, on est intéressé, non ému. Et ce qui est plus grave, on ne rit jamais. Tout au plus, ce sourire des dilettanti, qui n'applaudissent jamais, parce que cela est de mauvais ton, et qu'ils ne sentent jamais assez vivement pour s'oublier à ce point.

La sentimentalité remplace la gaieté. Térence est une âme tendre ; il a fait ses personnages à sa ressemblance. Ce n'est pas la fougue de la jeunesse, l'élan désordonné du désir qui emporte ses jeunes gens ; ils aiment de toute leur âme : ce sont des amants modèles dont on souhaite de voir couronner la flamme. L'objet de leur passion, c'est une courtisane, il est vrai : mais que de grâces et de vertus dans cette courtisane ! L'une ne vit que pour sa sœur, et la recommande à son lit de mort aux nombreux amants qui recueillent ses dernières volontés (l'*Andrienne*) ; l'autre ne songe qu'à prévenir de toute souillure, pour la rendre à sa famille, la jeune esclave dont un amant lui a fait cadeau (l'*Eunuque*) ; une troisième inspire par ses aimables qualités une si profonde affection, que son amant marié par force lui reste fidèle et refuse de vivre avec sa jeune femme (l'*Hécyre*). C'est a courtisane qui en fait un bon mari. — Quelle honnêteté ! quelle douceur ! quelle grâce dans ces créatures ! N'est-ce pas là l'idéal de la femme ? Dévouées, généreuses, spirituelles, complaisantes, qui pourrait se flatter de trouver toutes ces qualités réunies dans l'épouse que donne la loi ? Aussi la conclusion naturelle que tire le spectateur de ces belles peintures, c'est que le célibat est le meilleur de tous les états. Les pères regrettent de s'être mariés et ne pressent pas trop leurs fils de les imiter. Il faut que jeunesse se passe, disent-ils, et le plus agréablement possible. L'un d'eux (*Heautontimorumenos*) se punit cruellement d'avoir contrarié les amours de son fils et se réjouit du dénoûment qu'il avait voulu empêcher. Tout cela respire une corruption achevée, si achevée qu'elle n'a plus conscience d'elle-même. L'invraisemblance et l'impossible dominent chez Plaute. On a beau faire, on ne peut prendre au sérieux l'action qu'on voit représenter. C'est un prétexte à scènes gaies, à saillies joyeuses et folles ; le dénoûment arrive comme il peut. On n'emporte du théâtre que l'impression générale d'une heure de bouffonnerie. Térence atteint les fibres secrètes du cœur ; il faut qu'on s'intéresse à ce monde qu'on a sous les yeux. La multitude n'y prenait pas grand plaisir ; mais quelles leçons pour ces jeunes patriciens, riches, ardents, élevés à la grecque, et tout disposés à vivre à la grecque !

Telle est la véritable originalité de Térence. Il donna définitivement droit de cité à l'hellénisme ; il en importa à Rome la grâce et la corruption douce. La hardiesse philosophique des poëtes grecs, leurs plaidoyers simples mais concluants en faveur de l'égalité des hommes, des droits de la raison, trouvèrent en lui un interprète modéré, réservé. De telles idées n'étaient pas mûres encore, et eussent effarouché le patriciat orgueilleux et exclusif de Rome. Cependant c'est Térence qui a écrit (sans doute traduit) le plus beau vers peut-être de toute la littérature latine... « Je suis homme, rien de ce qui touche à l'humanité ne m'est étranger. » — Térence est un des plus purs écrivains latins, *puri ser-*

monis amator, dit César. Varron résumait, par le mot expressif de *mediocritas*, l'ensemble de ses qualités, la mesure, la proportion exacte : voilà bien en effet le caractère de son style. Rien de forcé, rien d'excessif, pas de tons criards dans la peinture, pas de note imprévue dans cette douce harmonie : mais aussi rien de piquant, de saisissant, de dominateur. Il ne s'impose pas, il s'insinue. Il faut, pour le comprendre et l'apprécier, avoir le goût délicat, l'esprit cultivé, être du monde. Il vous donne une idée assez juste de ce que pouvait être le ton des honnêtes gens d'alors. Il a eu dans l'antiquité même de nombreux commentateurs, Probus, Donatus, Eugraphius ; ses œuvres ont été reproduites fort souvent ; le manuscrit du Vatican est du cinquième siècle. Peu représentées, elles n'ont pas eu comme celles de Plaute à souffrir des mutilations et des interpolations des comédiens. Chacune de ses pièces est accompagnée d'une didascalie qui nous donne la date à peu près certaine de la représentation. Suivant toute vraisemblance, le poëte, lié avec les principaux personnages du temps, vendit fort bien ses pièces aux édiles, le prix qu'il voulut (*pretio emptas meo*). — La censure ne fut pas une entrave pour lui ; et d'ailleurs l'anecdote de Cæcilius semblerait prouver que les édiles se déchargeaient volontiers de la tâche de choisir les comédies à représenter, sur des littérateurs de profession. Ils n'intervenaient que pour payer. C'est là un progrès réel, très-sérieux, qui fut une conquête pour l'art. — Mais il eût fallu ne pas s'arrêter là, et permettre sur une scène romaine la représentation de la vie romaine.

Les six comédies de Térence portent toutes des titres.

grecs. — Voici l'ordre dans lequel elles furent représentées.

L'*Andrienne* (588).

L'*Heautontimorumenos* (591), représentée en deux fois. — Les deux premiers actes d'abord, les trois derniers le lendemain.

Le *Phormion* (592).

L'*Eunuque* (593).

L'*Hécyre* (594), deuxième représentation. La première échoua : les spectateurs quittèrent la salle pour courir aux exercices d'un athlète et d'un funambule.

Les *Adelphes* (594).

Térence mourut probablement en 595. Il laissait à sa fille un nom illustre et une certaine fortune. Elle épousa un chevalier romain.

EXTRAITS DE TÉRENCE.

VIII

L'Heautontimorumenos

(ou le père qui se punit lui-même de sa sévérité envers son fils).

CHRÉMÈS.

Il n'y a pas longtemps que nous nous connaissons, car c'est seulement depuis que vous avez acheté un champ ici près, et nous n'avons guère eu d'autre liaison : cependant votre mérite ou notre voisinage qui, à mon avis, est une des premières conditions de l'amitié, m'enhardit à vous dire franchement que vous me paraissez travailler trop pour votre âge et pour votre fortune. Car au nom des dieux quel est votre dessein? que cherchez-vous? Vous avez soixante ans et davantage, si je ne me trompe. Il n'y a point dans ce canton de terre meilleure ou plus fertile. Vous avez assez d'esclaves et vous faites sans relâche leur ouvrage, comme si vous n'en aviez pas un. J'ai beau sortir matin, rentrer tard, je vous vois toujours dans votre champ bêcher, labourer, porter quelque fardeau. Vous ne prenez pas un instant de repos, vous ne vous ménagez point. Ce n'est pas par plaisir assurément. Mais, direz-vous, je ne suis pas content de l'ouvrage que font mes esclaves. Si vous preniez, pour les faire travailler, la peine que vous prenez pour travailler vous-même, vous avanceriez davantage.

MÉNÉDÈME.

Chrémès, avez-vous assez de loisir pour vous mêler des affaires qui vous sont étrangères, et qui ne vous regardent nullement?

CHRÉMÈS.

Je suis homme : rien de ce qui intéresse un homme ne m'est étranger. Prenez ceci, ou pour un conseil, ou pour des instructions que je vous demande. Ce que vous faites est-il bien, je vous imiterai; est-il mal, je vous en détournerai.

MÉNÉDÈME.

Je dois faire ainsi, conduisez-vous comme il vous convient.

CHRÉMÈS.

Quel homme a pour devoir de se tourmenter?

MÉNÉDÈME.

Moi.

CHRÉMÈS.

Si vous avez quelque chagrin, j'en suis fâché. Mais quel malheur vous est-il arrivé? quel crime avez-vous donc commis, pour vous traiter ainsi?

MÉNÉDÈME.

Hélas! hélas!

CHRÉMÈS.

Ne pleurez pas. Dites-moi ce que ce peut être. Ne me le cachez point; ne craignez rien. Ayez confiance en moi. Je vous consolerai, je vous aiderai ou de mes conseils ou de mon bien.

MÉNÉDÈME.

Vous voulez donc le savoir ?

CHRÉMÈS.

Par la seule raison que je viens de vous dire.

MÉNÉDÈME.

Vous le saurez.

CHRÉMÈS.

Mais quittez cette herse ; ne vous fatiguez pas.

MÉNÉDÈME.

Je n'en ferai rien.

CHRÉMÈS.

Quel est votre dessein ?

MÉNÉDÈME.

Permettez que je ne prenne aucun instant de repos.

CHRÉMÈS (*prenant la herse*).

Je ne le permettrai pas, vous dis-je.

MÉNÉDÈME.

Ah ! vous avez tort.

CHRÉMÈS.

Comment, une herse si lourde !

MÉNÉDÈME.

C'est un juste châtiment.

CHRÉMÈS.

Parlez à présent.

MÉNÉDÈME.

J'ai un fils unique à la fleur de l'âge. Hélas ! qu'ai-je dit, j'ai ? non, Chrémès, je l'avais ; aujourd'hui je ne sais si je l'ai ou non.

CHRÉMÈS.

Comment cela ?

MÉNÉDÈME.

Vous allez voir. Il y a ici une vieille étrangère de Corinthe qui est fort pauvre. Mon fils devint éperdument amoureux de sa fille, au point qu'il voulait presque l'épouser ; tout cela à mon insu. Sitôt que j'en fus informé, je commençai à le traiter non avec la douceur qu'il convenait d'employer envers un jeune esprit malade, mais avec la violence et le train ordinaire des pères. Tous les jours je le grondais. Comment ! espères-tu longtemps pouvoir te conduire ainsi? Tu te trompes, Clinias, si tu le crois, et tu ne me connais pas. Je veux bien t'avouer pour mon fils, tant que tu te comporteras d'une manière digne de toi; sinon je saurai te traiter d'une manière digne de moi. Tout cela ne vient que de trop d'oisiveté. A ton âge je ne m'occupais pas d'amourettes. La pauvreté me força d'aller en Asie porter les armes; et par ma valeur j'y acquis honneur et fortune. Enfin la chose en vint au point que ce jeune homme, à force de s'entendre répéter à chaque instant les mêmes duretés, n'y put tenir. Il s'imagina que mon âge et mon affection pour lui me rendaient plus instruit sur ses intérêts, plus éclairé que lui-même. Mon cher Chrémès, il s'en alla en Asie servir le roi.

CHRÉMÈS.

Que dites-vous?

MÉNÉDÈME.

Il partit sans m'en prévenir; et voilà déjà trois mois.

CHRÉMÈS.

Vous eûtes tort tous deux. Cette résolution indique cependant un jeune homme qui a du cœur et de l'énergie.

MÉNÉDÈME.

Quand ses confidents m'eurent tout dit, je rentre chez moi tout triste, l'esprit troublé, et ne sachant quel parti prendre. Je m'assieds, mes esclaves accourent, ils me déchaussent, d'autres se hâtent de mettre le couvert, de servir le souper; chacun fait de son mieux pour adoucir ma peine. Voyant cela, je me dis en moi-même : « Comment tant de gens pour moi seul, empressés à me servir seul, à satisfaire à mes désirs? tant de servantes occupées à me vêtir! pour moi seul tant de dépenses! et mon fils unique, qui devrait user de ces biens comme moi, et plus que moi puisqu'il est dans l'âge d'en jouir, je l'aurai chassé et rendu malheureux par mon injustice! je me croirais digne de tous les supplices si je continuais une telle vie. Allons, tant qu'il sera dans la misère, éloigné de sa patrie par ma dureté, je le vengerai sur moi-même. Je travaillerai, j'amasserai, j'épargnerai pour lui. Aussitôt dit, aussitôt fait. Je ne laisse rien dans ma maison; vaisselle, étoffes, je fais rafle de tout. Servantes, valets, excepté ceux qui, par les travaux rustiques, pouvaient m'indemniser de leur dépense, je les mène au marché et les vends; je mets écriteau à ma porte ; je ramasse environ quinze talents. J'achète cette terre, je m'y tourmente. Il m'a semblé, Chrémès, que je serais un peu moins injuste en me rendant malheureux ; et que je devais rester étranger aux plaisirs jusqu'à ce que mon fils revînt sain et sauf pour en jouir avec moi.

CHRÉMÈS.

Je crois que vous êtes naturellement bon père, et qu'il aurait été fils obéissant, si on l'eût traité avec justice et douceur : mais vous ne le connaissiez pas, et il ne vous connaissait pas. Quand on en vient là, ce n'est plus vivre. Vous ne lui avez jamais montré combien vous l'aimiez, il n'a jamais osé avoir confiance en son père. Autrement ceci ne serait jamais arrivé.

MÉNÉDÈME.

C'est vrai, j'en conviens ; la plus grande faute est de mon côté.

CHRÉMÈS.

J'ai bonne espérance, Ménédème ; au premier jour il vous reviendra en bonne santé.

MÉNÉDÈME.

Les dieux le veuillent !

CHRÉMÈS.

Ils le voudront. C'est aujourd'hui la fête de Bacchus. Si cela ne vous dérange pas, passez le reste de la journée chez moi.

MÉNÉDÈME.

Je ne peux pas.

CHRÉMÈS.

Pourquoi donc ? de grâce, donnez-vous un peu de relâche. Votre fils, tout absent qu'il est, le désire.

MÉNÉDÈME.

Il ne convient pas, qu'après l'avoir mis dans la peine, je m'en exempte.

CHRÉMÈS.

Vous y êtes résolu ?

MÉNÉDÈME.

Oui.

(Act. I, sc. I. Traduction Collet.)

CHAPITRE V

Caton (Marcus Porcius Priscus Cato Censorius).

Caton vécut quatre-vingt-dix ans. Il mourut en 605; il est donc né en 515, c'est-à-dire la même année que le poëte Ennius, et il a survécu à Térence. Il a vu l'hellénisme se glisser timidement à Rome, servir de modèle aux premiers essais littéraires, puis régner au théâtre et bientôt après dans les habitudes et dans les mœurs. Quand il meurt, cette importante révolution est consommée. La Grèce vaincue a réellement subjugué son farouche vainqueur. Caton lutta toute sa vie pour empêcher ou restreindre cet envahissement de l'étranger. C'est en cela que consiste surtout son originalité. On peut lui donner pour devise le beau vers d'Ennius : « C'est par ses mœurs antiques et ses hommes que Rome se tient debout : »

<small>Moribus antiquis res stat romana virisque.</small>

Voyons donc ce que c'était au sixième siècle qu'un Romain de mœurs antiques.

Il est né à Tusculum. Rome ne produisait déjà plus de tels hommes. Il sortait d'une forte race de laboureurs, de soldats et aussi de plaideurs. Déchirer et pressurer le sol, battre l'ennemi et lui enlever son territoire, défendre en justice son bien et celui de ses amis : voilà les trois occupations capitales du Romain de vieille souche. Pas un moment réservé à l'étude, au loisir (*otium*), aux aimables entretiens. Les ancêtres de Caton étaient hommes des champs, adonnés à la culture et à l'élève du bétail ; de là le surnom de Porcius (porcher). C'étaient gens rudes, sobres, vigoureux. Tel fut Caton. Ce fut lui qui porta le premier ce surnom « en raison de son grand sens et de sa suffisance » (*catus*, avisé). Il était roux, yeux gris, robuste ; sa première jeunesse se passe aux champs ; à dix-sept ans, il fait la guerre contre Annibal et assiste à la défaite du lac de Trasymène. Tout le temps que lui laissent la guerre et les travaux des champs, il le consacre à plaider soit pour lui-même, soit pour d'autres. « Ainsi se rendit-il bon plaideur et eut la parole à commandement. »

A la guerre il allait à pied, portant lui-même son bagage, ne buvait en marche que de l'eau relevée d'un peu de vinaigre. Aux champs, il labourait avec ses esclaves, nu comme eux, mangeant avec eux, couchant tout habillé, jetant sur lui une mauvaise jaquette. Dans son voisinage on voyait encore la maison du fameux Curius Dentatus. Ce fut l'idéal que se choisit Caton. Plutarque en voudrait faire un disciple du pythagoricien Néarque : rien de moins vraisemblable. Il n'allait pas chercher ses modèles si loin de Rome.

De telles mœurs étaient déjà devenues fort rares. Quand Caton se présenta à Rome, avec la recommandation de M. Valérius, le peuple reconnut un des siens et le nomma tribun des soldats d'abord, puis questeur. Il accompagna en cette qualité Scipion en Sicile (548). Celui-ci trouva en son questeur un surveillant incommode et le renvoya à Rome. Grandes clameurs de Caton contre cette noblesse hautaine, dépensière et qui affichait le mépris des vieilles mœurs. Le peuple estime d'autant plus Caton, et, malgré les nobles, l'élève successivement à la préture, au consulat, à la censure. En Espagne, il prend en trois cents jours quatre cents villes ou villages, rapporte au trésor une somme immense. Au moment de s'embarquer, il vend son cheval pour épargner à l'État les frais du transport. Il obtient le triomphe, et retourne à l'armée, simple tribun, pour combattre Antiochus. Il sauve les légions aux Thermopyles.

Il est surtout célèbre par sa censure. Jamais fonctions plus délicates ne furent exercées avec une plus intraitable rigidité. Il faut voir dans Plutarque le récit de toutes ses exécutions. Il dégrade et chasse du sénat les représentants des plus nobles familles, un Flaminius, un Manilius. Il fait une guerre sans pitié à toutes les importations du luxe, établit des taxes énormes sur les beaux meubles, les belles étoffes, les beaux esclaves, les délicatesses de la table. Il casse les marchés onéreux pour l'État, qui enrichissent les entrepreneurs. Tout cela au grand applaudissement du peuple, dont ce luxe semblait braver la misère ; mais il suscite contre lui des haines énergiques et insatiables. Il fut accusé jusqu'à cinquante fois ; mais il n'en avait souci. Il était toujours absous, et il réussissait presque toujours à faire condamner ceux qu'il attaquait. A quatre-vingt-dix ans il cite en justice Servilius Galba, et soutient lui-même l'accusation.

Il haïssait les Grecs : il les avait vus chez eux, et les y aimait mieux qu'à Rome. Il dit à son fils : « Je parlerai des Grecs en temps et lieu, mon fils Marcus. Je dirai ce que j'ai observé à Athènes. Il peut être bon d'effleurer leurs arts, mais non de les approfondir. Cette race est de toutes la plus perverse et la plus intraitable. Ce que je vais dire, crois-le, c'est parole d'oracle. Toutes les fois que cette nation nous apportera ses arts, elle corrompra tout, et c'est pis encore si elle envoie ici ses médecins. Ils ont juré entre eux d'exterminer par la médecine tous les barbares jusqu'au dernier. Ils n'exigent le salaire de leur métier que pour usurper la confiance et tuer plus à l'aise. Nous aussi ils nous appellent barbares, et nous outragent plus ignominieusement que tous les autres peuples, en nous traitant d'*Opiques*. Mon fils, je t'interdis les médecins. »

Cette haine, instinctive d'abord, puis raisonnée, politique pour ainsi dire, étouffe en lui tout sentiment de pitié pour les individus. Polybe et les autres exilés grecs supplient depuis de longues années le sénat de les rétablir dans leur patrie. Voici l'ordre du jour que propose Caton : « Nous avons autre chose à faire qu'à nous amuser à discuter tout un jour pour savoir si des vieillards grecs seront enterrés ici par les fossoyeurs de Rome ou par ceux d'Achaïe. »

On voulait lui faire admirer Socrate : « C'est un bavard et un séditieux, dit-il, qui attaquait les croyances, corrompait les mœurs et aspirait à la tyrannie. »

Il entend les beaux discours des trois philosophes grecs envoyés en ambassade, Carnéade, Diogène, Critolaüs (599); il est témoin de l'enthousiasme de la jeunesse pour ces agréables parleurs. Vite, il demande qu'on les renvoie chez eux. « Quand les Romains s'adonneront aux lettres grecques, disait-il, ils perdront et gâteront tout. »

Tel est l'homme politique, avec sa rigueur, ses préjugés, son inflexibilité. Dans la vie privée, c'est le modèle du père de famille. Il voit tout et fait tout par lui-même. Il est agriculteur, économe, intendant, médecin, pédagogue, maître d'école. Il soigne sa femme, son fils, ses bœufs malades, lui-même, et par quels remèdes ! Il est bon époux, bon père, ne maltraite jamais ces êtres faibles dont la loi l'a fait le maître. Il est juste envers tous, même envers ses esclaves. Après dîner il distribue aux négligents et aux paresseux le nombre exact de coups de fouet qu'ils ont mérités. Il ne confie à nul autre qu'à lui-même l'éducation de son fils. Il lui apprend lui-même la lecture, puis la grammaire, les lois, voilà pour l'esprit. L'escrime, l'équitation, le pugilat, voilà pour le corps. Il compose lui-même et écrit de sa propre main de belles histoires en gros caractères pour lui faciliter les débuts de la lecture. Homme d'ordre et d'économie, il était âpre au gain. C'était une de ses maximes favorites : « Que celui-là était un homme divin qui par son industrie augmentait son avoir et laissait à ses enfants en revenu ce qu'il avait reçu en capital. » De tels principes mènent loin. Caton en arriva sur la fin de sa vie à pratiquer l'usure et la plus décriée de toutes, l'usure maritime. Il faisait commerce d'esclaves ; les achetait tout petits, à bas prix, les revendait grands et bien formés. Quand ils devenaient vieux, il les vendait avec le vieux bœuf et la vieille ferraille. « Le père de famille, disait-il, doit être vendeur, non acheteur. »

Voilà l'homme. Que sera l'écrivain ?

A coup sûr ce ne sera point un poëte. C'est Caton qui a fait cadeau à Rome d'Ennius, mais il l'a probablement regretté plus d'une fois, car nous savons qu'il reprocha comme une honte (*objecit ut probrum*) à M. Fulvius Nobilior de s'être fait accompagner du poëte en Etolie.

C'est lui qui disait : « La poésie n'était pas en honneur, ceux qui s'y appliquaient et ceux qui allaient mendier des repas, portaient le même nom » (*grassator vocabatur*). Il méprise souverainement et l'industrie et la personne des faiseurs de vers. J'ai montré déjà que ce préjugé tout romain avait sa raison d'être. Les poëtes du sixième siècle, étrangers, esclaves ou affranchis, étaient peu faits pour commander le respect et l'estime. De plus, c'étaient des traducteurs de ces Grecs que Caton craignait et dédaignait à la fois. Caton sera donc un prosateur. Par ses qualités et ses défauts, son bon sens rigide, son esprit pratique, son manque complet d'imagination, il est voué fatalement à la prose. La poésie est un luxe, la prose est la langue des affaires. Un beau poëme ne prouve rien, ne sert à rien ; un bon discours, un solide traité, une histoire savante : voilà des œuvres éminemment utiles. Dans Caton l'écrivain disparaît derrière le politique, l'économiste, le citoyen. Il n'écrit pas pour écrire. Il a toujours un but pratique, positif, nettement déterminé. Nous voilà bien loin des tragédies et des comédies imitées du grec. Livius Andronicus, Ennius, Plaute et Térence importent à Rome comme ils peuvent les produits de l'art attique ; Caton nous montre les produits naturels de l'esprit romain.

C'est un savant jurisconsulte. A Tusculum il donnait des consultations sur le droit et plaidait pour le premier venu. C'est un avocat habile, qui possède toutes les adresses du métier ; à Rome, il devient orateur. Les sujets croissant en importance, l'éloquence de Caton grandit avec eux. Il n'est pas insensible à la gloire de bien dire, gloire utile entre toutes. L'éloquence est une arme redoutable aux mains d'un homme résolu, ferme dans ses principes, vivant au grand jour et toujours prêt à la lutte. Il accuse, il se défend, il défend ses amis : voilà pour l'éloquence judiciaire ; il prend la parole au sénat, au forum, sur les grandes questions de la paix ou de la guerre, des lois à proposer ou à abroger. Il défend par exemple contre le tribun Valérius et contre l'émeute des femmes qui assiègent le forum la *loi Oppia* qui interdit aux matrones de porter des vêtements de pourpre, de se faire traîner dans des chars, loi absurde dans sa rigueur, loi portée pendant qu'Annibal campait à Capoue et que Rome était au plus bas, loi que des temps meilleurs et les progrès nécessaires du bien-être et du luxe ont abolie en fait, mais dont Caton exige le maintien. Voilà bien l'homme opiniâtre, l'homme des anciens usages, l'ennemi irréconciliable de toute innovation. La plupart de ses discours ont le même caractère : âpre censure du présent, glorification sarcastique des choses du passé. Il se plaît à opposer aux hommes du jour l'image de sa vie. « On m'accuse, dit-il : moi qui ai consumé toute ma jeunesse dans l'épargne, la pauvreté rude, le travail, moi qui ai vécu en labourant mon champ, au milieu des rochers de la Sabine, défrichant et ensemençant des cailloux ; » et ailleurs : « Dans cet outrage qui m'est fait par ce misérable écervelé, c'est la chose publique, oui, c'est elle que je prends en pitié. » Partout le même ton âpre et méprisant ; partout cette hautaine identification de sa personne avec la république. Il se sent et se proclame le seul vrai Romain de son temps. Écoutez-le rendant compte de ses dépenses devant le peuple. Sans doute il était accusé d'avoir dilapidé les fonds publics. Son apologie est une censure du tour le plus vif et le plus insolent. Chaque détail est un coup de massue pour ses détracteurs. On accuse Caton, Caton accuse tout le monde.

« Je fis apporter le registre où était écrit mon discours. On produit les tablettes où se trouve l'engagement contracté par moi avec M. Cornélius ; on lit les belles actions de mes ancêtres, puis les services que j'ai rendus à la république. A la suite on trouve dans le discours ces mots : « Jamais je n'ai dilapidé dans des brigues ni mon argent, ni celui des alliés. » Non ! non ! n'écris point cela, dis-je, ils ne veulent entendre rien de tel. » Il continua à lire. « Ai-je jamais imposé aux villes des alliés des lieutenants qui ravissaient leurs biens et leurs enfants ? » Efface encore cela : ils ne veulent point l'entendre. Continue : « Jamais je n'ai partagé entre trois ou quatre amis ni le butin, ni ce qui avait été pris à l'ennemi, ni les dépouilles de la guerre ; jamais je n'ai enlevé leur conquête à ceux qui l'avaient faite. » Efface encore cela, il n'y a rien qu'ils veuillent moins entendre, ce n'est pas bon à dire. Continue : « Jamais je n'ai fait cadeau de relais publics à mes amis, afin qu'ils pussent en trafiquer, et gagner gros. » Efface, efface encore cela avec le plus grand soin. « Jamais je n'ai distribué entre mes appariteurs et mes amis de grosses sommes d'argent pour le vin et la nourriture qui leur étaient dus ; je ne les ai point enrichis au détriment du trésor. » Ah ! pour cela, efface-le jusqu'au bois. Vois, je te prie, où en est réduite la république ! Ce que j'ai fait de bien à son service, les actions qui étaient pour moi un titre à la reconnaissance, je n'ose pas les rappeler aujourd'hui, de peur de soulever la haine contre moi. Voilà où nous en sommes ! On peut faire le mal impunément, on ne peut faire le bien. »

On possédait au temps de Cicéron plus de cent cinquante discours de Caton. Il avait occupé les dernières années de sa vie à revoir et à publier ces monuments de son éloquence et de son intégrité. Il avait même composé sous le titre de *de Oratore* une sorte de manuel de l'orateur pour son fils. Cicéron faisait le plus grand cas de ces discours : cependant ils étaient dédaignés de son temps : la forme en était trop rude. Voici ce qu'il en dit :

« Est-il aujourd'hui un seul de nos orateurs qui lise Caton ? en est-il même un seul qui le connaisse ? Et cependant quel homme, grands dieux ! Ne voyons point en lui le citoyen, le sénateur, le général, il ne s'agit ici que de l'orateur. Qui jamais sut louer avec plus de noblesse ? blâmer avec une plus mordante énergie ? Quelle finesse dans les pensées, quelle ingénieuse simplicité dans l'exposition des faits et des arguments ! Les cent cinquante discours et plus, que j'ai trouvés de lui jusqu'à ce jour et que j'ai lus, sont remplis d'idées et d'expressions brillantes. On peut en extraire ce qui est digne de remarque et d'éloges ; on y trouvera toutes les beautés oratoires... » Et plus loin : « Son style est trop vieux ; on trouve chez lui des mots surannés ; c'est qu'alors on parlait ainsi. Changez ce qu'il ne pouvait changer dans ce temps-là ; ajoutez du nombre à ses périodes ; mettez entre leurs parties plus de liaison et de symétrie ; joignez et assemblez avec plus d'art les mots eux-mêmes ; alors vous ne mettrez personne au-dessus de Caton (1). »

Dans son recueil des fragments des orateurs anciens, M. Meyer a réuni tout ce qui nous a été conservé de Caton. Tite-Live avait peut-être sous les yeux l'original de

---

(1) Cicer., *Brut.*, c. xvii.

son discours pour la loi Oppia, quand il a composé la fameuse harangue qu'il prête au défenseur de la loi. On sait que Salluste étudia avec le plus grand soin la langue et le style de Caton, et imita l'un et l'autre avec plus d'affectation que de bonheur. Sous les empereurs, les érudits remirent à la mode le vieil orateur. Hadrien le préférait à Cicéron. Les compilateurs le citèrent et le commentèrent avec complaisance. C'est à eux, à Aulu-Gelle surtout, que nous devons les fragments qui nous ont été conservés.

Si nous en jugeons par les témoignages de l'antiquité tout entière, il y a peu d'ouvrages dont la perte soit plus regrettable que celle des *Origines* de Caton. Sous ce titre évidemment incomplet, Caton avait construit une sorte d'encyclopédie de toutes ses connaissances historiques. L'ouvrage se composait de sept livres. La légende, l'histoire, les lois, les mœurs, les événements anciens et récents, tout y était rapporté. L'auteur s'était d'abord proposé, comme le titre l'indique, un essai sur l'histoire de la fondation des principales villes d'Italie. Le premier livre était consacré à Rome : quelle tradition avait adoptée Caton ? on l'ignore. Le deuxième et le troisième livre renfermaient l'histoire des origines des cités les plus importantes de l'Italie. Les quatre derniers étaient consacrés au récit des guerres puniques en Sicile, en Italie et en Espagne. Toute cette partie devait ressembler pour la composition et la forme à nos mémoires. Caton exposait avec complaisance les événements où il avait joué un rôle. Le discours pour les Rhodiens, dont Aulu-Gelle nous a conservé des fragments considérables, faisait partie des *Origines*. C'est encore dans cet ouvrage que Caton rappelait l'héroïsme du tribun des soldats Cédicius. C'est là encore qu'il mentionnait l'antique usage romain, de célébrer dans des chants accompagnés de la flûte les grands hommes qui avaient illustré la patrie. Cicéron donne à l'auteur l'épithète de *gravissimus* : voilà pour le sérieux du fond. Quant à la forme, elle était plus remarquable encore. « C'est une fleur, c'est une lumière d'éloquence, » dit Cicéron. Mais ce qui donnait à cet ouvrage une importance capitale, c'est qu'il inaugurait la prose latine. Tous les prédécesseurs immédiats, tous les contemporains de Caton écrivent en grec ; tel Q. Fabius Pictor, tel Cincius Alimentus, tel Acilius Glabrio, soit par dédain de l'idiome national, soit pour faire admirer leur érudition. Caton écrit pour des Romains, et il écrit dans leur langue. Elle est rude encore, sans souplesse, sans élégance, mais elle n'en rend que mieux la forte et sobre pensée de l'auteur. Autre innovation. Tous les écrivains que je viens de citer, sont des annalistes. Ils enregistrent année par année, à l'exemple des pontifes, les principaux événements dont ils ont été témoins. Aucune autre composition que l'ordre chronologique. L'ouvrage de Caton forme un tout, il est distribué en diverses parties : la personnalité de l'auteur crée l'ouvrage. Il expliquait lui-même d'ailleurs les raisons qui lui avaient fait renoncer à la forme des annales. « A quoi bon, disait-il, répéter ce qui se trouve dans les annales des pontifes, le prix du blé, les disettes, les éclipses de lune ou de soleil ? » Ainsi sur ce point, Caton est novateur, homme de progrès, comme nous dirions aujourd'hui, mais c'est un progrès romain qu'il veut. Qu'on emprunte aux Grecs leur art, soit, mais qu'on écrive en langue nationale l'histoire de la patrie.

Cicéron, dans cet aimable plaidoyer en faveur de la

vieillesse, qu'il intitule *Caton l'Ancien* (Cato Major), se plaît à environner d'une sorte d'auréole poétique cette rude figure de l'inflexible censeur. C'est un Socrate mélancolique, doux, tendre, comprenant et aimant tout ce qui est beau, délicat, gracieux. Jamais transformation ne fut plus complète d'un type en un autre tout différent. Parmi les plaisirs que le Caton de Cicéron trouve dans la vieillesse, il n'a garde d'oublier ceux que donne la vie des champs. Quelle merveille que cet attendrissement de la terre au printemps, ce sein tiède qui s'ouvre pour recevoir la semence, le grain qui fermente, éclate et pousse la frêle tige verte ; celle-ci se durcissant, s'arrondissant en cylindre flexible, se couronnant enfin de l'épi ; la capsule délicate et résistante qui retient chaque grain de blé, ces longs piquants qui le garantissent comme un rempart contre le bec des petits oiseaux ! Et la vigne dont les vrilles rampantes s'accrochent, relèvent le sarment ! et les bourgeons, ces diamants qui percent la rugueuse écorce du bois qui semble mort ! et les jardins, et les belles fleurs, et tous ces parfums, tout cet éclat, tout ce charme de la nature se révélant heure par heure dans sa féconde variété à l'œil de l'homme qui admire ! C'est dans son imagination et aussi dans la lecture de Xénophon que l'orateur latin a pris ces belles peintures de la vie des champs. Il n'y en a pas trace dans l'ouvrage spécial que Caton a composé sur les travaux de la campagne, *De re rustica*. On y chercherait vainement un jardin, des fleurs, le sentiment de la nature, l'admiration des merveilles qu'elle produit : ce n'est pas un philosophe, un orateur, un poëte, qui a écrit ce livre ; c'est un propriétaire, et quel propriétaire ! Jamais la terre, cette généreuse nourrice des humains, n'en a porté de plus impitoyable ;

jamais ses entrailles n'ont été déchirées par des mains plus rudes, avec un cœur plus indifférent.

Et d'abord ne demandons pas à l'ouvrage ordre, composition, méthode ; c'est une série de préceptes et d'observations, fruit de l'expérience, consignés au hasard, suivant le travail du jour apparemment. Mais, tel qu'il est, il y a peu de livres plus importants pour nous. Le maintien de l'ancienne agriculture était intimement uni au maintien même des mœurs et de la constitution : ce sont les petits propriétaires, cette race opiniâtre représentée par les Dentatus, les Cincinnatus, qui ont créé la légion et donné une base solide à la conquête. Laboureur et soldat, voilà le vrai Romain ; l'agriculture, voilà la pépinière des armées : Pyrrhus l'avait compris, et que les légions recrutées ainsi étaient inépuisables et invincibles ; les Gracques le comprirent bien aussi : la race des ingénus disparaissait, ils voulurent la refaire en refaisant la petite propriété rurale. Horace lui-même le sentait peut-être, quand il rappelait dans ses vers de commande, les Romains de son temps à la vie des Dentatus et des Fabricius. Virgile le sentait mieux encore ; et il enchâssait dans son vers harmonieux et plein d'images la plupart des préceptes du vieux Caton (1).

Or le livre de Caton est écrit au moment même où le danger de la concentration de grands domaines en un petit nombre de propriétaires, apparaît : *Latifundia perdidere Italiam*, ce sont les grands domaines qui ont perdu l'Italie, dit Pline. Les grands domaines, c'est-à-dire, le remplacement des travailleurs libres par des

(1) Sur cette grave question, consulter le remarquable mémoire de Dureau de la Malle.

(Acad. des sciences et belles-lettres, t. XIII.)

esclaves, les bois et les prés substitués aux champs à céréales ; l'Italie ne produisant plus de quoi nourrir ses habitants. On entrevoit déjà le jour où seront inaugurées les distributions de blé, c'est-à-dire l'encouragement à la désertion des champs, l'appel à Rome d'une foule oisive, démoralisée, vile, qu'il faudra nourrir et amuser. Caton lui-même, après avoir été un Fabricius et un Dentatus, devint dans les dernières années de sa vie un grand propriétaire. Il préféra les bois et les prés aux terres arables, disant avec raison, que les bois et les prés ne demandent à l'homme aucun travail et que Jupiter se charge de les mener à bien. Il n'en était pas encore là quand il écrivit son Manuel d'agriculture pratique.

Quel est le but de tout homme sage ? gagner, acquérir, *rem quærere*. Il y a bien des moyens, le commerce d'abord ; mais le commerce est chanceux. Il y a l'usure, excellent moyen, mais puni par les lois. Il y a enfin l'agriculture, moyen plus lent, mais honnête. L'agriculture forme des hommes vigoureux, sains, des soldats excellents ; elle est estimée et considérée de tous.

Dans quelles conditions faut-il acheter un domaine ? Avec circonspection, après mûr examen. Voir si les voisins sont à leur aise, bon augure pour le sol. Si ceux qui ont vendu, le regrettent.

Ce domaine acheté, les terres bien labourées et fumées, le propriétaire ne s'endort pas. Voyons-le dans l'exercice de ses fonctions de surveillant : vous reconnaîtrez ici cet œil du maître que rien ne vaut.

— « Le père de famille arrive à son domaine. Il salue les Lares domestiques, et fait le jour même le tour de sa propriété. Il voit comment elle est tenue, ce qu'il y a d'ouvrage fait, ce qu'il reste à faire. Le lendemain qu'il appelle le fermier. Qu'il lui demande ce qu'il y a d'ouvrage fait, ce qu'il reste à faire. Qu'y a-t-il en vin, en froment, en autres choses? Le compte du travail fait, il faut faire celui des jours. S'il n'y a pas eu assez d'ouvrage fait, le fermier assure qu'il n'a pas épargné sa peine, mais que les esclaves ont été malades, que le temps a été mauvais; que des esclaves ont pris la fuite, qu'il a fallu exécuter des travaux publics. Après qu'il a donné toutes ces excuses, ramène-le au compte des jours et des travaux. S'il a plu, pendant combien de temps? Du reste il y a des ouvrages qu'on fait pendant la pluie. On lave les tonneaux, on les goudronne, on nettoie la maison, on transporte le blé, on met dehors le fumier, on lui creuse une fosse, on vanne les graines à semence, on raccommode les vieilles cordes; les esclaves raccommodent leurs habits. S'il y a eu des jours de fête, il fallait les employer à curer des fossés, réparer les chemins, élaguer les haies, piocher le jardin, sarcler le pré, moudre la farine. Si les esclaves ont été malades, ils n'ont pas dû manger autant. » Ce dernier trait est admirable.

Les fonctions du fermier, avec un tel maître, ne sont pas une sinécure. Le malheureux vit dans la peur des coups : il ne doit pas aimer la promenade, ne dîner jamais dehors, ne pas avoir de parasite (ô ironie !), ne pas se croire plus habile que son maître, ne prêter jamais rien. (Caton lui permet d'emprunter aux voisins.) Qu'il vive toujours en société des esclaves, travaille comme

(1) Le doux et humain Virgile se souvient de Caton, lorsqu'il conseille comme récréation des jours de fête de faire détourner des ruisseaux, de planter des haies, dresser des piéges aux oiseaux, incendier les ronces, baigner les moutons. (*Georg.*, I, 169-199.)

eux, les surveille de près. Le bon travail fait le bon sommeil. Qu'il soit couché le dernier, levé le premier.

Quant à la fermière, les recommandations sont les mêmes. Elle ne doit pas non plus se promener ni dîner dehors.

Les esclaves doivent travailler ou dormir, sinon des coups. Le maître a soin de les tenir en haine les uns contre les autres; ils se dénoncent réciproquement, il les tient dans sa main. Pour vêtement, ils auront tous les deux ans une tunique de trois pieds de long et des saies. On les nourrira avec les olives tombées, ou les olives mûres dont on ne pourrait faire de l'huile, un peu de vin, pris sur celui qui doit être plus tard du vinaigre. Quand l'esclave devient vieux ou infirme, on le vend. Il faut voir les nobles et touchantes protestations de Plutarque contre cette barbarie et cette ingratitude.

Dans le domaine de Caton les animaux, les bœufs surtout, sont plus heureux que les hommes. On les soigne dans leurs maladies. Le maître a quelques prétentions en médecine. Un bœuf est indisposé, qu'on lui donne un œuf de poule cru. Mais que le bœuf et celui qui le lui donne soient tous deux à jeun ! *Jejunus jejuno bovi dato*.

La religion a aussi sa place dans ce recueil de préceptes. Le sacrifice du porc, les prières aux dieux avant d'élaguer les bois, de creuser les fossés, les lustrations des champs, les invocations à Mars pour écarter les maladies, la truie immolée à Cérès, à Janus, à Jupiter, la prière sacramentelle pour rendre la santé aux bœufs, les incantations magiques; toutes les recettes d'une religion grossière, superstitieuse, mais purement nationale ; les croyances les plus bizarres, les procédés les plus absurdes, mais consacrés par la tradition : voilà ce que l'on rencontre à chaque page dans cette encyclopédie d'un propriétaire du sixième siècle. Jamais œuvre ne porta plus vive empreinte du temps et du milieu où elle a paru. On comprend, en lisant Caton, l'ardeur avec laquelle ses contemporains se portèrent vers l'hellénisme. Que l'on compare l'*Économique* de Xénophon au *De re rustica*. Rien ne fera mieux comprendre l'opposition radicale du génie grec et du génie romain : le premier sachant concilier dans une heureuse harmonie l'utile et l'agréable, doux, humain, aimant la terre non-seulement pour les biens qu'elle produit, mais pour la beauté qui est en elle, associant à ses travaux une jeune femme, des esclaves traités avec bonté, soignés dans leurs maladies par la maîtresse de la maison ; le second exploitant avec opiniâtreté le sol, les animaux, le fermier, l'esclave, ennemi de toute superfluité gracieuse, n'ayant qu'un but, augmenter son revenu.

Si l'on en croit Cicéron, Caton, dans la dernière partie de sa vie, fut un admirateur sincère et un disciple studieux des Grecs. Plutarque en dit autant. Mais il importe de bien déterminer la valeur de ces témoignages. Il est certain que Caton connaissait la littérature grecque : ses jugements sur Socrate, sur Isocrate, Thucydide et Démosthènes ne laissent aucun doute à ce sujet. Ne faisons donc pas de lui un ennemi quand même de tout ce qui venait de la Grèce ; mais ne nous le représentons pas non plus comme un vieux pêcheur endurci que la grâce vient toucher vers la fin de sa vie et qui adore ce qu'il a brûlé. Caton ne méprisait pas toutes les œuvres de la littérature grecque ; il ne comprenait pas, n'aimait pas la poésie, la philosophie spéculative et la pure rhétorique. Quel dédain il a pour Isocrate, cet homme qui enseigna à parler pendant quatre-vingts ans, et ne sut jamais parler lui-même! Il redoutait pour sa patrie un Socrate, qui après tout est un révolutionnaire. Mais il estimait fort Thucydide et Démosthènes, génies essentiellement pratiques et positifs. Les poëtes ne le touchaient point : il y a des esprits ainsi faits dans tous les temps, dans tous les pays. La poésie lui semblait chose vaine, exercice frivole et dangereux. A quoi servent un poëme épique, une tragédie, une ode? De plus les représentants de la poésie à Rome étaient ou des étrangers de basse extraction, ou des affranchis, ou des esclaves, flatteurs pour la plupart, parasites, vivant d'une industrie précaire et méprisée. Longtemps encore la société romaine conservera les préjugés du vieux Caton. Il ne faut pas que la faveur dont jouirent Horace et Virgile nous fasse illusion. Leurs chaînes étaient dorées, mais c'étaient des chaînes. Il fallait célébrer le prince et les amis du prince et sa famille et les grands. Plus tard ce fut bien pis encore : qu'on lise les doléances et les adulations d'un Stace, d'un Martial et de tant d'autres. Caton juge les premiers poëtes et la poésie elle-même un peu plus durement que l'âge suivant; mais sur ce point les Romains de tous les temps descendent plus ou moins directement de Caton.

C'était un homme fait pour la prose. Dans la prose seule pouvaient se développer à l'aise les qualités solides mais sans éclat du caractère national. Caton l'avait compris; mais comme tous les réactionnaires ardents, il exagéra son principe et prétendit vainement restreindre l'horizon. La société polie de son temps se précipitait avec enthousiasme vers les brillantes et gracieuses peintures de la poésie grecque: Caton voulut opposer à cet engouement excessif un obstacle qui est toujours renversé, la raison froide, le bon sens pratique. C'était justement contre cette sécheresse que se faisait la révolution. Il marcha dans la voie, seul, intrépide, d'autant plus obstiné que le goût public se tournait de l'autre côté. Tous les écrits qu'il publia, sont en prose; tous ont le même caractère, ce sont des livres d'utilité pratique, des manuels à l'usage du citoyen romain. — J'ai parlé du *De re rustica*, — il y ajouta divers traités sur la guerre, (*De disciplina* ou *De re militari*), sur la jurisprudence, sur l'éducation des enfants. (*Præcepta ad filium* ou *De pueris educanais*), un recueil de préceptes et d'apophthegmes, des lettres, toute une encyclopédie des connaissances utiles. Par là il se flattait sans doute de créer une littérature nationale en opposition à cette littérature artificielle, toute d'imitation, qui régnait alors. Tentative qui ne manque pas de grandeur : où est en effet la véritable originalité de l'esprit romain, si ce n'est dans l'éloquence, la jurisprudence, la morale ? c'est-à-dire, en fin de compte, dans la prose ?

LIVRE DEUXIÈME

CHAPITRE PREMIER

LE SEPTIÈME SIÈCLE.

Tableau de la société romaine au septième siècle. Religion, philosophie, éducation, mœurs.

Les grands événements qui s'accomplissent dans la première moitié du septième siècle, soit à l'extérieur, soit à Rome même, n'ont laissé qu'une faible empreinte sur la littérature. J'ai dit qu'elle était envisagée par les Romains comme une occupation oiseuse, un amusement de désœuvrés, ou un métier peu considéré. Il y eut, il est vrai, à la fin de la période précédente, une réaction contre le préjugé national, Térence en est la preuve ; mais pendant plus de cinquante ans encore, les citoyens mêlés au gouvernement de la chose publique et aux orages des partis, abandonnèrent aux oisifs ou aux indifférents la gloire d'auteur.

Les grands noms de cette époque, Scipion Émilien, les Gracques, Marius, Sylla, n'ont rien ou presque rien écrit. Ceux qui occupent le second rang, comme les Mucius Scévola, les Tubéron, sont des jurisconsultes. Tous cependant cultivèrent l'éloquence et furent de grands orateurs. Que ne donnerait-on pas pour posséder les discours des Gracques et ceux de leurs adversaires ? La vie publique, si orageuse à cette époque, absorbait toute l'activité de ces hommes. Le loisir (*otium*) n'existait pas pour eux ; si orné que fût leur esprit, on voit bien qu'ils ne cultivaient pas les lettres pour elles-mêmes : tout ce qu'ils apprenaient, tout ce qu'ils savaient était d'avance consacré au service de la chose publique. Le littérateur proprement dit n'existait pas encore. C'est avec Lucrèce, Catulle et jusqu'à un certain point Salluste, qu'il commence. Cicéron domine et remplit la seconde moitié de ce siècle ; c'est à la fois un homme d'action et un écrivain : il revendique hautement cette double gloire, et il ne se dissimule pas qu'il y a un certain courage à le faire. Le vieux préjugé romain n'était pas encore anéanti ; et plus d'une fois Cicéron entendit murmurer à son oreille l'épithète méprisante de *Græculus*.

Il y eut cependant des poëtes et des prosateurs avant Cicéron et avant Lucrèce. De leurs œuvres il ne nous reste que des fragments plus ou moins importants. Voyons dans quel milieu se produisirent ces œuvres dont nous essayerons de reconstituer le véritable caractère.

Après la ruine de Carthage, de Corinthe et de Numance, la domination de Rome sur le monde est accomplie. Un des résultats les plus considérables de la conquête, c'est la fusion universelle qu'elle amène. L'Italie, la Grèce, et l'Orient entrent en communications étroites et journalières. En même temps que l'esprit italien se répand dans le monde par les colonies, les prétures, les proconsulats, la grande cité reçoit dans son sein les représentants de tous les pays, de toutes les civilisations. L'esclavage, qui prend alors un développement inouï [1], introduit à Rome, dans l'Italie, dans la Sicile, une immense population, composée d'éléments étrangers, qui, se mêlant aux classes inférieures de la société et agissant même sur ses maîtres, exerce une prodigieuse influence sur les mœurs, les idées, les usages des vainqueurs. L'élégance, la grâce, l'esprit, étaient le privilége de ces Grecs d'Asie, si fins, si habiles à tout, corrompus et corrupteurs. Il se fait un échange incessant entre les peuples : l'hellénisme, plus délicat et plus raffiné, pénètre plus rapidement à Rome, d'abord dans les hautes classes de la société, jalouses de se distinguer du peuple par des manières et un ton plus relevés, puis dans les classes inférieures. Le pontife Publius Crassus dans sa préture d'Asie, rend ses arrêts en grec, et dans les divers dialectes de l'idiome grec. Presque tous les Romains de haute naissance eussent pu en faire autant. Mais ce qui est plus digne de remarque, c'est la transformation que subissent à leur tour tous les Grecs qui restent en communication un peu suivie avec les principaux Romains de ce temps. Polybe et Panætius en sont un exemple bien curieux. Clitomaque, le Carthaginois, qui fut disciple et successeur de Carnéade, avait un commerce épistolaire régulier avec les principaux personnages politiques de ce temps ; il leur dédie ses ouvrages. On sait avec quelle animosité le vieux Caton poursuivait les Grecs ; de son temps en effet les Grecs de Rome n'étaient guère ou que des ambassadeurs beaux parleurs, ou des bannis, ou des charlatans qui exploitaient l'ignorance et les vices grossiers des Romains : on les écoutait,

---

(1) Le recensement de l'année 661 constata que le nombre des esclaves était plus du double de celui des hommes libres.

on se servait d'eux, on les chassait de temps en temps, on les méprisait toujours. Il n'en est plus ainsi. Panætius et Polybe sont estimés, recherchés ; le poëte Archias d'Antioche est patroné par Marius et défendu plus tard par Cicéron comme vrai citoyen Romain. Si l'on rapproche de ces faits les grands événements de cette époque, les réformes des Gracques, les guerres serviles, la guerre sociale ; si surtout l'on se souvient que la classe moyenne, la bourgeoisie, c'est-à-dire l'élément romain par excellence, disparaissait, que les affranchis, les Italiens et bientôt après les Gaulois, les Espagnols, tous les peuples allaient être appelés à remplir les vides occasionnés par les guerres, l'abandon de l'agriculture, la ruine de la petite propriété, l'usure et la spoliation, on reconnaît que le vieil esprit romain, exclusif et étroit, est entamé, que les peuples, en se rapprochant, en se pratiquant, voient s'effacer peu à peu les traits les plus accentués du caractère national, et qu'une sorte de cosmopolitisme se prépare. Les productions littéraires les plus essentiellement romaines de cette époque portent déjà l'empreinte de la révolution qui se fait.

La révolution se manifesta d'abord, ainsi que cela arrive d'ordinaire, dans les choses de la religion. J'ai montré comment dans la période précédente Ennius et les traducteurs des modèles grecs avaient habitué peu à peu les esprits à une sorte de réflexion et de scepticisme ; mais, à vrai dire, l'evhémérisme ne porta pas une atteinte bien sérieuse à des dieux qui n'avaient pas d'histoire. L'importation des cultes étrangers venus d'Orient eut une influence bien plus grave. Introduits à Rome dès le siècle précédent, ils s'y développèrent avec une rare énergie. En vain le sénat porta la hache sur les temples d'Isis et de Sérapis ; il fallut les relever. En vain les mystères des Bacchanales furent interdits et punis ; ils persistèrent. Ce qui attira le plus vivement les Romains vers les religions orientales, ce fut cette soif de connaître l'avenir qui est une des maladies les plus incurables de l'esprit humain. Devins, astrologues, charlatans de la Chaldée, mathématiciens, diseurs de bonne aventure, tout un monde étrange, mystérieux, repoussant s'agitait dans les bas-fonds de la ville. Les croyances superstitieuses que ces étrangers entretenaient parmi la masse du peuple, et dont ils vivaient, étaient partagées par les personnages les plus considérables de la république. Une prophétesse syrienne, nommée Martha, osa bien proposer au sénat de lui révéler les moyens de vaincre les Cimbres. Le sénat refusa de l'entendre et la fit chasser, mais Marius la recueillit dans sa maison, et la mena avec lui à l'armée. On sait combien les sortiléges, les sorcelleries et enchantements de tout genre jouèrent un rôle considérable dans les guerres serviles avec Eunus et Spartacus, et en Espagne avec Sertorius. Il est bien certain que l'incrédulité religieuse favorisa les développements inouïs que prit la superstition à cette époque. Les Orientaux ont toujours excellé dans l'art des prestiges ; l'Orient est la patrie du merveilleux : là, point d'incrédules, car il n'y a point de réflexion ; l'âme est toute tendue de désir vers les choses surnaturelles. La plupart des astrologues, devins, enchanteurs venus de l'Orient, exerçaient de bonne foi une industrie lucrative, et en se faisant payer, se faisaient croire et croyaient eux-mêmes. J'ai parlé de Marius ; Sylla le surpassait encore en superstition ; le sénat lui-même avait plus d'une fois recours à l'art des devins. Le monde du surnaturel a reçu droit de cité à

Rome ; les sombres et bizarres pratiques de la divination étrusque pâlissent et s'effacent devant les imposantes révélations des sorciers d'Orient.

Par une inconséquence qui ne doit pas nous étonner, la même époque qui vit ce débordement de superstitions étrangères, vit aussi l'institution définitive de la religion d'État. Montesquieu et les philosophes du dix-huitième siècle pensaient que toute religion est une sage invention des politiques pour contenir le peuple et le diriger; opinion excessive, en ce qu'elle n'admet pas la sincérité primitive du sentiment religieux. Les religions deviennent un moyen de gouvernement; mais telles elles ne sont point à leur naissance. Il y a bien des dupes en ce monde ; il y en avait davantage autrefois. C'est vers la fin du sixième siècle et pendant le septième que la religion romaine se transforme en institution purement politique. On comprend de quelle importance il était pour le sénat de rompre les comices, de dissoudre les assemblées du peuple, quand il prévoyait qu'une loi funeste à l'État allait être votée, que des hommes dangereux ou incapables allaient être nommés aux plus hautes fonctions de la république. Les auspices qu'il avait en son pouvoir revenaient, suivant les circonstances, favorables ou défavorables. Dès la fin du sixième siècle, Fabius le Cunctateur, qui était augure, disait : Ce qui est utile à la république se fait toujours sous de bons auspices, ce qui lui est nuisible, sous de mauvais, ou plutôt contre les auspices[1]. De là l'importance considérable de ces fonctions

---

(1) **Caton** allait plus loin encore ; c'est lui qui a dit : « Je ne comprends pas que deux haruspices puissent se regarder sans rire. »
(Cic., *de Nat. Deor.*, I, 26.)

d'augure. Avec quel naïf orgueil Cicéron se pare de ce titre ! Être augure, c'était être initié aux secrets de l'État. On sait comment, dans les orages des guerres civiles, les deux partis tiraient à eux les choses et les ministres de la religion, afin de donner à leurs actes, à défaut de la légalité, la sanction divine. Les nombreuses confidences de Cicéron, tout son traité *de Divinatione* ne laissent aucun doute à ce sujet. Enfin Scévola et, après lui Varron, réduisirent en une formule l'opinion de tous les esprits éclairés sur la religion : « Il y a trois sortes de théologie, l'une *mythique,* c'est l'œuvre des poètes ; l'autre *naturelle,* c'est l'œuvre des philosophes ; la troisième, *politique,* c'est l'œuvre de l'État. » — Ne nous étonnons donc pas de ne trouver dans les poètes qui suivront, j'entends les plus grands, Horace et Virgile, que des images languissantes de la Divinité. Il n'y a chez eux ni cet enthousiasme de la beauté, de la grandeur, de la force, qui a fait éclore le monde divin homérique, ni la foi naïve qui échauffe l'âme ; tout l'effort de leur génie ne réussira qu'à nous présenter de pâles copies des dieux de la Grèce. Les dieux romains n'ont à vrai dire jamais eu une personnalité poétique.

Cette ruine de la religion nationale a bien des causes : une des plus efficaces, ce fut l'introduction de la philosophie à Rome. Je ne crois pas qu'il faille attacher une importance bien grande à l'ambassade des trois philosophes grecs, Diogène le Stoïcien, Critolaüs le Péripatéticien, et Carnéade l'Académicien, qui vinrent demander au sénat la remise d'une amende de cinq cents talents à laquelle avait été condamnée Athènes (599). Je ne sais non plus s'il faut croire la fameuse histoire des deux discours prononcés par Carnéade, l'un pour la justice, l'autre contre la justice. Lactance est le seul auteur qui rapporte ce fait. Carnéade avait à ce qu'il semble trop d'esprit, pour se hasarder à de telles pasquinades devant un tel auditoire. Est-il vraisemblable qu'il eût employé en présence de ces Romains si fiers, si scrupuleux, ce raisonnement bizarre en faveur de l'injustice... « C'est par l'injustice que vous avez conquis la plus grande partie du monde : donc l'injustice est bonne. » L'an 599, les Romains instruits, et ils étaient nombreux, n'avaient pas besoin d'entendre trois ambassadeurs grecs pour avoir une idée de la philosophie. Ils avaient des livres grecs ; ils avaient Polybe et ses compagnons de captivité. La plèbe n'avait peut-être jamais vu de philosophes, elle en vit et en entendit pour la première fois : voilà à quoi se borna l'influence immédiate des ambassadeurs.

Quoi qu'il en soit, lorsque la philosophie grecque pénétra chez les Romains, elle était depuis longtemps déjà en décadence. Non-seulement depuis cent cinquante ans aucun grand système n'avait apparu, mais les chefs des anciennes écoles n'avaient pas même conservé l'intelligence exacte et complète des doctrines qu'ils étaient censés représenter. Les héritiers de Platon et d'Aristote étaient écrasés par ces grands noms et incapables d'exposer dans leur ensemble des systèmes dont ils ne pouvaient embrasser toutes les parties. Cette faiblesse même, loin de nuire à la philosophie grecque auprès des Romains, lui servit de recommandation. Les spéculations métaphysiques les eussent rebutés : la science, pour leur plaire, devait être simple, accessible à tous, et surtout avoir une tendance pratique. Aussi trois écoles seulement, en dehors de l'évhémérisme, firent-elles fortune à Rome, celle d'Épicure, celle de Zénon, celle d'Arcésilas et de Carnéade. Cette dernière n'était autre chose, comme on sait, qu'un scepticisme de sens commun, merveilleusement fait pour des hommes à demi cultivés qui aiment à exercer leur esprit, sans trop en tendre les ressorts, et se contentent de demi-vérités. L'épicurisme, plus scientifique, plus fortement lié dans les diverses parties qui le constituent, ruinait par sa base la religion. Les dieux d'Épicure relégués dans les intermondes, n'ayant point créé ni arrangé l'univers, ne s'occupant en rien ni de sa conservation, ni du mouvement des choses humaines, n'existent pas. Le sage, l'homme habile et prudent qui cherche ici-bas le souverain bien, c'est-à-dire le bonheur, imitera, autant qu'il sera en lui, la Divinité. Il ne se mêlera point aux orages des affaires publiques, où les meilleurs sont souvent victimes des pires ; il ne se mariera point, car le ménage, les enfants sont des sources de tribulations incessantes ; il vivra pour lui-même, vertueux, je le veux bien, à la condition de réduire la vertu aux sages calculs d'un égoïsme raffiné. Pendant la première moitié du septième siècle, cette philosophie si contraire au caractère essentiel du Romain, ne fit que peu de prosélytes. Les grandes catastrophes des guerres civiles, les proscriptions, les spoliations, l'incertitude où l'on vivait, le droit de la force tendant à prévaloir chaque jour davantage sur la légalité, la lassitude, le dégoût, l'abaissement des âmes, suites ordinaires des calamités publiques, propagèrent parmi les Romains cette triste doctrine. Nous la retrouverons plus tard, non plus à ses débuts, mais triomphante.

Le stoïcisme avait un tout autre caractère. D'abord il ne détruisait pas la croyance aux dieux nationaux ; au contraire, il s'y adaptait assez exactement. Les dieux romains, j'ai déjà eu occasion de le montrer, étaient de pures allégories, non des êtres vivants, ayant une histoire, une physionomie distincte. Or, le stoïcisme admettait tous les dieux, avec leurs noms et leurs attributions distinctes. Il les considérait comme des modifications de la substance universelle, ou, si l'on veut, comme des émanations du dieu premier. « Ce dieu, dit Sénèque, « a autant de noms, qu'il prodigue de bienfaits. C'est « Bacchus, Hercule, Mercure. » Une telle doctrine ruinait dans sa base le polythéisme hellénique, dont l'anthropomorphisme est le principe, mais elle n'avait rien d'hostile à la religion abstraite des Romains. Ajoutons que la morale du stoïcisme primitif, que cette tension du ressort de l'activité humaine, cette rigidité inflexible, tout cela était fait pour plaire à des hommes qui ne comprenaient pas encore qu'on pût donner pour but à la vie le repos, et pour nourriture à l'âme, l'indifférence. Enfin les subtilités mêmes de la casuistique stoïcienne ne déplaisaient pas à ces jurisconsultes éminents, les Tubéron, les Scévola, appelés chaque jour à débattre les plus délicates questions du droit.

Mais ce qui contribua puissamment à accréditer la philosophie stoïcienne à Rome, ce fut le caractère même de son introducteur. Panætius vécut longtemps à Rome et se concilia, par l'élévation de ses sentiments, la bienveillance et l'estime des personnages les plus considérables de ce temps. Scipion l'Africain l'avait recueilli dans sa maison, et l'emmenait avec lui dans ses expéditions guerrières. Panætius *est le prince des stoïciens,* dit Cicéron : tel il n'eût point paru aux yeux des Grecs ; mais le milieu dans lequel il vécut le transforma ; il devint à demi Romain. Les Grecs sont toujours enclins à accorder davantage à la philosophie contemplative. Panætius se sépara sur ce point de ses compatriotes : de là la faveur dont il jouit parmi les Romains, peu faits pour la spéculation pure, et toujours tendus vers l'action. Cicéron le loue fort d'avoir peu goûté les subtilités épineuses de la dialectique (*spinæ disserendi*) et l'inflexible rigidité des opinions (*acerbitas sententiarum*) ; par là encore, il est Romain. Il alla même jusqu'à ne pas accepter le fameux aphorisme : « La douleur n'est pas un mal. » Il s'abstint du moins de le développer dans la consolation qu'il adressa à Tubéron. C'est le grand instructeur des Romains de ce temps. Pour eux il écrit une histoire critique des principaux systèmes philosophiques (Περὶ αἱρήσεων). Enfin il condense la substance d'un stoïcisme pratique, c'est-à-dire tout romain, dans son traité du *Devoir* (Περὶ καθήκοντος) que traduisit plus tard Cicéron. Ainsi s'opérait cette fusion d'idées et d'opinions qui est un des traits les plus remarquables de cette époque. On a généralement pris trop au pied de la ettre le vers d'Horace : *Græcia capta ferum victorem cepit*. Les deux peuples exercèrent l'un sur l'autre une influence salutaire : les Grecs se relâchèrent quelque peu de leur exclusivisme littéraire et philosophique ; les Romains renoncèrent à leurs sots préjugés contre les lettres, les sciences et les arts ; mais ils ne voulurent point y voir un simple amusement de l'esprit : l'idée toujours présente de la patrie et des devoirs qu'elle impose, ce besoin invincible de rapporter toutes choses à une fin déterminée, modifièrent singulièrement le fond même des œuvres grecques. C'est justement dans cette transformation que réside l'originalité du génie romain. On ne peut nier, je crois, que Panætius n'ait subi l'influence de ces idées si étrangères à la Grèce d'alors. On en peut dire autant de Polybe, qui n'est ni un conteur ni un philosophe, mais un *pragmatique*, comme on disait alors, un esprit positif, comme nous dirions aujourd'hui. Jusqu'où alla cette influence de l'esprit romain sur l'esprit grec, il est difficile de le déterminer, mais elle existe. Les Grecs éprouvèrent une véritable admiration pour l'édifice imposant de la grandeur romaine ; plusieurs d'entre eux s'attachèrent étroitement aux personnages les plus considérables de cette époque ; et cet attachement allait jusqu'au fanatisme. Tel fut Blossius de Cume, philosophe stoïcien, ami et conseiller de Tibérius Gracchus. Interrogé par les consuls, après la mort de son ami, il répondit « qu'il avait exécuté tout ce que Tibérius lui avait commandé. » « Eh quoi ! dit Scipion Nasica, s'il t'avait commandé de mettre le feu au Capitole ? » « Je l'eusse fait, » répondit-il.

La même fusion s'opère dans l'instruction de la jeunesse. Nous ne sommes plus au temps où le sénat, sur la proposition de Caton, expulse les philosophes et les rhéteurs étrangers, coupables d'*enseigner des choses nouvelles, contraires à la coutume et aux usages des ancêtres* (1) (*An. U.* 593). On ne peut bannir par un décret public les hommes qu'on admet dans son intimité. La vieille encyclopédie de Caton, cet arsenal de toute la science jugée nécessaire à un Romain, ne suffit plus à la génération nouvelle ; elle n'a que du dédain pour ces manuels grossiers. Le cercle des connaissances indispensables à tout honnête homme s'est singulièrement

---

(1) Voir le texte du sénatus-consulte dans Suétone, *De claris rhetoribus*, I, et dans Aulu-Gelle, XV, 11.

étendu : des maîtres romains commencent l'éducation du jeune citoyen : le *litterator* lui apprend à lire, à écrire, à compter; le grammairien lui enseigne les principes de la langue nationale; il étudie le droit à l'école des jurisconsultes les plus éminents, et en assistant lui-même aux consultations des parties, aux procès, aux plaidoiries; en même temps il se forme à la connaissance des affaires publiques, de l'art militaire, de l'administration : voilà l'enseignement purement national. Combien il est différent de cette partie de l'éducation que les Grecs appelaient Μουσική, et qui comprenait l'étude de tous les arts, y compris la danse, le chant et la musique ! *Saltare in vitiis ponitur*, dit Cornélius Népos. Le Romain ne consentit jamais à s'abaisser jusqu'à cultiver des arts exercés par des baladins et des jongleurs. Un Néron seul put concevoir une si étrange fantaisie. Quant à la gymnastique, elle durait toute la vie. Marius, âgé de plus de soixante ans, s'exerçait encore à la course, au saut, au jet du disque en plein champ de Mars. Mais ces exercices avaient pour but de maintenir le corps sain et dispos, non de donner de la grâce à la personne. On y formait de vigoureux soldats, on eût rougi de songer à la gloire des athlètes. L'éducation nationale est complétée par l'éducation à la grecque. Le grammairien enseigne à ses élèves les deux langues à la fois : vers la fin du sixième siècle, l'étranger *Cratès de Malles* fait un cours public de critique littéraire sur l'*Iliade* et l'*Odyssée*. Son exemple enhardit les Romains; on essaye de commenter devant un auditoire les anciens poëtes de Rome, Nævius et Ennius, plus tard Lucilius. L'érudition commence; son premier représentant sera *Elius Lanuvinus Stilo*, prédécesseur du docte Varron. Mais combien cet enseignement timide, hésitant, sans base assurée, pâlit auprès de celui des rhéteurs, des grammairiens, des philosophes de la Grèce ! La bibliothèque apportée par Paul Émile livre aux Romains avides tous les trésors de la science, de l'esprit, de l'éloquence des Grecs. Des maîtres, comme Panætius, des amis comme Polybe, sont là pour diriger et faciliter les lectures de ces jeunes gens si curieux de s'instruire. La langue grecque leur devient aussi familière que l'idiome national ; ils se plaisent à écrire en grec, ils déclament en grec ; ils sèment de mots grecs et leur prose et leurs vers. Auprès des enfants de Paul Emile « on voit non-seulement des maîtres de grammaire, de rhétorique et de dialectique, mais aussi des peintres, des imagiers, des piqueurs et dompteurs de chevaux et des veneurs grecs. » Le vieux Paul Émile lui-même assiste aux leçons de ses fils. Dans son voyage à travers la Grèce, il avait admiré en connaisseur les chefs-d'œuvre qu'il avait sous les yeux, et déclaré que le Jupiter Olympien de Phidias était réellement le Zeus homérique. Mais ne nous imaginons pas trouver à Rome de fins appréciateurs des œuvres du pinceau ou du ciseau des grands artistes grecs. Il ne faut pas sur ce point juger les Romains d'après leurs paroles, ni même d'après leurs actes ; à les entendre, ils n'avaient que du mépris pour ces fragiles merveilles qui avaient demandé tant de travail et de génie. Cicéron lui-même n'affecte-t-il pas plus d'ignorance sur ce sujet qu'il n'en avait réellement ? Ne soyons pas dupes de ces petites hypocrisies. Les Romains aimaient les beaux tableaux, les belles statues, les bronzes précieux ; mais ils étaient incapables de les bien goûter. Ils en faisaient la décoration des temples, des basiliques, des villas ; c'étaient des meubles comme d'autres, qui ornaient agréablement. Ils n'aimaient point les statues d'une nudité parfaite; ils faisaient adapter aux membres éclatants d'un Apollon une cuirasse ou une saie. Il n'y avait pour eux rien de plus beau qu'un guerrier. Le mot naïf de Mummius les peint tout entiers. Il menace les ouvriers chargés de transporter les splendides œuvres d'art de Corinthe à Rome, de les faire réparer à leurs frais, s'ils ont la maladresse d'en briser quelqu'une. N'est-ce pas lui qui ordonnait aux musiciens grecs de jouer tous à la fois et chacun un air différent? Cent ans plus tard Agrippa propose de vendre tous les tableaux, toutes les statues qui ornent la ville; proposition digne du plus grand des citoyens, dit niaisement Pline. Ainsi, à l'époque où nous sommes parvenus, l'esprit grec et l'esprit romain, mis en présence depuis près d'un siècle, se pénètrent l'un l'autre. Les Grecs sont les instructeurs; mais l'élève n'apprendra que ce qu'il veut, et comme il veut. Il fait au superflu sa part; mais il n'entend pas lui sacrifier le sérieux et l'utile. Il n'y eut guère de plus grand et de meilleur citoyen que ce Scipion Émilien, élevé *trop curieusement* à la grecque, dit Plutarque : il sut concilier le loisir et les affaires (*otium, negotium*), cultiver et charmer son esprit sans l'amollir, se faire grec, sans cesser de demeurer romain. C'est par là sans doute qu'il resta aux yeux de Cicéron comme le type achevé sur lequel chacun devait essayer de se régler. N'est-ce pas, en effet, comprendre excellemment la vie que de ne sacrifier ni le positif à l'idéal, ni l'idéal au positif? Voilà ce qui frappait d'admiration des Grecs de ce temps-là. N'ayant plus de patrie, et se consolant aisément de n'être plus citoyens en restant artistes, ils éprouvaient un respect involontaire à la vue de ces hommes qui avaient cessé d'être des barbares, sans cesser d'être Romains, qui recherchaient et aimaient les choses de l'esprit sans s'y absorber exclusivement, et qui savaient concilier les douceurs du loisir et les sérieux devoirs de la vie publique. Caton leur avait déjà présenté cette image de l'homme complet. Un jour qu'il leur fit « une soudaine et briève harangue », ils s'écrièrent : « Que le parler ne sortait aux Grecs que des lèvres, et aux Romains du cœur. »

Il n'est pas de mon sujet de présenter ici un tableau complet des mœurs de la première moitié du septième siècle. Je me borne à une esquisse générale et fort rapide. Les Romains ont effrayé le monde du spectacle de leurs vices grandioses. Au moment où le christianisme parut, Rome était devenue l'immense foyer où s'était concentrée la corruption de tout le monde antique. L'Italie, la Grèce, l'Orient, apportaient chaque jour leur contingent de turpitudes au centre universel. La corruption y était profonde, intense, infiniment variée, se renouvelant et s'étendant sans cesse avec ce mouvement incessant qui faisait affluer au cœur de l'empire les religions, les usages, les mœurs, la langue, les dissolutions et les misères du monde entier. Au commencement du septième siècle, cette centralisation commence. Plus de peuples à subjuguer, si ce n'est les Gaulois à l'Occident, les Parthes à l'Orient. La race des ingénus est détruite aux trois quarts. Ce sont les étrangers et les affranchis qui vont recruter les légions romaines. Une immense population, pauvre, affamée, se précipite sur Rome pour y vivre des distributions de blé, pour y exercer une foule d'industries équivoques qui accélèrent les progrès de la corruption. La vieille noblesse romaine, jalouse conservatrice des droits et des traditions de la cité, voit s'élever à ses côtés, et la menacer dans son influence, une aristocratie toute nouvelle, l'aristocratie d'argent, les chevaliers. Ce sont les chevaliers qui exploitent le monde conquis, ils représentent l'État dans ses contrats avec les provinces et les peuples alliés ; ils perçoivent les impôts, les tributs, les redevances. La ruine des derniers petits propriétaires de l'Italie est bientôt suivie de la spoliation effrénée des peuples. Des réclamations s'élèvent. Les provinces ont des patrons au sénat, parmi ces nobles de vieille souche, qui sauront les défendre. Ils ne le peuvent. Les chevaliers prévaricateurs sont les juges des procès en prévarication. Ils s'acquittent eux-mêmes. Plus tard on leur enlève les jugements ; ils achètent les juges. Un million ou deux, qu'est-ce que cela pour des hommes qui savent en tirer dix ou douze par an d'une seule province ? Voilà le principe et la source féconde de la corruption, mot vague, et qu'il faut préciser. La conquête et l'exploitation de la conquête : voilà ce qui ruina les vieilles mœurs. Il était à peu près impossible qu'il en fût autrement. Les Romains des premières années du septième siècle sont des parvenus. Les voilà tout à coup riches, puissants, environnés de flatteurs, exposés à toutes les tentations, en état de satisfaire tous les caprices, d'épuiser les plaisirs de toutes les civilisations, la grecque, l'asiatique, l'orientale. Quoi d'étonnant qu'ils n'aient pu résister ? L'austérité des anciennes mœurs avait pour fondement et pour gardienne la pauvreté : peut-on continuer à vivre en Fabricius, lorsqu'on est plus riche qu'un roi ?

Toutes les conséquences de cette grande révolution ne se développèrent pas immédiatement ; mais elles commencent à se manifester. Dès l'année 605, L. Calpurnius Pison porte sa fameuse loi contre les prévarications des gouverneurs de province (*de pecuniis repetendis*). C'est au nom de cette loi que, quatre-vingts ans plus tard, Cicéron attaqua Verrès.

L'insolence et la cruauté des magistrats romains s'étaient exercées d'abord en Italie, dans les villes des alliés, comme Préneste, Ferentum, Teanum. Ils faisaient saisir et battre de verges les magistrats des cités, tantôt parce qu'ils étaient mécontents des vivres qui leur avaient été apportés, tantôt parce qu'ils n'avaient pas trouvé les bains publics assez propres. Ici, la femme d'un consul exige qu'on lui livre les bains; elle ne les trouve pas convenables, le questeur de Teanum est attaché à un poteau et battu de verges. Ailleurs, un jeune Romain porté dans une litière est rencontré par un bouvier de Venusium. « Est-ce que vous portez un mort? » dit le rustre. Les porteurs détachent les bâtons de la litière et le frappent jusqu'à ce qu'il expire. Un Q. Flamininus, pour faire plaisir à un jeune garçon qu'il aimait, et qui n'avait jamais vu mourir, fait trancher la tête à un Gaulois en sa présence : — voilà les mœurs publiques.

A l'intérieur, les antiques rapports de client à patron sont tout à fait modifiés. Le patron exploite ses clients. La loi *Cincia* défend de recevoir des présents ; mais le peuple est déjà devenu le tributaire des nobles (*vectigalis et stipendiaria plebes esse cœperat*). Il est vrai que les nobles à leur tour payent le peuple : ils lui achètent ses suffrages ; c'est la principale ressource de la plèbe. Les innombrables lois sur la brigue (*de ambitu*) se succèdent, et, toujours impuissantes, ne servent qu'à constater le mal et ses progrès. Tel est l'esprit public à Rome. Si l'on interroge la vie privée, on voit déjà éclos les germes de cette effrayante corruption dont les Verrines, les Catilinaires et quelques autres plaidoyers de Cicéron nous traceront de si éloquentes peintures. La famille, c'est-à-dire, d'après la constitution primitive de Rome, l'État lui-même formé de la réunion de ces associations légales d'où sortait l'ingénu, le citoyen est attaqué dans sa base par le développement menaçant du célibat. Les mœurs grecques et orientales, les esclaves des deux sexes, charmants, corrompus, dociles, suppriment la vie de famille. Un censeur invite les citoyens à se marier, voici en quels termes : « Si nous pouvions vivre sans épouse, Romains, nous nous affranchirions tous de cet ennui : mais puisque la nature l'a voulu, puisque, si l'on ne peut vivre agréablement avec les femmes, sans elles on ne peut vivre du tout, pensons plutôt au salut de l'État qu'à un plaisir de peu de durée. » Ainsi contractées, les unions étaient bientôt rompues. La répudiation et le divorce, à peu près inconnus au siècle précédent (1), se multiplient et deviennent l'issue ordinaire de presque tous les mariages. La femme que sa dot affranchit n'est réellement plus *dans la main de son mari*, comme le voulait l'ancienne législation. Émancipée, toujours sûre de trouver un autre époux, tant qu'elle sera riche, elle s'abandonne à toutes les fantaisies de ces unions passagères qui sont la ruine de la famille. Cent ans plus tard, Auguste, par ses lois, par l'attrait des honneurs et des récompenses publiques, par les sermons en vers qu'il commande aux poëtes célibataires en l'honneur du mariage et des anciennes mœurs, essayera en vain de reconstituer la noble et féconde association des époux. On ne se mariera plus, suivant la forte expression de Plutarque, pour avoir des héritiers, mais pour avoir des héritages. Cependant la pureté des anciennes mœurs se conservait encore dans les villes du Latium, dans la province, et parmi quelques grandes familles qui avaient bien voulu emprunter à la Grèce sa civilisation et

(1) Le premier divorce est de 533.

ses arts, mais non ses vices. Tels étaient Scipion et ses amis, à Rome même ; et nous verrons bientôt naître hors de Rome presque tous les hommes qui dans la politique, la guerre, les lettres seront la gloire de leur temps.

Parlerai-je des progrès du luxe à cette époque ? Un grand nombre de lois somptuaires essayent en vain d'en arrêter les débordements ; la rigoureuse censure de Caton avait été impuissante, les lois qui interdisaient de consacrer à un festin plus de telle ou telle somme, d'avoir plus de tant de livres d'argenterie, sont violées et abrogées par le mépris qu'on en fait chaque jour. Le luxe, chose utile, nécessaire dans nos sociétés modernes où l'industrie et le commerce ont une place si considérable, était un véritable fléau, une source permanente de corruption chez un peuple qui ne s'enrichissait que par la conquête, la spoliation, les exactions de tout genre. Ces beaux meubles, ces beaux esclaves qui coûtaient jusqu'à 400,000 sesterces, ces bronzes, ces statues, on les payait avec l'argent extorqué aux provinces. Les jeux splendides donnés au peuple pour obtenir ses suffrages et par suite une préture, un proconsulat, c'étaient les provinces qui en faisaient les frais. Ainsi tout s'enchaîne. Les basses classes de la société sont dépravées par l'oisiveté ; il n'y a plus de petits propriétaires, partant plus de travail : il faut nourrir cette multitude, la faire voter, l'amuser. De là les distributions de blé, les jeux, les brigues. De là la nécessité de dépenses énormes pour les hommes qui veulent jouer un rôle dans l'État. C'est la conquête et l'administration des provinces qui fourniront l'argent nécessaire.

CHAPITRE II

Lucilius. Le théâtre au septième siècle. — Tragédies d'imitation. — Tragédies nationales. — Pacuvius. — Attius. — Comédie nationale. Les Atellanes.

§ I.

Voilà le milieu dans lequel vécut et se forma un poëte que les Romains de tous les temps ont célébré et admiré. Quelques-uns même n'hésitaient pas à le préférer à tous les autres. Horace, si impitoyable pour les écrivains du sixième siècle, si dédaigneux envers Nævius, Ennius et Plaute, n'ose qu'avec réserve attaquer cette gloire incontestée. Des protestations s'élèvent contre le premier jugement qu'il en porte. On trouve fort mauvais qu'Horace blâme le style parfois bourbeux, les longueurs, les négligences de Lucilius; Horace est forcé d'expliquer ce qu'il a voulu dire, de faire à l'éloge une part plus grande, de déclarer « qu'il n'oserait jamais enlever au front du vieux poëte la couronne que tant de gloire y avait attachée. » — Tout l'art, toute la douceur, tout le génie des écrivains du siècle d'Auguste, ne réussirent jamais à faire descendre de son piédestal la statue de Lucilius : de lui volontiers tout Romain eût dit : « Il est des hommes à qui l'on succède, mais qu'on ne remplace jamais. »

Les titres de cette grande renommée sont à peu près perdus pour nous. Des trente livres de satires qu'avait composés Lucilius, il ne nous reste que quelques fragments cités par les érudits et les grammairiens. L'ensemble de l'œuvre nous échappe complétement, malgré les conjectures plus ou moins ingénieuses des éditeurs pour en distribuer et en relier les unes aux autres les diverses parties : nous ne pouvons apprécier le mouvement, la verve, l'élan du poëte, c'est-à-dire les premières qualités que l'on cherche dans la satire. De plus, les personnages sur qui Lucilius se précipitait « le glaive à la main » (c'est ainsi que parle Juvénal) nous sont inconnus, et deux vers de Lucilius ne peuvent être acceptés comme une peinture suffisante. Nous devons croire, puisque Quintilien l'a dit, qu'il régnait dans ses satires une grande liberté, beaucoup de mordant et de sel; mais nous ne comprenons guère pourquoi Quintilien le loue particulièrement de sa *merveilleuse érudition*. Ce n'est guère le premier mérite que l'on admire dans un poëte satirique. Essayons cependant de reconstituer dans ses parties essentielles l'œuvre mutilée.

Voyons d'abord quel fut le personnage. — Ce n'est pas un Romain de Rome. Il est né dans la colonie latine de Suessa, en 606, un an après la mort de Caton. Il appartient donc à cette génération qui succède aux âpres et opiniâtres lutteurs de la seconde guerre punique. Il n'a pas vu les désastres de la patrie ; il trouve Rome partout victorieuse, dominatrice déjà, ou n'ayant qu'à étendre le bras pour renverser les derniers ennemis qui restent debout, Numance, Corinthe, Carthage. Au dedans, l'intolérance de Caton contre les arts et les sciences de la Grèce n'est plus qu'un souvenir presque ridicule. On reconnaît enfin qu'un homme peut être un bon et utile citoyen, bien qu'il sache le grec et qu'il étudie les poëtes et les philosophes. Lucilius est bien l'homme de ce temps ; il est profondément pénétré de l'esprit nouveau, de plus il vit dans le milieu même d'où cet esprit se répand comme d'un foyer dans toutes les classes éclairées de la société romaine. Il est admis dans la familiarité de Scipion, de Lélius, de L. Furius Philus, qui fut consul en 618, de Spurius Mummius, frère du vainqueur de Corinthe. Avec ces personnages illustres il assista au siége de Numance ; sans doute il entendit lire à Mummius ces épîtres en vers qu'il adressait du camp à ses amis de Rome, vif et élégant badinage qui cent ans après conservait encore tout son charme. Il connut aussi et pratiqua le jurisconsulte Rutilius Rufus, homme éminent par sa science et sa probité, stoïcien, disciple de Panætius. Mais ces personnages distingués n'étaient pas, il importe de le rappeler, des admirateurs fanatiques et exclusifs de la civilisation grecque ; ils n'affectaient et n'avaient aucun dédain pour les mœurs nationales : citoyens dévoués, actifs, intelligents, ils savaient concilier les devoirs que la patrie leur imposait, avec la culture de l'esprit et les charmes du loisir : voilà le juste tempérament qui les distingue. Ils aiment les arts que Caton affectait de dédaigner ou de redouter, mais ils n'en font pas l'unique occupation de leur vie. Ils ne croient pas non plus qu'un Romain doive rompre avec la vieille tradition nationale ; l'antique discipline, qui était l'âme même de Rome, adoucie, non supprimée, par une culture intellectuelle plus large : voilà le milieu dans lequel avec un rare bon sens ils savent se fixer et se plaire. On ne comprendrait point Lucilius, si on ne le replaçait par la pensée dans la société de ces hommes de goût et de mesure, qui surent conserver au milieu des entraînements irréfléchis de la mode et des séductions de la civilisation hellénique, l'attitude, le caractère et les mœurs de Rome.

Lucilius appartenait à une noble famille, il était chevalier et fort riche. Quelques historiens font de lui un publicain, sans doute pour expliquer sa fortune, qui était considérable ; mais Lucilius déclare en propres termes qu'il ne veut pas cesser d'être Lucilius pour se faire publicain d'Asie (1). Il était d'ailleurs d'une santé fort délicate, et incapable de résister aux fatigues de la vie publique. Il traversa donc les terribles orages de cette époque, la révolution tentée par les Gracques, les commotions de la guerre sociale, sans se mêler aux affaires, sans même s'attacher à aucun parti. Il resta l'ami des citoyens les plus considérables, sans épouser leurs intérêts et leurs passions. M. Mommsen voit en Lucilius un Béranger romain, comparaison plus humoristique que solide : car Béranger était d'un parti. Il faut beaucoup d'esprit, de véritable indépendance et de droiture pour prendre et conserver une position aussi délicate. Dans des temps de luttes, les combattants ne sont guère disposés à la sympathie pour ceux qui, neutres la veille, peuvent être demain des ennemis déclarés. Il paraît que Lucilius sut faire accepter sa neutralité, disons mieux, son indépendance. Car rien ne serait plus faux que de voir en lui un indifférent, un épicurien à la façon de Lucrèce. S'il ne partage pas les ardentes passions de ses contemporains, s'il ne lutte pas pour le triomphe de tel ou tel parti, c'est qu'il veut conserver la franchise et le pur dévouement du citoyen. Lui aussi a une cause à défendre, mais ce n'est ni celle du Sénat, ni celle des

(1) Publicanus vero ut fiam, scripturarius pro Lucilio, id ego nolo, et uno hoc non muto omnia. — (Lib. XXVI, 6.)

alliés, ni celle des plébéiens, c'est la cause des mœurs publiques. Ame honnête, sincère, ardente, excitée encore par les souffrances du corps, il ressent des indignations généreuses, des dédains, des afflictions profondes à la vue des désordres sans nombre et de tout genre qui s'étalent à la face du ciel. Ses relations étendues, la finesse de son esprit, lui permettent de tout voir, de tout comprendre, de tout exprimer; de plus, avantage énorme, il ne fait pas un métier comme Ennius, Plaute et Térence ; il n'écrit point pour vivre, car il est riche. Il est le premier des Romains qui ose mépriser le préjugé qui interdit à un homme libre la profession de littérateur. C'est par là encore qu'il conserva sur Horace aux yeux des Romains une certaine supériorité. Tel est l'homme, voyons l'œuvre.

Lucilius est le créateur de la satire littéraire, poëme didactique et moral, que tous les peuples modernes ont emprunté aux Romains, et que les Grecs ne connaissaient pas. Horace salue dans Lucilius un *inventeur*, *l'auteur d'un poëme ignoré des Grecs* (*inventor Graiis intacti carminis auctor*). Avant Lucilius, la satire était dramatique et bouffonne ; Ennius ne réussit point à lui donner une forme définitive ; après Lucilius le genre est constitué. Une seule modification sera apportée à son œuvre. Par ressouvenir de la satire primitive, sorte de pot-pourri facétieux et licencieux, Lucilius ne s'astreignit pas à l'uniformité du mètre, il passait sans transition de l'hexamètre à l'iambe trimètre, et à d'autres rhythmes. Peut-être la variété des sujets exigeait-elle ces changements ? peut-être faut-il regretter que la satire se soit condamnée à l'hexamètre, plus souple il est vrai, chez les Latins et les Grecs que chez les Français, mais cependant difficile à manier, et trop majestueux. Mais laissons l'extérieur de l'œuvre de Lucilius ; voyons-en l'âme.

C'était un Romain, honnête homme, indépendant, d'un esprit cultivé, sans affectation de rigorisme, n'ayant rien d'un Caton morose, ou d'un déclamateur de profession. Si la comédie aristophanesque eût été tolérée à Rome, il semble qu'il eût été capable de la faire applaudir de ses contemporains. Il n'hésite pas à mettre les noms au bas des portraits ; il déchire, raille et loue des personnages vivants. Lui-même se met en scène, et ne s'épargne pas. On sait que sur ce point Horace l'imita. Quels étaient les vices, les turpitudes, les ridicules alors à la mode? Lucilius semble en avoir recueilli une ample moisson. Le premier livre de ses satires est d'une haute et fière conception, tout épique. Il rassemble les dieux dans un conseil solennel : ils se sont émus du triste spectacle que présente alors la ville qu'ils ont élevée si haut, et, pour arrêter le débordement du mal, ils décident de faire un exemple dans la personne de Lupus. Voilà le frontispice de l'œuvre. Les livres suivants seront une galerie de portraits : les imitateurs, les amis de Lupus y figureront. On peut juger de l'intérêt de cette vaste composition pour les contemporains. Mais nous sommes réduits à de vagues indications sur l'ensemble et les détails. Prenons donc au hasard les vers les plus significatifs.

Voici le peuple romain au Forum.

« — Mais aujourd'hui, du matin à la nuit, jour de fête et jour ouvrier, tous les jours et tout le jour, peuple et sénateurs s'agitent au Forum et n'en sortent point. Tous se livrent à une seule et même étude, à un seul art, celui de tromper par d'adroites paroles, de combattre par la ruse, de faire assaut de flatteries, de se donner des airs d'honnête homme, de se tendre des piéges, comme si tous à tous étaient des ennemis. » Peinture générale, un peu vague, de la vie publique ; mais supposez, après cette sorte d'entrée en matière, des portraits en pied des principaux types du temps, le relief au lieu de l'esquisse, la forte saillie bien accusée ; voilà dans les deux parties l'œuvre du poëte : le général menant tout droit au particulier. Malheureusement fort peu de fragments nous aident à compléter cette ébauche de la vie publique des Romains. Je ne fais pas difficulté de croire que Lucilius avait été fort réservé sur ce point. Il voyait et flétrissait les vices des particuliers ; mais la patrie était respectée : c'était avant tout un bon citoyen. — Il a dit : « Lucilius présente au peuple ses salutations et ses vers faits de son mieux, et tout cela avec affection et sincérité. » Il a résumé aussi en ces deux vers toute l'histoire militaire de sa patrie : « Le peuple romain a été plus d'une fois vaincu par la force et surpassé en de nombreux combats, mais dans une guerre, jamais ; et tout est là. »

> Ut populus romanus victus vi et superatus præliis
> Sæpe est multis, bello vero nunquam, in quo sunt omnia.

Tite-Live dira la même chose et moins bien :

> Populus romanus, etsi nullo bello, multis tamen præliis victus.

Peu d'allusions aux grands événements du temps ; cependant une critique amère contre la lenteur de la guerre d'Espagne, et un hémistiche terrible. — « Les légions servent pour de l'argent. » Ajoutez un mot obscur sur la loi de Calpurnius Pison, contre les concussionnaires, c'est à peu près les seuls renseignements que nous offrent les fragments de Lucilius sur la vie publique des Romains. Il y a là, si je ne me trompe, un scrupule honorable, un respect de la patrie, qui est grande après tout aux yeux du monde. Quant aux individus, il n'est tenu à rien envers eux, et il le prouve. Lucilius vit de ses yeux les premières folies du luxe, les raffinements encore grossiers de la table, du mobilier, des vêtements, les premiers scandales de la débauche, l'acclimatation à Rome des vices empruntés à la Grèce et à l'Orient. J'ai dit comment tout cela s'était concentré à Rome, qui devenait le grand refuge de tous les étrangers, de toutes les industries équivoques, de toutes les vilenies du monde. La province était infiniment moins corrompue. Le respect des vieilles mœurs s'y conserve encore, avec un certain mépris pour le dévergondage de la capitale. Il ne faut pas oublier que Lucilius est un provincial ; il y a chez lui une certaine satisfaction à opposer aux vices de Rome, l'innocence des villes où se recrutaient alors les meilleurs et les plus distingués serviteurs de la patrie.

Je ne chercherai pas à présenter un tableau complet des mœurs de cette époque. Les satires de Lucilius, telles que nous les possédons, ne pourraient m'en fournir tous les traits, et les citations sont délicates. Les vices que Lucilius semble avoir flétris de préférence sont la débauche sous toutes ses formes, et elles étaient déjà alors singulièrement nombreuses et variées, et l'intempérance de la table. « Ce n'est pas vivre, dit-il quelque part, que de n'avoir pas d'appétit. » Tel gourmand d'alors reconnaît au goût la patrie des huîtres qu'on lui sert. Le type qu'il semble avoir reproduit avec le plus de complaisance, c'est celui de l'affranchi parvenu qui inonde de parfums sa tête hérissée (1), tranche du grand seigneur, mène grand train, étale le luxe de ses esclaves, de ses maîtresses, de ses festins. — C'étaient ces parvenus qui dans le Forum se permettaient d'assaillir de leurs clameurs Scipion Émilien. — « Silence, leur crie-t-il, bâtards de l'Italie. Vous aurez beau faire, ceux que j'ai amenés garrottés à Rome ne me feront pas peur, tout déliés qu'ils sont maintenant. » C'étaient les ancêtres de Trimalcion.

Autant qu'il est permis d'en juger, les peintures de Lucilius étaient d'une singulière énergie, surtout celles des amours de ce temps-là. Lui-même se met plus d'une fois en scène, et il est aisé de voir que, s'il condamnait les excès inouïs de ses contemporains, il n'était pas lui-même un modèle de continence et de retenue. C'est ce qui donnait à ses satires un charme particulier : on y retrouvait non un censeur chagrin, mais un homme qui avait ses faiblesses, ses misères morales et les confessait ingénument. Liberté, franchise et sincérité : voilà ce qui semble avoir caractérisé l'œuvre du satirique et l'avoir fait accepter.

Je signalerai un point qui n'a pas été assez remarqué jusqu'ici. Les contemporains de Lucilius copiaient avec fureur et parfois avec une gauche affectation les modes, les mœurs, les goûts de la Grèce : ils écrivaient volontiers en grec, émaillaient la conversation de mots grecs. On en trouvera un grand nombre intercalés dans les vers de Lucilius, soit qu'il ait lui aussi sacrifié au goût du jour, soit qu'il veuille railler les sottes affec-

---

(1) Hi quos divitiæ producunt et caput ungunt horridulum.

tations des grécomanes. L'intention des vers qui suivent n'est pas douteuse :

« Au lieu de rester romain, sabin, concitoyen de Pontius, de Trétannus, de ces centurions, de ces hommes illustres, les premiers de tous, et nos porte-étendards, tu as mieux aimé te faire appeler grec. En grec donc, puisque tu le préfères, je te salue, moi préteur à Athènes. Χαῖρε, Titus. Et mes lecteurs, et ma suite, et ma cohorte te disent : Χαῖρε, Titus. Voilà pourquoi Titus Albutius est mon ennemi public, mon ennemi privé. » C'est encore contre le même Albutius que sont décochés ces deux vers : « Que ces mots (λέξεις) sont agréablement agencés! On dirait les petits casiers d'une mosaïque, un assemblage de marqueterie. »

Et ailleurs. — Ne *rhétorise* (1) pas trop avec moi.

Ainsi Lucilius tournait en ridicule l'abus de l'hellénisme : il voulait que la langue nationale, le parler national, gardassent leur propre couleur ; il va même jusqu'à railler doucement certains élégants qui raffinent sur la langue. Voici deux vers à l'adresse de son ami Scipion Émilien : « Pour paraître plus agréable et plus savant que les autres, tu ne dis pas *pertæsus*, mais *pertisus*. » Ce qui n'empêchait pas Lucilius de faire à l'occasion le pédant, et d'étaler avec complaisance tout son savoir. Le livre IX° tout entier était consacré à l'orthographe et à la grammaire. Les fragments conservés sont plus longs que ceux des autres livres. On voit bien que ce sont les grammairiens qui les ont recueillis. Le caractère et la valeur des lettres, des étymologies, des définitions, par exemple la différence qu'il y a entre

---

(1) Rhetoricoteros.

poesis et *poema*, *fervēre* et *fervĕre*, etc., c'est un savant de la veille qui fait montre de ses connaissances. — Il est donc bien l'homme que j'ai dit, grec et romain à la fois, ennemi de tout excès, ni Caton, ni ce fol Albutius, tout grec.

Terminons cette étude par la traduction du fragment le plus considérable de Lucilius. C'est Lactance qui nous l'a conservé (1) pour le réfuter, cela va sans dire. On ne peut dire qu'il y ait réussi. Le poëte essaye une définition de la vertu. Je ferai remarquer que sa définition est toute stoïcienne ; c'est comme le sommaire du traité de Cicéron *sur les Devoirs*. Nous retrouvons ici directe et vivante l'influence de Panætius.

« La vertu, Albinus, c'est de savoir apprécier les soins et les affaires de la vie ; la vertu, pour l'homme, c'est de savoir ce que chaque chose renferme en soi : la vertu, pour l'homme, c'est de savoir ce qui est droit, utile, honnête, ce qui est bien, ce qui est mal, ce qui est dangereux, honteux, malhonnête. La vertu, c'est de savoir un terme et une fin au désir d'amasser ; la vertu, c'est de savoir apprécier ce que valent les richesses ; la vertu, c'est d'honorer ce qui mérite en effet de l'honneur ; c'est d'être l'ennemi public et privé des hommes mauvais, des mœurs mauvaises ; c'est d'être le défenseur des hommes de bien, des bonnes mœurs ; de les glorifier, de leur vouloir du bien, de vivre leur ami ; c'est de placer au premier rang les intérêts de la patrie, au second ceux de nos parents, au troisième et au dernier les nôtres. »

Il manquerait quelque chose à cette exposition si

---

(1) *Div. Inst.* Lib. VI, c. v.

solide de la morale stoïcienne, si le poëte n'avait ailleurs décoché son épigramme contre ce fameux sage qui seul est beau, riche, libre, roi ; Horace ajoute, bien portant... quand il n'a pas la pituite. Tel est le bon sens romain : il saisit avec ardeur et reproduit avec respect et conviction ce qui est vrai, grand, utile dans la doctrine stoïcienne, et, pour agrandir le cercle, dans l'hellénisme tout entier : quant à l'exagération, aux puérilités prétentieuses, aux vains jeux d'esprit, il s'en raille. Le disciple veut bien s'instruire, mais il n'apprendra et n'admirera que ce qui lui paraîtra bon et vrai. Lucilius est le premier en date de ces esprits cultivés et modérés, pleins de tact et de goût, qui s'arrêtent juste au point où le ridicule va commencer.

Parlerai-je de son style ? Il est çà et là d'une fière venue, étincelant d'heureuses rencontres. « Quand je fais jaillir un vers de mes entrailles, » dit-il (*ego ubi quem ex præcordiis versum effero*). Le plus souvent, c'est de la prose, forte, saine, un peu lourde. Il faisait deux cents vers avant dîner, deux cents vers après, *stans pede in uno*, ce qui révolte fort le laborieux Horace. Ses vers *coulaient parfois bourbeux*, il est vrai ; mais ils *coulaient*, c'est-à-dire qu'un mouvement rapide de l'âme les emportait. Voilà ce que l'on admirait encore du temps d'Horace ; voilà ce qu'on chercherait vainement dans les satires plus jolies, plus élégantes, plus froides, de son successeur.

§ II.

LA TRAGÉDIE ET LA COMÉDIE AU SEPTIÈME SIÈCLE.

Nous ne possédons pas une seule des nombreuses tragédies écrites par Livius Andronicus, Nævius, Ennius, Pacuvius, Attius et plusieurs autres ; nous n'en possédons pas même une seule scène : quelques définitions philosophiques sur le principe des choses, sur la Fortune, le récit d'un songe, une ou deux lamentations : voilà les faibles indices sur lesquels nous devons essayer de fonder un jugement. Chose difficile, impossible même : pourrions-nous nous flatter de connaître Corneille et Racine s'il n'avait survécu de leurs œuvres que le récit de la mort d'Hippolyte ou celui du songe de Pauline ? Ces morceaux brillants permettent d'apprécier les qualités épiques ou descriptives du poëte, non son génie dramatique. Il nous reste, il est vrai, les jugements portés par les anciens sur des œuvres qu'ils connaissaient en entier, qu'ils avaient vu représenter. Mais, outre que nous ne pouvons contrôler ces jugements, il faut bien avouer qu'ils ne nous apprennent rien ou presque rien. Cicéron célèbre avec enthousiasme la *Médée* d'Ennius, l'*Antiope* de Pacuvius : « Il faudrait, dit-il, être ennemi du nom romain pour ne pas admirer de tels ouvrages. » Nous voulons bien le croire : mais en quoi sont-ils admirables, voilà ce qu'il serait pour nous utile de savoir. Horace traite les vieux poëtes tragiques avec plus de respect que les comiques : mais un vers lui suffit pour caractériser Pacuvius et Attius : l'un brille par sa science, l'autre par son élévation.

« Aufert. Pacuvius docti famam senis, Attius alti. »

Enfin Quintilien admire en eux l'élévation des pensées, la gravité du style, la majesté des personnages ; du reste leurs écrits manquent d'élégance et de poli ; Cicéron va plus loin : il dit que Cécilius et Pacuvius écrivaient mal.

Cependant, si l'on en croit Cicéron, ces poëtes jouirent de la plus grande faveur de leur vivant et jusqu'à la fin de la république. C'était même, parmi la foule grossière et ignorante, un enthousiasme qui se manifestait par des cris confus. Mais étaient-ce les tragédies elles-mêmes qui ravissaient la multitude ou le jeu consommé des acteurs, ou, ce qui est encore plus probable, les allusions aux événements et aux personnages contemporains ? Cicéron lui-même nous apprend que les acteurs ne se faisaient pas faute de commenter ainsi le texte et même d'intercaler des vers de circonstance. Ainsi l'acteur Diphilus a bien soin de désigner clairement Pompée à la multitude, en prononçant ces vers : « C'est par notre misère que tu es grand » (Pompée s'appelait Magnus). Le comédien Esopus, si l'on en croit Cicéron, rappela éloquemment au souvenir du peuple Cicéron exilé, et lui appliqua ce vers du *Brutus* d'Attius :

« Tullius, qui libertatem civibus stabiliverat... »

De même après la mort de César le peuple saisit avidement toutes les allusions à Brutus alors absent ; et en cela il fit preuve de grande perspicacité ; car la pièce représentée était *Térée*, et il y avait réellement fort peu d'analogie entre ce roi de Thrace et le dictateur Jules César. Mais qui ne sait combien l'esprit préoccupé d'une seule idée y rapporte facilement tout ce qu'il voit, tout ce qu'il entend ? Le meurtre de César, la fuite de Brutus et de ses amis, les funérailles du dictateur, cette scène si dramatique du cadavre étalé sur la tribune aux Harangues, ces plaies encore fraîches montrées à la multitude en même temps qu'Antoine lisait le testament plein de legs pour le peuple : comment, au sortir de ces drames d'une si puissante réalité, ne pas découvrir même dans la tragédie de *Térée* des rapprochements quelconques avec tel ou tel de ces événements ? Et d'ailleurs les acteurs aidaient les spectateurs à en découvrir; ils en créaient au besoin. Ce que l'on admirait donc, ce qui excitait les transports de la multitude, ce n'était pas le génie du poëte tragique, ni l'œuvre représentée, mais ce que l'imagination des spectateurs y ajoutait ou croyait y trouver. De tels applaudissements, loin de témoigner en faveur de la tragédie romaine, la condamnent. Elle était l'occasion, le prétexte de grandes émotions populaires. Elle n'en était pas la source. Ce que l'on saluait en elle avec transport, c'était ce qu'on y mettait, non ce qu'elle renfermait. Or le propre d'une œuvre réellement forte et vraie est de désintéresser du présent l'âme du spectateur, de l'entraîner dans le monde imaginaire où le poëte a placé l'action du drame, et de ne laisser en lui aucune autre pensée, aucune autre émotion. Il ne fut que trop évident trente ans plus tard que la tragédie latine n'avait pas en elle-même sa vitalité et son charme. Quand Auguste eut pacifié le théâtre comme l'éloquence et tout le reste, quand les allusions devinrent impossibles dans cette espèce de léthargie et d'indifférence à la chose publique devenue la chose d'un seul, la tragédie romaine tomba à plat. Réduite à n'être plus qu'une œuvre d'art, les spectateurs s'en détournèrent avec dégoût. Ils retournèrent à leur véritable inclination, les jeux du cirque et les combats de l'arène. Tels ils étaient déjà d'ailleurs au temps même de Térence. Et c'est là à vrai dire une des causes principales de la faiblesse du théâtre tragique chez les Romains. Qu'était-ce que les souffrances imaginaires d'un Oreste ou d'un Télèphe auprès des sensations violentes d'un combat de bêtes ou de gladiateurs? Les critiques se sont ingéniés à rechercher les causes de l'infériorité des Romains en ce genre, et ils en ont découvert un grand nombre : celle que je viens d'indiquer me semble capitale. Le génie d'un peuple se manifeste dans les divertissements qu'il préfère. Jamais les sanglantes scènes du cirque ne purent s'introduire à Athènes, chez un peuple qui comprenait et ressentait les pures jouissances des arts : les Romains n'en goûtèrent jamais d'autres. Tout spectacle qui n'était pas fait pour les yeux, qui s'adressait à l'intelligence et à la sensibilité dans ce qu'elle a de plus délicat, les ennuyait : ils préféraient un saltimbanque à Térence. Même avant la fin de la république, les mimes et les pantomimes remplacèrent en partie la comédie et la tragédie. Dès le début même des représentations dramatiques, dans la première chaleur de la nouveauté, ils manifestèrent leur prédilection pour la partie qui s'adressait plus directement aux sens. Livius Andronicus, qui jouait lui-même ses tragédies, s'étant brisé la voix, se fit remplacer dans cette partie de son rôle par un jeune esclave, et se borna à faire les gestes. Le public y attachait plus d'importance qu'aux paroles. Nous verrons cette prédilection se développer de plus en plus. Sous les empereurs les représentations dramatiques ne furent plus que des gesticulations et des danses.

Reconnaissons-le donc sans hésiter. Les Romains étaient incapables de goûter la tragédie : c'était un plaisir trop noble et trop délicat pour leurs fibres grossières. Qu'on se reporte à la naissance du poëme dramatique en Grèce. Il apparaît au moment où la source des épopées naïves tarit, où la réflexion s'éveille, et, se détachant du monde extérieur, commence à sonder les profondeurs de la nature humaine. Tous les éléments, toutes les formes poétiques des âges antérieurs entrent dans la composition du poëme dramatique ; il est à la fois épique et lyrique ; de plus il touche à l'éloquence qui commence à naître, et s'inspire déjà de la philosophie qui s'essaye : c'est comme la synthèse harmonieuse et vivante de toutes les facultés, de toutes les richesses de la race hellénique. Par-dessus tout il est éminemment et exclusivement national. Or de toutes les parties qui le composent, quelles sont celles que le poëte romain trouvait autour de lui ? L'épopée et la poésie lyrique n'existent pas à Rome, ou du moins n'y ont aucune originalité ni aucun élan. Les légendes héroïques sont de création récente, et de plus c'est un dépôt sacré auquel cet être méprisé qu'on appelle un poëte ne saurait toucher sans sacrilége : l'orgueil national ne tolérerait pas une telle profanation. Un historien, un vil esclave jouant sur la scène le rôle d'un Romulus ou d'un Brutus ! Enfin la philosophie est inconnue aux Romains. L'éloquence seule, ce genre vraiment national, jette son premier éclat. Voilà les éléments qui s'offrent au poëte. Jamais peut-être œuvre d'art ne fut conçue et exécutée dans des conditions plus défavorables. Ne nous faisons donc pas d'illusion sur les éloges décernés par un Cicéron à ces poëtes tragiques du septième siècle : Cicéron n'est pas un juge bien compétent en fait de poésie. Pacuvius et Attius avaient été parfois des hommes éloquents, il n'en fallait pas davantage pour ravir le grand orateur.

Il ne semble pas en effet qu'ils aient été autre chose. Chacun d'eux a une physionomie distincte ; mais, dans ses parties essentielles, leur œuvre est la même.

Pacuvius, neveu et compatriote d'Ennius, né à Brindes en 533, vécut quatre-vingt-dix ans. Il fut d'abord peintre. Il vécut à Rome dans la société de Scipion et de ses amis, et retourna, déjà fort avancé en âge, mourir dans sa ville natale. C'était un homme fort instruit pour ce temps-là, ce qui veut dire sans doute qu'il aimait à faire étalage de ses connaissances. Il y a en effet dans les fragments de Pacuvius une certaine pédanterie : l'auteur de la rhétorique à Hérennius en avait été frappé. J'y trouve aussi un certain abus des formes syllogistiques. Lucilius se moque quelquefois de ses exordes embrouillés (*contorto exordio*), ce qui prouve que la forme oratoire avec tout son appareil didactique lui était chère : autre marque de pédanterie. Enfin les grammairiens ont recueilli dans Pacuvius un certain nombre de mots forgés par lui avec plus d'affectation que de bonheur, comme *geminitudo, prolixitudo, vastitudo, grandævitas, concorditas, répandirostrum, incurvicervicum pecus, rudentisibilus*, etc., ce qui fait penser à notre Ronsard, quand il croit ne devoir plus être français pour paraître plus docte.

Attius était de cinquante ans plus jeune que Pacuvius ; il naquit en 584, et vécut jusqu'en 670. Il put connaître à la fois Scipion et Cicéron. Il débuta dans la carrière dramatique sous les auspices de Pacuvius, auquel il alla lire un jour sa tragédie d'*Atrée*. Pacuvius en trouva les vers grands et sonores, mais un peu durs et âpres. Attius s'en consola ; car les bons fruits naissent durs et deviennent doux, tandis que ceux qui sont doux en naissant, pourrissent. Il y avait une certaine fierté, comme on le vit, dans le caractère d'Attius : ce que marque assez bien l'*altus* d'Horace. Si c'est bien d'Attius qu'il est question dans un passage de Valère Maxime, (lib. III, cap. vii), il eût porté dans les relations ordinaires de la vie une indépendance quelque peu ombrageuse. Il fut, dit-on, l'ami particulier du consul Décimus Brutus; et c'est peut-être ce qui le détermina à composer sa tragédie nationale *Brutus*. Tous les critiques de l'antiquité s'accordent à admirer dans Attius l'énergie et l'élévation : par là il agissait puissamment sur les âmes. Cicéron se plaît à le citer sans cesse. C'est un autre personnage que le docte Pacuvius ; et il semble qu'on puisse lui appliquer l'hémistiche d'Horace : *Spirat tragicum satis.* « Il y a en lui un certain souffle tragique. » Attius est en effet le seul poëte qui ait eu la fibre dramatique, autant qu'un Romain pouvait l'avoir.

Pacuvius composa douze tragédies : nous avons du moins conservé les titres et quelques fragments de douze tragédies différentes dont il était l'auteur. Ces tragédies sont *Antiopa* (que Cicéron déclarait supérieure aux Grecs) — *Armorum Judicium* — *Atalanta* — *Chryses* — *Dulorestes* — *Hermiona* — *Iliona* — *Medus* — *Niptra* — *Pentheus* — *Periboea* — *Paulus.*

Attius en composa un bien plus grand nombre. J'en trouve mentionnées jusqu'à quarante-six, dont voici les titres : — *Achilles* — *Myrmidones* — *Ægysthus* — *Clytemnestra,* — *Agamemnonidæ* — *Erigona* — *Alcestes* — *Alcmæo* — *Alphæsibæa* — *Amphytruo* — *Persidæ* — *Andromeda Antenoridæ* — *Deiphobus* — *Antigona* — *Armorum Judicium* — *Astyanax* — *Athamas* — *Atreus* — *Bacchæ* — *Chrysippus* — *Diomedes* —

Epigoni — Eriphyla. — Epinausimache. — Eurysaces. — Hellenes — Prometheus — Medea — Menalippus — Meleager — Minos — Neoptolemus — Troades — Nyctegresia — Ænomaüs — Pelopidœ — Philocteta — Phinidœ — Phœnissœ — Thebaïs — Tropœum — Liberi — Telephus — Tereus — Decius — Brutus.

Ce qui frappe d'abord dans ce double catalogue, c'est l'incroyable disproportion qui existe entre le nombre des tragédies ayant des titres grecs, et celles qui ont des titres latins. *Paulus, Decius, Brutus,* trois tragédies en tout sur près de soixante, voilà la place que l'histoire nationale tenait sur le théâtre romain. Était-ce impuissance des poëtes à composer d'inspiration, sans être soutenus par un modèle grec, une œuvre originale ? Était-ce par un respect excessif de tout ce qui touchait à la patrie ? Était-ce par crainte de ne pas intéresser le public en lui présentant sur la scène des faits et des personnages qu'il connaissait déjà ? Toutes ces raisons peuvent être vraies : ce sont à peu près les mêmes qui ont donné à notre théâtre du dix-septième siècle sa forme et son esprit. Il ne vint pas une seule fois à la pensée de Corneille et de Racine de prendre dans l'histoire de leur pays le sujet d'une tragédie. Nous touchons ici le point délicat, la profonde et incurable infériorité des littératures d'imitation. Elles peuvent produire des œuvres d'un art merveilleux : la vie intérieure leur manque. Elle leur manque, parce qu'il y a un divorce absolu entre la littérature et le milieu social. Chez de tels peuples, il faut être savant pour être poëte : au dix-septième siècle il fallait connaître à fond Aristote et les auteurs grecs et latins à qui l'on empruntait le sujet d'une tragédie. Il est vrai que ce sujet antique, on le traitait à la moderne, qu'on dénaturait la physionomie des événements, le caractère et les mœurs des personnages, que l'élément national banni de la scène y rentrait à la dérobée, et s'imposait à une œuvre qui lui était absolument étrangère, qu'on avait des héros antiques taillés sur le patron des brillants cavaliers du jour ; mais personne n'était choqué de ces fausses couleurs ; et des œuvres admirables d'éloquence, de passion, de vérité morale sortaient de ce bizarre amalgame de deux mondes et de deux sociétés. Les poëtes romains du septième siècle ne firent pas autre chose. La littérature et la vie réelle étaient deux mondes séparés : de même qu'on demandait à l'Afrique ses figues, au Pont-Euxin ses huîtres et ses sardines, à Tyr sa pourpre, c'est la Grèce qui avait la spécialité d'approvisionner le théâtre romain. Avec quel naïf orgueil Térence répète dans tous ses prologues : « C'est une pièce entièrement grecque : *Est tota fabula græca !* » Ce qui veut dire : vous pouvez l'admirer de confiance ; elle vient du pays où l'on n'en fait que de bonnes.

Ce point bien établi, cette loi fatale de l'imitation bien constatée, voyons quels étaient les caractères de l'imitation ; nous essayerons ensuite de déterminer ce que pouvait être une tragédie nationale (1). Pacuvius et Attius connaissaient, outre les trente-deux tragédies d'Eschyle, de Sophocle et d'Euripide que nous possédons, toutes celles qui avaient été écrites par ces poëtes et dont le nombre était considérable, plus celles de leurs contemporains et de leurs successeurs, c'est-à-dire la plus riche et la plus abondante matière qui pût jamais être offerte à l'imitation. Le nombre des tragédies latines ne s'élève pas au-dessus de trois cents. Celui des tragédies grecques

(1) Voir sur ce sujet les chapitres IV et V de la thèse de M. Boissier : *Le poëte Attius*.

dépasse mille. Mais nous ne pouvons en douter, les poètes grecs ne se faisaient aucun scrupule de traiter un sujet traité déjà par leurs prédécesseurs ou leurs contemporains ; ils ne cherchaient point la nouveauté de la matière; il n'y en avait pas, à vrai dire, qui fût inconnue au public. Une seule tragédie, *la Fleur* d'Agathon, est de pure invention. Que firent les poètes latins ? Ils firent ce qu'avaient fait les comiques : ils empruntèrent à Eschyle le sujet, à Sophocle tel personnage nouveau, à Euripide telle tirade pathétique ; ils firent un mélange plus ou moins heureux des traits les plus frappants choisis avec plus ou moins de discernement dans les poëtes grecs. C'est là *l'heureuse audace* que leur attribue Horace (*feliciter audet*). Par ces ingénieuses combinaisons ils évitaient l'extrême simplicité de l'art grec, qui n'eût pu se faire agréer des Romains ; ils introduisaient dans leur œuvre une agréable variété, donnaient plus de mouvement à l'action, plus d'imprévu aux situations, et produisaient en somme une tragédie originale. Au point de vue de l'art, il ne se peut rien imaginer de plus grossier qu'un tel procédé ; mais la première condition imposée au poëte dramatique, c'est de plaire au public. Un calque fidèle de la tragédie grecque eût été inintelligible et inacceptable à des Romains du septième siècle. Plaute arrangeait pour eux Ménandre, Philémon et Diphile : le scrupuleux Térence lui-même réunissait en une deux comédies grecques. Il fallait avant tout intéresser et retenir un spectateur toujours disposé à quitter le théâtre pour les tréteaux des baladins et les combats de bêtes ou d'hommes.

Pacuvius et Attius suivirent tout naturellement la loi de leur caractère dans l'assemblage des parties hétérogènes qui composaient leurs tragédies. Le docte Pacuvius imita de préférence Euripide. Il y a dans Euripide quelque pédanterie ; on voit qu'il a connu et admiré les princes de la sophistique, alors dans tout l'éclat de leur gloire. Il vit au sein de la plus orageuse des démocraties, parmi des hommes qu'il faut persuader et charmer pour les conduire. De là ces longs plaidoyers et ces discussions subtiles qui refroidissent l'action, mais ravissaient les Grecs qui y retrouvaient l'écho des belles luttes oratoires de l'Agora. Disciple d'Anaxagore, et aussi de Socrate, il est le premier interprète d'une philosophie nouvelle, moins ambitieuse, mais plus humaine, et plus morale. Voilà ce qui séduisit surtout Pacuvius, et ce qu'il essaya de reproduire. On lit parmi les fragments de ses pièces deux passages, l'un sur le perpétuel mouvement des choses ; l'autre sur la fortune, cette aveugle dispensatrice des biens et des maux, qui sont évidemment empruntés à Euripide. Attius, moins philosophe, moins savant, ou moins désireux de le paraître, âme plus haute, caractère plus énergique, imita surtout Eschyle. Mais l'extrême simplicité des tragédies d'Eschyle, si dénuées d'incidents, de péripéties, d'imprévu, ne pouvait satisfaire un public romain. Attius combina donc dans son œuvre l'inspiration forte et mâle du vieux poëte, sa couleur pour ainsi dire avec le mouvement plus rapide de ses successeurs. Il est même fort probable, ainsi que l'a supposé ingénieusement M. Boissier, qu'Attius réunissait parfois dans une seule tragédie tous les événements relatifs à quelqu'une de ces antiques familles légendaires, comme les Pélopides, les Labdacides. Ainsi de la trilogie d'Eschyle *Agamemnon*, les *Choéphores*, les *Euménides*, il faisait une seule tragédie. Il s'efforçait d'ailleurs de mettre le plus souvent possible sous les yeux du spectateur les événements que le poëte grec se bornait à exposer dans un récit : ainsi, dans Sophocle, le gardien du cadavre de Polynice vient raconter la pieuse désobéissance d'Antigone qui pendant la nuit est venue recouvrir d'un peu de terre le corps de son frère : Attius montrait Antigone surprise par le gardien. Il fallait de ces scènes vives et saisissantes pour des spectateurs déjà blasés sur ces histoires tragiques, et avides d'émotions nouvelles. Pacuvius lui-même, beaucoup plus froid, avait cependant représenté devant Thoas lui-même le généreux combat entre Oreste et Pylade qui s'écrient tous deux : Je suis Oreste ! tandis qu'Euripide s'était borné à une longue discussion entre les deux amis. C'est par ces qualités, à savoir, une remarquable énergie d'expressions, une fierté soutenue dans les caractères, et un mouvement plus rapide de l'action qu'Attius, le dernier venu des poëtes tragiques romains, fut le plus admiré.

Le chœur, cette partie si importante de la tragédie grecque, et qui fut dans le principe toute la tragédie, tenait fort peu de place dans la tragédie latine. Les Romains n'ont pas le génie lyrique; Cicéron, qui n'aurait pas trouvé le temps de lire les poëtes lyriques grecs, quand même le nombre de ses années eût été doublé, n'eût point admiré Attius, si celui-ci eût donné une importance considérable à cette superfluité, le chœur. Il n'y avait pas de place réservée pour le chœur sur la scène romaine : l'orchestre était occupé par les siéges des sénateurs. Les poëtes en usaient fort librement avec cette partie de l'œuvre de leurs modèles. Ennius, dans son *Iphigénie*, remplace un chœur de jeunes filles par un chœur de soldats, maugréant sur les ennuis du service militaire. Ce qui tenait lieu de chœur aux Romains, c'était ce qu'ils appelaient *cantica*. Les *cantica* étaient des monologues d'un mètre plus rapide, que déclamaient, avec l'accompagnement de la flûte, les personnages principaux du drame. Étroitement unis à l'action, avantage que n'avait pas le chœur, ils résumaient sous une forme plus vive les traits de la situation présente et préparaient l'avenir. C'était un mélange de poésie et d'éloquence, et c'est par là qu'il réussissait auprès des Romains. L'éloquence faisait passer la poésie. C. Gracchus avait lui aussi un joueur de flûte placé derrière lui aux rostres. Le passage de l'*Eurysacès* d'Attius, que le comédien Esopus sut appliquer si heureusement à l'exil de Cicéron, était un *canticum* : c'est une éloquente péroraison. Attius était un orateur énergique. Aussi l'on s'étonnait qu'il ne fût que poëte, lui qui semblait si bien fait pour les luttes de la parole (1).

La tragédie latine était donc, selon toute vraisemblance, une œuvre oratoire ; et c'est ce qui explique l'enthousiasme de Cicéron pour Pacuvius et Attius. Éloquence, philosophie, peinture de l'énergie morale : voilà à peu près tout ce que les Romains demandaient au théâtre. Les modèles grecs leur offraient tout cela, non dans un seul auteur, mais, je l'ai déjà dit, ils mettaient sans scrupule à contribution Eschyle, Sophocle et Euripide à la fois pour composer une seule tragédie. L'influence d'Euripide fut certainement la plus considérable ; et c'est par là que la tragédie latine compta de si ardents admirateurs au septième siècle. Quelque opinion que l'on ait du drame d'Euripide, on ne peut méconnaître qu'il fut, pour toute l'antiquité grecque et latine, le modèle par excellence, le grand initiateur. C'est un incrédule et

(1) Quintil., V, 13.

un moraliste : voilà ce qui explique les fausses couleurs dont son œuvre abonde ; il a rompu avec la vieille tradition héroïque et religieuse, et il a entrevu l'esprit nouveau qui va bientôt animer le monde hellénique. Il est placé entre ce qui n'est plus et ce qui sera ; forcé d'emprunter au passé la matière de ses poëmes, il en altère profondément le sens et la portée, et revendique pour la raison une part considérable dans des œuvres de pure imagination et de naïve poésie. Le premier de tous les poëtes antiques, il substitue le libre arbitre humain à la fantaisie du destin ou des dieux ; ce n'est pas Vénus qui cause les égarements de l'amour, c'est l'abandon volontaire de l'âme à sa passion. Vénus est jetée au-devant de la tragédie dans le prologue, hommage dérisoire à la croyance populaire, mais le drame se développe dans le cœur humain lui-même. Ces railleries contre des dieux cruels, injustes, impudiques, cette hardie protestation au nom du bon sens et de la morale, ces analyses subtiles, et ces dissertations ingénieuses et déplacées ; ce mélange de pathétique brûlant et de raisonnements oratoires ; et par-dessus tout cette glorification de la liberté humaine qui s'affirme, même quand elle abdique devant la passion : voilà ce qui frappa le plus les Romains dans le théâtre grec ; voilà ce qui fit leur éducation philosophique ; voilà ce que les poëtes latins s'appliquèrent de préférence à reproduire. C'est par là que la tragédie latine, si faible qu'elle ait été au point de vue poétique, mérite cependant d'attirer l'attention. Elle est un fait social important. Térence d'un côté, Pacuvius et Attius de l'autre, ce n'est pas autre chose que Ménandre et Euripide, les deux grands novateurs, qui reçoivent le droit de cité à Rome.

Il est facile après cela de comprendre l'espèce d'indifférence qui accueillit les rares essais de tragédies nationales (*fabula prœtexta* ou *prœtextata*) (1). En supposant que le public romain pût s'intéresser à un drame dont le sujet était connu et fixé par l'histoire, et où le merveilleux ne pouvait naturellement qu'être froid et déplacé, comment le poëte eût-il pu introduire dans une œuvre de ce genre les opinions, le langage, l'esprit de la tragédie euripidéenne ? y eut-il jamais dans aucune famille romaine rien qui ressemble à l'horrible légende des Atrides, des Labdacides, des Alcmæonides? Si le drame est un combat, soit entre des individus, soit entre des intérêts et des passions, s'il est la peinture des incertitudes, des défaillances, des élans subits, des emportements, où trouver matière à tout cela dans l'histoire de Rome ? Le poëte osera-t-il introduire dans son œuvre ces éléments qui lui sont étrangers ? La gravité romaine, l'orgueil romain, ne sauraient s'accommoder de cette métamorphose. On veut bien devoir à la Grèce un divertissement ; mais on ne veut pas affubler de costumes grecs des personnages romains. L'histoire de Rome n'offrait qu'un seul sujet qui pût se passer à la rigueur de ces couleurs étrangères, sujet héroïque entre tous et que de bonne heure la légende avait embelli et poétisé, le drame de l'expulsion des Tarquins ; Lucrèce, Brutus, les deux Tarquins, tout ce que la vie privée avait de plus pur, indignement souillé par un tyran, tout ce que la vie publique avait de plus grand, l'amour de la liberté, l'horreur du crime et de la royauté : il était impossible que de tels souvenirs présentés sur la scène aux yeux des

---

(1) Consulter sur la tragédie et la comédie nationales l'ouvrage de Neukirch, *De Fabula togata Romanorum*.

républicains du septième siècle, ne fissent pas éclater un véritable enthousiasme populaire. Aussi c'est la seule des tragédies nationales (il n'y en eut jamais que six en tout) qui ait eu un véritable succès. Attius en est l'auteur, elle a pour titre *Brutus*. Quant au *Romulus* de Nævius, au *Paulus* de Pacuvius, on ne sait absolument ce que c'était. Le dévouement de Décius inspira à Attius une autre tragédie : *Æneadæ sive Decius*. Quelle pouvait être l'action d'un drame de ce genre? Des prodiges annonçaient le courroux des dieux : voilà du moins un effort pour donner place à la religion nationale dans une œuvre toute nationale, puis le récit de la bataille, le dévouement de Décius, et probablement ses funérailles. La tragédie de *Brutus* renfermait un songe. Tarquin se voyait pendant son sommeil jeté à terre par un bélier. Les devins consultés voyaient dans ce bélier le stupide Brutus. Quelle place tenait dans le drame l'épisode de Lucrèce, on ne sait. Peut être Tite-Live, en refaisant en orateur l'antique légende, s'est-il inspiré d'Attius.

§ III.

COMÉDIE NATIONALE.

Les essais de comédie nationale furent plus nombreux et plus heureux. S'il était difficile aux Romains de trouver dans leur histoire ou dans leur imagination des sujets de tragédies et les ressorts d'une action tragique, le génie comique ne leur manquait pas : les antiques satires, les vers fescennins et saturnins, les chants de triomphe en sont la preuve. Rien de plus franc que ce comique sorti du sol même de l'Italie. Un peuple plus artiste eût fait jaillir de ces dispositions naturelles toute une moisson de chefs-d'œuvre nationaux; mais l'intelligence et l'amour des beautés de la forme manquèrent toujours aux Romains. Ils purent dessiner à grands traits de vives et piquantes ébauches; ils ne surent point composer un tableau achevé dans toutes ses parties. Il importe cependant de signaler l'existence et la popularité de la comédie nationale qui ne céda point la place, comme on se l'imagine à tort, à la comédie grecque de Plaute et de Térence. Les noms d'Afranius, d'Atta, de Dossenus, de Nævius et de Pomponius étaient et restèrent fort célèbres; mais leurs œuvres ne nous sont pas plus connues que celles de Pacuvius et d'Attius. Essayons de retrouver, d'après les fragments et les indications des auteurs, la physionomie véritable de la comédie nationale.

Elle offre d'abord une certaine variété. Si l'on s'en rapporte aux grammairiens, gens volontiers enclins aux divisions et aux classifications, la comédie nationale (*fabula togata*) comprenait la comédie *trabeata*, la comédie *tabernaria*, la comédie *atellana*, la comédie *planipedia* ou *planipedaria*. Ajoutons-y, si l'on veut, la tragi-comédie, appelée *rhintonica*, bien que le sujet en fût emprunté à la Grèce (1), et la comédie *satyrica*, qui a le même caractère. Dans la *trabeata* les personnages principaux appartenaient à l'ordre équestre : la trabée était le costume ordinaire de cet ordre ; c'étaient des comédies nobles. La *tabernaria*, de *taberna*, taverne, cabaret, représentait des personnages et des mœurs de basse condition. Les plus célèbres de ces comédies furent celles

---

(1) Consulter sur ces divisions Neukirch, et Revens, *Collectanea Litteraria*, cap. IV.

que l'on nomme *fables Atellanes*. Voici quelle en fut l'origine.

Dès que Livius Andronicus et Nævius eurent introduit à Rome la tragédie et la comédie grecques, il se produisit une protestation de l'esprit italique contre cette importation étrangère. La jeunesse romaine, pleine de mépris pour les pièces helléniques et pour les acteurs de condition servile qui les représentaient, opposa tréteaux à tréteaux. Elle emprunta aux Osques, peuple célèbre par son langage rude, ses mœurs grossières et sa bouffonnerie, un divertissement scénique analogue à l'antique satire. Les Osques en étaient les inventeurs, ils en furent bientôt les victimes. Ce furent en effet des personnages osques qui d'abord figurèrent seuls dans les fables Atellanes (d'Atella, capitale des Osques), véritables farces satiriques qui furent reçues avec le plus vif applaudissement et ne disparurent jamais du théâtre (1). Ces personnages devinrent de bonne heure des types, c'est-à-dire des portraits d'une vérité générale, qui pouvaient recevoir les modifications les plus diverses, sans perdre leur caractère originel. C'est la plus remarquable création du génie comique et bouffon de l'Italie; aussi est-ce la seule qui ait survécu à la littérature romaine. On la retrouve encore aujourd'hui en Italie sous le nom de *comedia dell'arte*. Ses personnages fondamentaux étaient *Maccus*, bossu, chauve, grand nez recourbé, oreilles hautes et pointues, démarche vacillante, chutes fréquentes. Maccus est gourmand, poltron, sot. C'est l'*Arlechino* des Italiens modernes. Maccus est tantôt soldat, laboureur, marchand, et dans tous ces états il reste fidèle au ca-

(1) Voir la monographie des Atellanes, par Munck, *de Fabulis Atellanis*.

ractère primitif. Il avait une grande analogie avec les faunes et les satyres, dieux italiques. Après lui venait *Bucco* (grosses joues), type du parasite vorace, flatteur, affectant la niaiserie. C'est à la fois *Brighella* et *Polichinelle*. *Pappus*, bonhomme avare, ambitieux, superstitieux, créé pour être dupe. C'est lui qui est le père des *Cassandre*, des *Bartholo*, des *Pantalon*. Il est célèbre surtout par ses infortunes conjugales. La vieille farce Atellane en faisait aussi un candidat aux honneurs publics d'Albe. *Dossenus* ou *Dorsenus*, ainsi nommé à cause de l'excessive proéminence d'une de ses épaules, charlatan fourbe, prédit l'avenir, dupe les paysans, leur donne au besoin des consultations de droit et de médecine. C'est le *docteur de Bologne* et notre *Pathelin*; *Bridoison* en a conservé quelques traits. Ces personnages étaient les acteurs obligés de toute Atellane. Les comédiens imaginaient un scenario quelconque, les situations et les événements qu'il leur plaisait : dans ce cadre de convention, mobile et accidentel, se retrouvaient toujours ces quatre types de la sottise humaine. D'autres personnages se mêlaient à l'action ; ceux-là avaient une origine et un caractère religieux : c'étaient des êtres surnaturels tirés de la grossière mythologie des pâtres et des laboureurs du Latium, *Manducus*, rictus ouvert démesurément, dents horribles et claquantes, espèce d'ogre et de croquemitaine dont on effrayait les petits enfants. *Lamia*, *Mania*, fées ogresses, avaient le même caractère. Horace parle d'enfants qu'on leur retirait du ventre. Quant à la composition des pièces, elle était abandonnée à l'imagination des acteurs. Ils la divisaient entre eux par scènes, et ces scènes, ils les remplissaient au caprice de l'improvisation et de la verve.

Quel était le caractère général des Atellanes? Nous avons vu qu'elles étaient une sorte de protestation de l'esprit national contre le théâtre grec importé à Rome. Les acteurs des Atellanes étaient de jeunes Romains, de condition libre. Le divertissement populaire qu'ils avaient imaginé suivait immédiatement la représentation de la pièce imitée du grec : de là le mot d'*exodium* pour le désigner. Les acteurs portaient des masques, et ces masques représentaient souvent les traits de personnages vivants tournés en ridicule sur la scène. On laissait à ces acteurs de farces populaires la plus grande liberté ; eux-mêmes étaient fort jaloux de leurs priviléges, et n'eussent jamais permis à un histrion de profession de jouer en leur compagnie, *polluere fabulas*, dit Tite-Live. La loi qui déclarait les comédiens infâmes ne les atteignait pas : ils gardaient leur rang dans la curie et à l'armée : de plus ils n'étaient pas forcés d'ôter leurs masques sur la scène. Sous les empereurs, les farces Atellanes furent le refuge de la liberté bannie de tous lieux ; et plus d'une allusion sanglante partie de ces tréteaux populaires vint frapper les Césars au milieu des rires de tout le peuple.

Pendant près de deux cents ans (de 450 à 650), les fables Atellanes ne furent pas autre chose que des farces improvisées avec des personnages et des caractères fixes (*statæ personæ*) : elles étaient alors l'amusement de la populace ; les élégants épris de la grâce attique les méprisaient fort. Au septième siècle seulement, elles subirent une transformation devenue nécessaire. Deux écrivains fort estimés des contemporains et de l'antiquité, Novius et Pomponius, donnèrent une forme plus régulière à l'Atellane, agrandirent le cadre du scenario primitif, ajoutèrent aux personnages convenus d'autres personnages, et écrivirent leurs comédies. L'Atellane devint un genre littéraire. On s'accorde généralement à regarder *Pomponius* comme l'auteur de cette innovation. On ne sait que fort peu de chose sur ce personnage : il florissait vers l'an 650, et il sut se faire applaudir. Si l'on en juge d'après les titres de ses pièces, il présentait aux spectateurs les personnages de l'Atellane primitive dans les conditions les plus diverses, en leur conservant leur caractère traditionnel. C'est ainsi que chez nous on voyait Pierrot tour à tour soldat, épicier, ministre, etc. Pomponius montrait Bucco adopté (Bucco *adoptatus*), Bucco vendu (Bucco *auctoratus*), Maccus, soldat, chevalier, jeune fille. On imagine les obscénités d'une telle transformation. Pomponius n'avait pas non plus sacrifié le merveilleux de l'antique Atellane : une de ses pièces porte le titre de *Pytho gorgonius*, sorte de croquemitaine originaire du Latium. Enfin un grand nombre de comédies représentaient au vif les mœurs, les habitudes, les ridicules des provinces, de certaines industries et de certanis métiers. On ne peut trop en regretter la perte. Ce que nous possédons de Novius offre les mêmes caractères. Il était contemporain de Pomponius. Il représentait dans ses Atellanes Maccus en exil, Maccus cabaretier, l'ogresse Mania, exerçant la médecine. Sylla, qui aimait beaucoup les farces Atellanes, en écrivit, dit-on, quelques-unes.

Le Mime fit mépriser l'Atellane vers la fin de la république. La comédie nationale disparut du théâtre pendant près d'un siècle ; elle revint à la lumière sous

Afranius est un des poëtes les plus célèbres de cette période. Les critiques postérieurs le mettent sur la même ligne que Plaute et Térence ; il paraît même, si l'on en croit Horace, que des enthousiastes voyaient en lui un Ménandre. Tous sont d'accord sur un point, le seul important pour nous, c'est que Afranius fut un poëte comique national (*togatarum auctor*); quelques-uns même lui attribuent une Atellane. Il n'emprunte donc pas le sujet de ses pièces à la Grèce. Le titre de *Thaïs* que porte une de ses comédies ne prouve rien, sinon qu'il y avait à Rome plus d'une courtisane de ce nom très-vulgaire dans l'antiquité. De plus les comédies d'Afranius n'étaient ni des *prætextatæ*, ni des *trabeatæ*, mais des *tabernariæ*, c'est-à-dire que le poëte s'était appliqué à peindre les mœurs des gens de basse condition, et il semble y avoir excellé. Cicéron le qualifie de *disertus*, faible éloge à nos yeux pour un poëte comique, mais le plus grand sans doute aux yeux de Cicéron. Velleius Paterculus déclare que Afranius soutient fort bien la comparaison avec les Grecs. Est-ce ironiquement que Horace le rapproche de Ménandre ? Il ajoute cependant que le public romain se presse au théâtre pour applaudir ces vieux poëtes. Afranius était encore fort goûté du temps de Néron : Apulée le cite avec éloge. Ausone l'appelle *facundus*. On ne peut donc en douter, cet auteur de comédies populaires fut estimé de l'antiquité tout entière. Mais nous devons ajouter que la plupart des critiques lui reprochent l'extrême liberté de ses peintures. Ce ne fut pas son seul emprunt à la Grèce. Des détracteurs lui reprochaient d'avoir imité trop souvent Ménandre. Il en convient tout le premier. « Oui, j'ai emprunté à Ménandre plus d'un passage; et « non à lui seulement. J'ai pris partout ce qui me conve- « nait, quand je n'espérais pas pouvoir faire mieux. J'ai « même emprunté aux Latins. » Il serait au moins téméraire de supposer avec certaines critiques que les pièces d'Afranius, bien que latines par les sujets et les personnages, étaient toutes grecques. Pourquoi le poëte se serait-il imposé la peine de trouver des sujets nationaux pour les affubler à la grecque?

Il reste les titres de plus de quarante pièces d'Afranius.

Il était contemporain de Pomponius et d'Attius. Avant lui, Titinius s'était exercé dans le même genre, ainsi que Quinctius Atta, dont Horace fait mention. Le pédant Vulcatius Sédigitus ne parle pas de ces poëtes, parce qu'ils n'ont pas emprunté aux Grecs les sujets de leurs pièces : il ne cataloguait que les auteurs de comédies *palliatæ*. Il était utile de rappeler que dans ce siècle, où la civilisation hellénique transformait les mœurs et les idées romaines, l'esprit national se maintint encore au théâtre.

CHAPITRE III

VARRON. — LUCRÈCE. — CATULLE.

§ I.

VARRON (1).

Si l'on jugeait Varron d'après les témoignages de l'antiquité et du moyen âge, il faudrait lui donner dans l'histoire des lettres latines une place aussi grande, plus grande même que celle de Cicéron. Lactance le déclare supérieur aux Grecs en science, saint Augustin le loue avec effusion, Pétrarque le place entre Cicéron et Virgile, et salue en lui « la troisième grande lumière de Rome ». Cet enthousiasme s'explique tout naturellement. Varron représentait à lui seul toute l'érudition romaine : ses écrits, dont le nombre nous semble prodigieux, étaient le vaste arsenal où chacun, suivant son goût, pouvait aller puiser les faits qu'il était désireux de connaître. De tels hommes sont précieux aux époques où la barbarie commence et aux époques où elle va cesser. Ce dont on est affamé alors, ce n'est pas de beau langage, ni de pure fleur de poésie, mais de connaissances exactes et variées. Varron savait tout et avait écrit sur tout. On disait plus

---

(1) Je renvoie à la savante et intéressante monographie de Varron, par M. Boissier.

tard de Longin qu'il était une bibliothèque vivante et un musée ambulant : on l'eût dit de Varron avec bien plus de raison. Et Varron avait sur Longin cet avantage qu'il n'avait pas gardé pour lui sa science. La bibliothèque qu'il portait dans son cerveau, il l'avait publiée, mise en circulation dans une foule d'ouvrages ; enfin il avait essayé jusqu'à un certain point de sacrifier aux grâces et de rendre agréable l'érudition.

C'est un Romain de vieille souche. Il y a en lui quelque chose de Caton le Censeur. Il est Sabin d'origine, né à Réate, au cœur même de ce rude pays où s'était concentrée l'énergie patiente de la vieille Italie. Il est né dix ans avant Cicéron, auquel il survécut de dix-sept ans (638-727); corps de fer, âme vaillante, à quatre-vingt-dix ans il écrit encore. Il traverse les crises les plus orageuses sans défaillir un seul instant : il voit passer tour à tour Sylla, Pompée, César, Antoine, Octave, et meurt sous Auguste, entouré de ses livres et de quelques amis épargnés comme lui par la guerre civile.

D'abord lieutenant de Pompée, pour lequel il compose des manuels sur la marine et le consulat, il fait avec son chef la guerre aux pirates, et obtient l'insigne honneur d'une couronne rostrale. Républicain sincère et sans faiblesse, il se sépare de Pompée le jour où celui-ci entre dans le premier triumvirat, et décoche contre les Triumvirs son pamphlet intitulé : *Le Monstre à trois têtes* (Τρικάρανος). Mais il reconnaît bientôt que ce serait folie et peine perdue de lutter contre la force des choses ; il ne songe plus qu'à sauver son honneur et sa vie. Envoyé en Espagne par Pompée, il ne peut lutter contre César. Celui-ci par sa douceur politique a gagné les cœurs de tous. Varron, vieux Romain fidèle aux traditions de mépris et de dureté envers les provinces, se trouve tout à coup abandonné et forcé de faire sa soumission à César. Il n'assiste pas à la bataille de Pharsale : Pompée l'avait mal reçu à son retour d'Espagne. Sous la dictature de César, il se tient à l'écart : mais le dictateur, ce fin connaisseur d'hommes, rallie Varron en le priant de fonder d'immenses bibliothèques publiques. Auguste lui continuera le même emploi. C'était l'enlever à l'opposition sans lui faire sentir le joug. Après la mort de César, à laquelle il semble avoir été tout à fait étranger, Antoine le met sur la liste des proscrits, s'empare de sa maison, la souille de ses orgies et la met au pillage. Mais Varron échappe. On se disputa, dit Appien, le droit de le sauver. Ce fut le dernier orage. Auguste respecta le vieillard inoffensif, et Varron put mourir en écrivant. « L'homme n'est qu'une bulle d'air, disait-il, dans ses derniers jours, et encore plus le vieillard ; aussi faut-il que je me presse, et songe à plier bagage avant de quitter la vie. »

Varron disait dix ans avant de mourir : « J'ai écrit quatre cent quatre-vingt-dix livres, » et il continua d'écrire jusqu'à sa dernière heure. Il portait dans l'érudition cette opiniâtre ténacité des hommes de sa race tour à tour laboureurs défrichant les cailloux sur les coteaux de la Sabine, soldats battus, taillés en pièces par Annibal, et ne perdant jamais cœur, puis pillards grandioses, épuisant dans des jeux et des orgies inouïes le loisir, l'or et les forces dont ils ne savaient que faire. Varron, lui, fut un engloutisseur de livres (*helluo librorum*). Tout lui était bon : antiquités humaines et divines, grammaire, poésie, théâtre, éloquence, histoire, jurisprudence, astronomie, économie rurale, satires, philosophie : il avait tant lu et si fidèlement retenu qu'il était en état de dicter sur un sujet quelconque un traité complet. Presque tout cela a péri pour nous ; nous ne possédons pas même tous les titres de ses ouvrages. Des fragments de satires, de philosophie, de grammaire, d'histoire ou plutôt d'archéologie, et d'économie rurale : voilà tout ce que le temps a épargné, pas un seul traité complet. Les deux qui ont le moins souffert du temps sont le *de Lingua latina* et le *de Re rustica*.

Le plus original de ces ouvrages était évidemment les Satires, intitulées *Ménippées*. Varron les écrivit dans la première partie de sa vie, avant d'avoir perdu dans les fouilles de l'érudition le nerf et l'élan de la pensée. Avait-il réellement l'intention que lui prête Cicéron (*Académiques*, I, 3) de faire accepter aux Romains les enseignements de la philosophie en les revêtant d'une forme piquante et chère au génie national ? Cela est douteux. Varron n'était pas étranger à la philosophie ; mais, en sa qualité de Romain de vieille souche, il avait un sincère mépris pour les professeurs de subtilités si à la mode et si recherchés de son temps. Il y a en lui, comme je l'ai dit, beaucoup du vieux Caton. Il emprunta aux Grecs ce personnage de Ménippe, parce que c'était de tous les vieux cyniques, dit Lucien, celui qui aboyait le plus et mordait le mieux, surtout ses confrères en philosophie. Quant à la forme qu'il donna à son œuvre, elle rappelle la satire nationale antique, qui était un véritable pot-pourri. Ennius avait mêlé tous les mètres, Varron mêla la prose et les vers. Il connaissait à fond et aimait de tout cœur les antiquités nationales, comme il était le partisan des anciennes mœurs et le défenseur de la vieille liberté. Il emprunte aux temps les plus reculés quelques-ns de ses titres : c'est *Tanaquil, Serranus*, les *Abori-*

gènes : il met en scène le fameux Pappus, ce héros de l'Atellane : souvent même des dictons populaires lui servent de titres : *Sardines à vendre. Ne mêlez pas les parfums aux fèves. La marmite a trouvé son couvercle,* ou *du mariage.* Grâce au théâtre, le public romain était familiarisé avec les noms et la personne des héros des légendes grecques ; Varron les mettait en tête de ses Satires : il annonçait un *OEdipothyeste,* un *faux Énée,* un *Ulysse et demi,* les *Colonnes d'Hercule ;* puis c'était tout un monde habillé à la cynique, l'orateur, le chevalier, et une foule d'autres. Tous les personnages lui sont bons, tous les cadres lui agréent. Il envoie un Romain de son temps, homme de luxe et de plaisir, chez les barbares qui lui enseignent la frugalité et la tempérance. Et, par contre, il ramène à la vie un Romain contemporain des Gracques, et qui ne reconnaît plus sa Rome d'autrefois. Il se bâtit à lui-même une autre cité que celle qu'il a sous les yeux et l'appelle *Marcopolis.* Là, il ne rencontre plus les prêtres eunuques de Cybèle, se livrant aux transports orgiastiques de leurs danses sauvages, ni les astrologues chaldéens, ni les thaumaturges d'Égypte, ni les marchands de philosophie ayant chacun leur recette et leurs solutions. « Jamais, disait-il, un malade n'a fait de rêve si absurde qu'un philosophe n'en ait fait son système. » Puis, à travers ces caricatures de la vie romaine de son temps, un accent sérieux d'honnête homme, et aussi des réflexions pédantes d'érudit. Il aime le dilemme, et il en abuse. Voit-il un homme déchirer ses habits en signe de deuil, il lui dit avec beaucoup de sens : « Si tu as besoin de tes habits, pourquoi les déchires-tu ? Si tu n'en as pas besoin, pourquoi les dortes tu ? » Sur le mariage : « Il faut ou détruire ou supporter les défauts de sa femme : celui qui les détruit rend sa femme plus agréable ; celui qui les supporte se rend meilleur lui-même. »

Sous le titre général de *Logistorici*, Varron avait composé jusqu'à *soixante-dix* ouvrages différents sur des matières philosophiques. Il traitait d'après les Grecs et au point de vue romain toutes les questions imaginables, passant d'un livre sur la *fortune* à un livre sur la *santé*, sur les *nombres*, sur la *folie*, sur le *culte des dieux*, sur la *paix*, sur l'origine du *théâtre*. Comme il avait imité Ménippe dans la satire, il imitait Héraclide d'Héraclée (vers 450) dans les *Logistorici*. Le philosophe grec avait adopté la forme du dialogue, mais en même temps il avait revêtu des ornements de la mythologie les enseignements de la sagesse (μυθιστορικαὶ βίϐλοι) ; c'était un attrait de plus pour ce public grec si amoureux de belles fables et de subtiles recherches. Varron, plus sévère, avait remplacé les héros mythologiques des dialogues d'Héraclide par des personnages empruntés à l'histoire même de Rome. Ainsi le traité sur l'éducation des enfants avait pour titre : *Cato, de liberis educandis*. C'était évidemment la glorification des anciennes mœurs opposée à la corruption de son temps : d'autres portaient les noms de personnages plus récents, comme *Marius*, *Messala*, *Tubéron*, *Atticus*, *Métellus Pius Scaurus*, *Sisenna*, *Calenus*, etc. Les traités de Cicéron sur la *Vieillesse* et l'*Amitié*, qui portent les noms de *Caton* et de *Lelius*, sont probablement imités de Varron. Les Romains considéraient comme ouvrages philosophiques ces dissertations plus ou moins savantes, plus ou moins ingénieuses sur de petites questions qui seraient pour nous sans intérêt. J'en excepte, bien entendu, le traité sur l'éducation des enfants. Les fragments conservés de cet ouvrage nous autorisent à en regretter la perte.

Quant à la philosophie proprement dite, Varron n'avait eu garde de la négliger. Il y avait consacré au moins deux ouvrages spéciaux (*de Formâ philosophiæ — de Philosophiâ*). A quelle doctrine s'était-il attaché ? Cicéron nous dit qu'il tenait pour l'ancienne Académie, représentée par Antiochus d'Ascalon. Rien n'empêche de l'admettre : mais n'oublions pas que tous les Romains de ce temps, sauf peut-être Caton, étaient plus ou moins académiciens, c'est-à-dire sceptiques et éclectiques à la fois. Ils prenaient dans tous les systèmes ce qui leur convenait, et ne se piquaient guère de concilier ces éléments hétérogènes. Varron, plus érudit que ses contemporains, devait pratiquer une synthèse plus large. M. Mommsen, qui n'aime pas les républicains, représente Varron exécutant pendant toute sa vie la danse des œufs entre le portique, le diogénisme (ou cynisme, à cause de ses satires Ménippées) et le pythagorisme. Ce qu'il y a de certain, c'est qu'il recommanda en mourant qu'on l'ensevelît à la façon des Pythagoriciens, dans un cercueil de briques, avec des feuilles de myrte, d'olivier et de peuplier noir. Il fut érudit même par delà la mort ! Quant à la valeur du traité *sur la Philosophie*, elle se réduit à peu de chose : c'était un inventaire de toutes les opinions des anciens philosophes sur le souverain bien. Les Romains bornaient volontiers tout le travail de la raison humaine à cette recherche. Varron avait trouvé et rappelé jusqu'à deux cent quatre-vingt-huit solutions différentes données au grand problème !

Je ne parle point des *sentences* qui portent le nom de Varron : c'est une compilation apocryphe où tous les auteurs, tous les temps, toutes les idées, tous les styles, sont confondus.

Le grammairien en lui est beaucoup plus original. C'était une science qui avant lui n'existait pas. Son maître Élius Stilon était plutôt un commentateur des anciens poëtes et des premiers monuments de la langue (le chant des Saliens, par exemple) qu'un grammairien proprement dit. Varron étudia la grammaire dans les auteurs grecs, notamment dans les philosophes stoïciens, passés maîtres en ce genre. Selon toute probabilité, il avait uni à l'étude abstraite des lois du langage les recherches particulières les plus minutieuses sur la langue nationale. Les titres conservés de ses ouvrages ne laissent aucun doute à ce sujet. Les lettres, l'orthographe, la synonymie des termes, l'origine de la langue latine, étaient par lui étudiées à part dans des ouvrages spéciaux. Un grand traité en vingt-cinq livres, le *de Lingua latina*, résumait toutes ces observations de détail. L'auteur, après avoir envisagé les mots dans leur origine même, les étudiait dans leurs flexions, ou, comme il disait, dans leurs *déclinaisons* ; puis dans leur réunion qui constitue la phrase. Les divers éléments qui la composent étaient distingués et examinés avec soin. L'étymologie tenait une grande place dans cette étude : c'était la passion des Romains d'alors : ils y déployaient beaucoup plus de subtilité et d'esprit que de véritable science. Après l'étymologie, venait l'analogie, sujet traité aussi par César ; et enfin douze livres étaient consacrés aux lois de la syntaxe. C'était donc un ouvrage d'une grande étendue, et de plus remarquable par la disposition de ses parties. Ce que le temps nous a conservé est malheureusement d'un intérêt médiocre. Il faut bien le reconnaître d'ailleurs, auprès des grands travaux modernes de philologie comparée, de cette filiation universelle de tous les idiomes qui tous les jours devient de plus en plus évidente et ouvre à la science des perspectives splendides, les travaux les plus estimables de l'érudition ancienne renfermée en elle-même, étrangère à la connaissance des langues orientales, méritent à peine d'attirer l'attention.

Varron n'est pas un historien, c'est un archéologue. C'est à lui sans aucun doute que nous devons une bonne partie des inepties dont Denys d'Halicarnasse a farci ses Antiquités romaines. Varron a recueilli, conservé, rappelé et même célébré toutes les traditions primitives de Rome. Il sait les moindres détails du siége de Troie, l'autorisation donnée par les Grecs à Énée d'emporter ce qu'il lui plaira de la ville en flammes, l'enlèvement d'Anchise, puis des Pénates. Il accepte les généalogies héroïques que les grandes familles se faisaient fabriquer par des poëtes ou des Grecs affamés ; il croit que les Cluentius descendent de Cloanthe, compagnon d'Énée. Tout ce qui peut rehausser la gloire de Rome et de ses premiers fondateurs, il n'hésite pas à le rappeler : c'est un érudit, qui ne veut pas laisser perdre les découvertes qu'il a faites, même dans le pays des chimères. C'est aussi un patriote, un vieux Romain à qui l'admiration ferme les yeux au lieu de les ouvrir.

Ses travaux sur les antiquités nationales se divisent en deux groupes : l'un comprend les antiquités humaines, l'autre les antiquités divines. Les *Antiquités humaines*, qui avaient quarante et un livres, traitaient successivement des hommes, des lieux, des temps et des choses. Les voyages d'Énée, les premiers rois de Rome, la géographie complète de l'Italie ancienne, faite par un homme qui connaissait et aimait de cœur son pays ; des tentatives ingénieuses pour fixer la chronologie de ces temps reculés, question qui attirait alors l'attention des Romains ; et enfin une étude détaillée des institutions et des usages de la Rome primitive : voilà à peu près quelle était la matière des *Antiquités humaines*. Voici les éloges que Cicéron adresse à Varron au sujet de ce grand ouvrage : « Nous étions comme des voyageurs errants, des étrangers dans notre propre patrie ; c'est toi qui nous as ramenés dans nos demeures : tes livres nous ont fait savoir ce que nous sommes et en quels lieux nous vivons ; tu as fixé l'âge de Rome et la date des événements ; tu nous as enseigné les règles des cérémonies sacrées et des divers sacerdoces, les usages de la paix et ceux de la guerre, la situation des contrées et des villes, enfin toutes les choses divines et humaines, avec leurs noms, leurs caractères, les devoirs qu'elles imposent et les motifs qui leur ont donné naissance (1). »

Les *Antiquités divines* avaient seize livres et étaient composées sur le même plan que les *Antiquités humaines* : les personnes, les lieux, les temps, les choses, et enfin les dieux. C'était l'ouvrage le plus complet qui eût été écrit sur la matière. Non-seulement il fut la source où les poëtes de l'âge suivant allèrent puiser leur enthousiasme de commande pour les dieux nationaux ; mais de plus les Pères de l'Église ne crurent avoir ruiné le polythéisme dans sa base que le jour où ils eurent battu en brèche et renversé ce formidable monument. C'est que Varron ne s'était pas borné cette fois à compiler et à exposer sur les choses de la religion tous les documents et toute la science des

---

(1) Cicer., *Academ.*, I, 3.

époques antérieures. Les *Antiquités divines* étaient une œuvre de foi. Je m'explique : Varron ne croyait pas aux fables débitées par les poëtes sur les dieux, leurs amours, leurs unions ; il ne croyait pas non plus que les statues et les temples qu'on leur élevait fussent l'hommage qui leur était dû : mais il croyait à l'influence salutaire et moralisatrice des institutions religieuses. Émanées de l'État, réglées par l'État, placées pour ainsi dire par lui comme la préface nécessaire à tous les actes de la vie civile et politique, ces institutions ont fait la grandeur de Rome, et tout bon citoyen doit en souhaiter la conservation. Voilà le but de l'auteur. Nous retrouvons donc encore ici en lui un défenseur zélé des anciennes mœurs. Mais était-ce plaider avec succès la cause de l'antique religion que de l'exposer dans le plus minutieux détail ? Varron ne se doutait pas que son livre devait être un jour une arme terrible entre les mains des chrétiens. Sa fameuse division empruntée à Mucius Scévola ruinait dans sa base l'édifice qu'elle croyait soutenir. « Il y a trois théologies, disait-il : l'une *mythique*, c'est celle qu'ont imaginée les poëtes ; elle est propre au théâtre ; la seconde est *naturelle*, c'est celle des philosophes, elle est propre au monde ; la troisième est *civile*, elle est propre à la cité. » Il méprise souverainement la première, pratique la seconde, et veut que la troisième soit conservée scrupuleusement. Elle est en effet une partie et une partie considérable de l'État, un moyen de gouvernement précieux, un frein salutaire. On voit quel parti les adversaires du polythéisme purent tirer d'un tel aveu. Varron représente bien le patriotisme étroit de l'aristocratie romaine, qui ne voulait que pour elle-même la liberté, la science et la vérité; dure pour les étrangers, les vaincus, les alliés, pleine de méfiance envers le peuple, elle l'enfermait au cœur de la cité comme dans une tour inexpugnable. Le jour vint où un homme appela au partage des droits politiques tous ceux qui en étaient exclus, et avec eux renversa la vieille constitution. Il ne resta debout que la religion. Mais pendant qu'Auguste et ses successeurs essayaient de rendre la vie à ce moribond, et prétendaient maintenir chez le peuple des croyances qu'ils tournaient eux-mêmes en ridicule, le christianisme appela à lui tous les hommes grands et petits, et les dieux de l'empire n'eurent plus pour défenseurs que l'aristocratie qui n'y avait jamais cru.

Le traité de Varron sur l'agriculture (*de Re rustica*) porte le même titre que celui de Caton; mais il en diffère complétement par la forme comme par le fond. Caton écrivit un manuel, sans souci d'imaginer et de suivre un plan quelconque, ni même d'enchaîner les uns aux autres les préceptes qu'il donne à son fils : le but de l'ouvrage est d'enseigner à celui-ci à tirer de l'exploitation d'un domaine le plus de revenus possible. Varron, à l'exemple de Xénophon et de Cicéron, employa la forme du dialogue. Il crut par là donner plus d'intérêt à son sujet. Il le divisa en trois livres : le premier traite des travaux des champs en général; de la construction de la ferme, des instruments de labourage, des diverses cultures. Le deuxième est consacré à l'élève du bétail : le troisième à la basse-cour, à la garenne, au vivier. L'archéologue et le partisan des anciennes mœurs se retrouvent encore ici. Varron évoque le souvenir de ces *porchers italiens*, « dont les paroles, dit-il, sentaient l'ail et l'oignon, mais qui étaient gens de cœur. » Comme Caton, il voudrait voir ses contemporains revenir aux rudes travaux et aux mâles vertus des Serranus, des Curius Dentatus, souhait sincère, mais singulièrement naïf. Lui-même n'est-il pas une preuve des modifications considérables survenues dans les idées et les habitudes des Romains? Il est plus savant que Caton, il n'a plus les préjugés ou les niaises superstitions de son devancier. Il ne borne pas la médecine à un recueil de recettes et d'incantations magiques. Enfin il a le cœur plus humain envers l'esclave, que Caton mettait sur la même ligne que le bœuf. La décadence dont se plaint Varron avait donc du bon, puisque, grâce à elle, les esprits s'étaient éclairés, et les mœurs s'étaient adoucies. Mais les Romains de son temps ne s'occupaient plus guère des travaux de la campagne. Ils avaient de belles villas, ornées de statues, de bibliothèques, de portiques même ; ils allaient s'y reposer des fatigues de la vie publique : mais ils abandonnaient au fermier et au colon toute l'agriculture. C'est à cette époque que les grands domaines se convertissent en bois ou en pâturages : la culture des céréales est abandonnée. C'est du dehors que l'Italie tire sa subsistance. Varron raille ces mœurs nouvelles et l'abandon de l'antique tradition : mais jusqu'à quel point était-il sincère ? Que faisait-il lui-même dans son domaine de Tusculum qui fut souillé et pillé par Antoine ? Il y compilait ses traités laborieux : on ne voit point qu'il y travaillât aux champs, nu, avec les esclaves, mangeant et buvant comme eux, ainsi que faisait le vieux Caton. Il y avait une volière et un vivier : le vieux Caton eût banni ces superfluités de citadin oisif. Ces contrastes, je dirai presque ces contradictions, sont un signe du temps. L'originalité de Varron, s'il en a une, c'est d'appartenir malgré lui, pour ainsi dire, à une génération qui a rompu sur tous les points avec les vieilles traditions, et de tenir encore à celles-ci par une sympathie secrète. Il veut les honorer, les glorifier, les pratiquer encore ; et il le fait jusqu'à un certain point ; mais à chaque instant il s'en sépare forcément. Caton lui-même n'avait-il pas dû subir l'influence des idées nouvelles ?

§ II.

LUCRÈCE.

Titus Lucretius Carus.

Ce n'est pas la vie de Lucrèce qui nous aidera à comprendre son œuvre. Nous ne savons au juste ni la date de sa naissance ni celle de sa mort. Suivant une tradition romanesque, il écrivit son poëme dans les intervalles lucides que lui laissait la folie ; et cette folie fut occasionnée par un philtre amoureux que lui donna sa maîtresse. On le représente aussi étudiant la philosophie épicurienne à Athènes, sous Zénon, uniquement sans doute parce que Zénon vivait à cette époque. Laissons là toutes les conjectures plus ou moins ingénieuses, mais qui importent peu. Si l'homme nous échappe, nous avons le poëte; de plus nous avons le temps où il a vécu.

Il est contemporain de tous les grands hommes de la fin de la république : né vers 655, mort vers 699, il a connu Cicéron, Varron, César, Pompée, Salluste, Catulle. Appartenant à une famille distinguée, il a reçu l'instruction riche et variée que recevaient ses contemporains. De bonne heure il connut tous les systèmes philosophiques de la Grèce, représentés alors à Rome par une foule de maîtres illustres ; il fit un choix et s'attacha à l'épicurisme. Son poëme *de la Nature des choses* (*de Rerum natura*) est le fruit de ces études et de cette préférence.

L'ouvrage est dédié à Memmius (C. Memmius Gemellus), descendant d'une famille illustre, un des personnages les plus remuants de cette époque singulièrement orageuse. Il était le neveu de ce fameux C. Memmius, à qui Salluste prête les discours les plus violents contre la faction des nobles. Il semble lui-même avoir été un fougueux adversaire de Lucullus, dont il voulut empêcher le triomphe. Préteur en Bithynie, puis tribun du peuple, il échoua dans la poursuite du consulat, fut accusé de brigue et condamné à l'exil. C'est à Athènes qu'il alla passer les dernières années de sa vie. Il voulut s'y construire une maison sur une partie du terrain où se trouvaient encore les jardins d'Épicure. C'était un orateur distingué, âpre et mordant. Très-versé dans la connaissance de la littérature grecque, il n'avait guère que du dédain pour les écrivains et les ouvrages de son pays. A quel moment de sa vie reçut-il la dédicace du poëme de Lucrèce ? Sans doute avant son exil ; car le poëte, dans une allusion rapide aux troubles de la république, se refuse à croire que l'illustre descendant des Memmius puisse abandonner en de tels périls la cause de la patrie. Il l'abandonna bientôt, ayant succombé dans la lutte ; et peut-être le fit-il sans regrets, car c'était un véritable épicurien, j'entends un épicurien pratique, un homme de plaisirs, peu capable sans doute d'apprécier et de partager l'ardent enthousiasme de son ami.

Le poëme est divisé en six livres ; malgré quelques lacunes dans le premier et dans le sixième, il est fort probable que nous possédons l'œuvre entière de Lucrèce, telle du moins qu'il l'a laissée à sa mort. On ne peut méconnaître l'ordre et l'enchaînement des parties.

Le premier livre est consacré aux atomes, corpuscules invisibles, qui sont le principe de tout ce qui existe, car rien ne peut naître de rien. Il réfute à ce propos les hypothèses méprisables des philosophes qui voient dans les quatres éléments le principe et l'origine des choses. Le monde est infini, les atomes sont innombrables, le vide n'a pas de bornes. Mais comment les atomes ont-ils formé les êtres ? En se combinant dans le vide, en vertu de certaines lois qui président à leur rencontre et résultent de leur forme et de leur nature. Parmi les principales créations des atomes se trouve l'âme, dont Lucrèce démontre la matérialité, et qu'il identifie parfois avec le souffle (*anima-animus*). Elle n'est pas localisée ici ou là ; elle est répandue par tout le corps. Elle doit donc périr avec lui. C'est une loi naturelle ; les insensés seuls peuvent s'en affliger et la redouter. Ici se placent les éloquentes invectives du poëte contre la lâcheté humaine, contre les terreurs d'une autre vie qui est impossible.

Le quatrième livre est consacré à l'explication des opérations des sens ; c'est par les sens que toutes les idées s'acquièrent. De la surface des corps se détachent sans cesse des particules invisibles, des *simulacres*, qui, en frappant les sens, donnent la connaissance des objets dont ils sont comme une émanation. C'est ainsi qu'il explique encore les rêves et les passions, surtout l'amour. L'objet aimé envoie un perpétuel rayonnement dont on est pénétré et comme enchaîné. Servitude cruelle le plus souvent, et qu'il faut briser ! Mais comment le faire ? En combattant le mal par le mal.

Comme Buffon, comme Rousseau (*Discours sur l'origine de l'inégalité parmi les hommes*), Lucrèce veut réduire l'amour à une fonction physique : mais quelle tristesse poignante dans la peinture des désordres qu'il occasionne ! Est-ce le physicien qui parle, ou un cœur blessé qui gémit ? Il expose ensuite ses idées sur la formation du monde, qui a eu un commencement et qui aura une fin. Il détermine la place et les fonctions de la terre, de l'air, de l'éther, du soleil, de la lune, des astres, dans le système général des choses, et essaye de démontrer que les corps célestes n'ont pas un volume supérieur aux proportions que nos yeux leur assignent. C'est la partie la plus faible (avec la négation des antipodes) de la physique épicurienne. L'originalité réelle de ce cinquième livre est l'histoire des productions de la terre, dont la fécondité naissante donne la vie aux plantes, aux fleurs, aux arbres, aux animaux et enfin à l'homme lui-même. Il apparaît, ce roi de la nature, au moment où la terre encore humide, tout enveloppée de chaudes vapeurs, lance à sa surface des myriades d'êtres. Le poëte montre ces premiers-nés de la Mère commune, corps gigantesques, dont la solide charpente est mue par des muscles d'une force merveilleuse : les voilà comme perdus au sein de l'immensité, rencontrant à chaque pas un obstacle ou un ennemi. Ils dévorent les glands des chênes, les fruits de l'arbousier ; quand la nuit les surprend au sein des vastes forêts, ils étendent leurs membres sur le sol et ramènent sur eux les feuilles tombées. Le lion, le tigre, le sanglier, tous les monstres des bois rôdent autour d'eux, les saisissent dans leur sommeil, les emportent criant et se lamentant. Puis ils se rapprochent, ils s'unissent ; la femme donne naissance à l'enfant, la famille est constituée par l'amour d'abord, puis par la pitié. Ces sauvages, ne sachant encore parler, se montrent les uns aux autres leurs petits et conviennent d'épargner les êtres sans défense. Ne poussons pas plus loin cette analyse ; ce que nous avons dit suffit pour faire apprécier la force et la beauté de cette conception. Nous voilà bien loin du joli et fade roman de l'âge d'or, lieu commun des poëtes antérieurs. Lucrèce a retrouvé, on peut le dire, l'histoire des premiers humains, et il l'a décrite avec une vigueur qui fait pâlir les tableaux puérils des Ovide et de tant d'autres. Rousseau lui-même, si âpre et si énergique, languit auprès de cette poésie sombre et profonde.

Le sixième livre est consacré aux météores, sujet fort important, puisqu'il donne au poëte l'occasion d'expliquer les causes des phénomènes célestes, source éternelle d'épouvante pour les hommes. Les nuages, la pluie, la foudre, l'arc-en-ciel, les tremblements de terre, tout est rapporté à des causes naturelles. Le merveilleux, l'intervention et le courroux des dieux sont bannis du monde. La paix rentre dans le cœur des mortels. C'est en expliquant la cause des exhalaisons fétides qu'il est conduit à décrire, d'après Thucydide, la fameuse peste d'Athènes.

Sous quelque aspect que l'on envisage ce poëme, unique dans la littérature romaine, il est impossible de ne pas être frappé d'abord de la passion profonde qui l'inspire et le soutient. Ceci est une œuvre de foi. Les contemporains de Lucrèce étudiaient en amateurs les systèmes de la Grèce, et concluaient pour la plupart à un scepticisme superficiel ou à un éclectisme facile qui n'engageait en rien la conscience. Lucrèce a l'enthousiasme et l'esprit de propagande : comme il possède la vérité, cette lumière de l'intelligence, et avec elle la vraie vertu, cette santé de l'âme, il veut communiquer aux autres ces biens inestimables, les arracher aux erreurs, aux préjugés, aux infirmités morales, pour les associer à la félicité pure qu'assure sa doctrine, et les entraîner à sa suite dans ces temples lumineux et sereins où résident les sages. Vous reconnaissez ici le Romain, homme pratique, même dans les spéculations sur le monde et la nature, comme Cicéron, comme Varron, comme tous les Romains de ce temps. Lucrèce, lui aussi, a retourné en tous sens le problème du souverain bien ; et de toutes les solutions données par les écoles, il a préféré celle d'Épicure. La conviction est en lui : seul sur le rivage, sans crainte de la tempête, il voit le reste des hommes ballottés par les flots, et il leur tend la main et les appelle à lui. Jamais voix plus pressante ne s'éleva dans un moment plus solennel. Sous les dehors brillants de la société d'alors couvaient de grandes misères. De la vieille constitution républicaine, le squelette seul est debout ; le règne de l'aristocratie conservatrice touche à sa fin, Caton et Cicéron le sentent bien ; la domination de César apparaît dans un lointain que les fautes et l'opiniâtreté de ses adversaires rapprochent tous les jours. Les esprits inquiets pressentent l'explosion de la guerre civile. Le souffle de la grande révolution a passé sur les âmes ; Lucrèce entend déjà les sourds grondements qui annoncent la catastrophe. Les uns s'enveloppent fièrement de leur vertu, certains de tomber, mais plus certains encore de tomber noblement ; d'autres calculent et se préparent à tous les événements. Quelques-uns cherchent dans les voluptés l'oubli des préoccupations pénibles. C'est à cette société menacée et malade que s'adresse Lucrèce : il veut la sauver et la guérir en la convertissant à la sagesse. Triste sagesse ! Quelques-uns la partageaient déjà, et, pour se soustraire au grand naufrage, refusaient de monter sur le vaisseau. Si Lucrèce avait persuadé ses contemporains, tous eussent fait ainsi, et la tâche de César eût été plus facile. Mais cette lâche sagesse qui préfère le repos à la liberté, elle ne triompha qu'avec l'empire, quand il n'y eut plus d'espoir dans les choses, ni de ressort dans les hommes. L'épicurisme était le fruit naturel d'une telle époque. En politique abdication, en religion athéisme peu courageux, en morale égoïsme perfectionné : voilà ce dont Caton ne voulait pas, voilà ce qui suffit aux sujets d'Auguste et de ses successeurs. Mais laissons de côté les conséquences, et voyons la doctrine.

Elle est empruntée à la Grèce dans ses principes essentiels. Lucrèce a pour maîtres Empédocle et Épicure ; mais ce qui est bien à lui, c'est la manière dont il l'expose et la passion qui l'anime. La philosophie pour lui n'est pas une occupation d'oisif, il a un but. Le plus grand ennemi du bonheur des hommes, c'est l'idée fausse qu'ils se font de la divinité, et les terreurs qui en sont la conséquence. Lucrèce veut dégager l'âme de ces terreurs. Il prouvera donc que la puissance attribuée aux dieux est imaginaire ; que la nature obéit à ses lois et non aux caprices de ces prétendus maîtres que l'erreur lui impose. Ce n'est pas Jupiter qui lance le tonnerre, qui est l'auteur des phénomènes célestes : des lois immuables régissent ces manifestations. Si Jupiter lançait la foudre, pourquoi tomberait-elle souvent sur les temples mêmes du Dieu ou dans les plaines arides, ou sur un arbre innocent ? Non. Les dieux sont étrangers à ces grands faits de l'ordre naturel. Les dieux n'ont pas fait le monde : s'ils l'eussent fait, y rencontrerait-on toutes les imperfections dont il est plein ? Ce ne sont pas eux qui le conservent, ce ne sont pas eux qui le feront tomber en poussière ; ce ne sont pas eux non plus qui dirigent le cours des choses humaines : trop d'iniquités y abondent. Laissons donc les dieux dans cette sphère inaccessible où ils jouissent d'une béatitude inaltérable, indifférents à tout, sauf à leur propre félicité. Ne leur adressons plus ni vœux ni hommages ; ils ne peuvent exaucer les uns, et n'ont nul besoin des autres. Si l'homme est bien persuadé de ces vérités, aussitôt les vaines terreurs qui désolent son âme s'évanouissent ; les éclairs, la foudre, tous ces prétendus signes de la colère céleste n'excitent plus en lui la moindre inquiétude ; il ne va point, tremblant et la tête voilée, se prosterner devant une pierre insensible, égorger des animaux, consulter leurs entrailles, pâlir de peur à l'aspect des indices du courroux céleste. La vraie piété, c'est la raison, c'est la ferme assurance du sage. La religion, fille de l'ignorance et de la peur, a causé toutes les misères de l'humanité. N'est-ce pas elle qui a poussé les chefs de la Grèce à égorger aux pieds des autels la jeune Iphigénie ?

Il faut donc enseigner aux hommes la formation du monde, la loi des phénomènes, leur expliquer l'universalité des choses. Quand ils posséderont la vérité, ils seront guéris de leurs vaines terreurs, ils seront heureux. Le poëte se met courageusement à l'œuvre, et il expose en longs développements les doctrines d'Empédocle et d'Épicure sur le monde. Malgré quelques inexactitudes de détail, des explications peu plausibles, des infidélités assez graves à ce système dont il s'est fait l'interprète (1), cette

---

(1) Notamment en ce qui concerne la forme et le mouvement des atomes. Sa définition de la volonté est bien curieuse.

partie technique pour ainsi dire de l'œuvre, est fort belle, et tout à fait nouvelle, chez les Romains. Je n'y insisterai pas. Mais je ne puis passer sous silence un des principaux résultats obtenus par le philosophe : c'est sa démonstration, de la matérialité et de la mortalité de l'âme. Cette conquête du néant le ravit. Comme toutes les choses créées, l'âme est composée d'un agrégat de molécules qui se dissoudront, et retourneront dans le grand mouvement qui emporte les atomes. Si donc l'âme n'est pas autre chose qu'une partie de nous-mêmes, comme le pied et la main

> Nostri est pars animus, nihilominus ac manus et pes ;

si elle doit périr comme le dernier de nos membres, que signifient ces vaines terreurs d'une autre existence dont l'homme insensé est assailli? Quoi! craindre les dieux pendant sa vie, et, après sa mort, l'Achéron, le Styx, le Tartare, les Furies et les supplices réservés aux impies, ce serait là le triste lot de l'humanité! Non : tout meurt avec le corps. La mort est le repos éternel. Pourquoi la redouter? Était-on malheureux de n'être pas encore? Pourra-t-on être malheureux en n'étant plus? La cessation de l'existence est une loi naturelle. Tout meurt dans la nature : quel orgueil, quelle folie d'opposer à cette nécessité universelle ses plaintes et son désespoir! Épicure lui-même est mort, et toi, chétive créature, tu te révolterais contre ta destinée!

Comment donc devra vivre l'homme débarrassé de la crainte des dieux et des terreurs de l'enfer? Il vivra conformément à la nature. Elle réclame peu de chose ; les besoins du corps sont satisfaits à peu de frais ; plus doux cent fois est le sommeil sur l'herbe aux bords d'un frais ruisseau que sous les lambris dorés. Les grands ennemis de l'homme, ce sont les passions, les désirs insatiables, la poursuite effrénée des faux biens, tout ce qui trouble l'âme, et l'empêche de goûter cette bienheureuse quiétude, fruit de la raison et de la sagesse. La volupté, c'est l'art de jouir de tous les biens que comporte la nature humaine, sans excès et sans trouble. La vertu n'est pas autre chose non plus que cette sage volupté : vertu, sagesse, félicité, les trois choses se confondent, et le souverain bien est trouvé !

Tel est le philosophe. Venons au poëte.

Il ne paraît pas que les anciens l'aient estimé autant qu'il le mérite. Cicéron qui, suivant saint Jérôme, serait l'éditeur du poëme *de la Nature des choses*, y trouvait beaucoup d'art, mais peu d'éclat : Quintilien se borne à l'épithète *difficilis*, qui n'est pas un éloge : mais les jugements de Quintilien sur les poëtes ne sont pas d'un grand poids. Ovide promet l'immortalité à Lucrèce qu'il appelle *sublime* (1). Stace seul semble l'avoir senti. « Il a, dit-il, la science, l'enthousiasme et l'élévation : » (*docti furor arduus Lucretii*). Comme la Pauline de Corneille, il semble toujours prêt à s'écrier :

Je vois, je sais, je crois, je suis désabusé.

Il n'a que du mépris pour les machines poétiques en honneur de son temps. Le convenu et l'artificiel lui répugnent. Il ne chantera pas des dieux qu'il relègue dans les intermondes, il ne s'épuisera pas à refaire d'après les Grecs leur légende héroïque et amoureuse. Il est grave, solen-

---

(1) Carmina sublimis tunc sunt peritura Lucreti
Exitio terras quum dabit una dies.

nel, ému. Il vit en contemplation de la vaste nature, sa seule divinité ; il en perçoit la majesté et l'infinie puissance. S'il est disciple des Grecs, c'est aux maîtres les plus sérieux qu'il s'attache, Empédocle et Thucydide. Les agréables badinages des fables, la grâce molle et pédante des Alexandrins, il laisse à d'autres tout cela. Et, en réalité, il y a cent fois plus de grandeur dans la conception cosmogonique d'Empédocle que dans l'anthropomorphisme puéril où s'attardaient les poëtes du temps. Ce n'est point parmi eux, c'est dans le sixième siècle qu'il faut lui chercher des pairs. Lucrèce se rattache directement à Ennius. C'est de tous les poëtes latins le seul qu'il cite : une parcelle de l'héroïsme du vieux poëte a passé en lui, héroïsme scientifique, cette fois : « otre « Ennius, dit-il, le premier qui sur le vert Hélicon ait « cueilli la couronne d'éternel feuillage. » Lui aussi, il sera le premier propagateur de la vérité. « Il parcourt « les lieux inaccessibles où nul pied humain n'a laissé sa « trace ; il aime à aller puiser aux fontaines vierges, à « cueillir des fleurs inconnues pour s'en faire une cou- « ronne dont nul poëte n'ait encore entouré ses tempes. » Dur et pénible labeur que le sien : il annonce des choses nouvelles, obscures, et il n'a à son service qu'un idiome rebelle et pauvre :

Propter egestatem linguæ et rerum novitatem.

Il empruntera des termes à la Grèce, puisqu'il le faut ; mais l'empreinte du génie national sera sur son œuvre. Il sera soutenu par la beauté du but d'abord, puis par l'espérance de la gloire « qui d'un thyrse aigu a frappé « son cœur, et jeté dans son âme le doux amour des muses. » Tel est l'enthousiasme d'Ennius, le grand novateur.

Il vit par la pensée dans cet héroïque sixième siècle : il en a l'orgueil démesuré et le fier accent. S'il peint en quelques vers une bataille, son esprit se reporte aux grands combats avec les Carthaginois ; il revoit les horribles mêlées d'alors ; « les légions bouillonnant dans les « plaines, entonnant le cri de guerre, appuyées sur les « fortes troupes alliées et les éléphants, en parure de « combat, puissantes, animées à l'envi (1). » Il a l'inspiration haute et forte. Il peint vivement et à grands traits, n'ayant nul souci de l'élégance qui amollit la pensée. Absorbé par l'ingrat labeur d'une exposition technique, il sent et voit si directement les objets, qu'il les projette en relief splendide. Aussi bien il a son Dieu qui l'inspire ; lui aussi est anthropomorphiste à sa façon : c'est la nature qui remplace Jupiter, Neptune, Apollon. Il la voit, la sent, l'aspire et la personnifie sans le vouloir. Son effrayante fécondité qui crée sans cesse et tire de son sein inépuisable les animaux, les plantes ; tout ce fourmillement de vie qui s'épand à l'infini, il l'oppose au rude labeur de l'homme qui veut conquérir la terre : qu'il cesse pendant une année de déchirer et de retourner le sol, la nature va le couvrir de ronces et le reprendre pour elle.

Son style a quelque chose de cette végétation puissante et désordonnée. Ce sont des jets vigoureux et sauvages. Pas la moindre concession au rhythme et à l'harmonie ; partout et toujours le mot propre. De là un incroyable sans-façon dans la manière dont il traite le vers : il le termine par des spondées, des monosyllabes, peu lui importe. Il a des élisions impossibles et des coupes d'une audace sans pareille : à côté de cela, des vers d'une

---

(1) Voir II, 241 ; V. 1226, 1303 de l'édition Lachmann. Lambin et Lagrange sont incomplets.

douceur et d'un charme infinis, des expressions d'un éclat et d'une vérité dont rien n'approche. C'est un flot d'or épais hérissé de scories. Virgile l'étudiera, le pillera, sans l'appauvrir et sans le faire oublier.

EXTRAITS DE LUCRÈCE.

IV

Début du poëme de la Nature. — Invocation à Vénus.

Mère des Romains, charme des hommes et des dieux, ô Vénus, ô déesse bienfaisante, du haut de la voûte étoilée, tu répands la fécondité sur les mers qui portent les navires, sur les terres qui donnent les moissons. C'est par toi que les animaux de toute espèce sont conçus et ouvrent leurs yeux à la lumière. Tu parais, et les vents s'enfuient, les nuages sont dissipés, la terre déploie la variété de ses tapis, l'Océan prend une face riante ; le ciel devenu serein répand au loin la plus vive splendeur. A peine le printemps a ramené les beaux jours, à peine le zéphir a recouvré son haleine féconde, déjà les habitants de l'air ressentent ton atteinte, et se pressent d'annoncer ton retour ; aussitôt les troupeaux enflammés bondissent dans leurs pâturages et traversent les fleuves rapides. Épris de tes charmes, saisis de ton attrait, tous les êtres vivants brûlent de te suivre, partout où tu les entraînes. Enfin dans les mers, sur les montagnes, au milieu des fleuves impétueux, des bocages touffus, des vertes campagnes, ta douce flamme pénètre tous les cœurs, anime toutes les espèces du désir de se perpétuer. Puisque tu es l'unique Souveraine de la nature, la créatrice des êtres, la source des grâce et des plaisirs, daigne, ô Vénus, t'associer à mon travail, et m'inspirer ce poëme sur la nature. Je le consacre à ce Memmius que tu as orné en tous temps de tes dons les plus rares, et qui nous est également cher à tous deux. C'est en sa faveur que je te demande pour mes vers un charme qui ne se flétrisse jamais.

Cependant assoupis et suspens sur la terre et l'onde les fureurs de la guerre. Toi seule peux faire goûter aux mortels les douceurs de la paix. Du sein des alarmes le Dieu des batailles se rejette dans tes bras. Là, retenu par la blessure d'un amour éternel, les yeux levés vers toi, la tête posée sur ton sein, la bouche entr'ouverte, il repaît d'amour ses regards avides, et son âme reste comme suspendue à tes lèvres. Dans ce moment d'ivresse où tes membres sacrés le soutiennent, ô déesse, penchée tendrement sur lui, abandonnée à ses embrassements, verse dans son âme la douce persuasion, et sois la puissante médiatrice de la paix. Hélas ! dans les troubles de ma patrie m'est-il permis de chanter, et l'illustre Memmius manquera-t-il à la défense de l'État, pour prêter l'oreille à mes sons ?

(Livre Ier.)

V

La superstition.

Dans le temps où l'homme avili rampait sous les chaînes pesantes de la religion, ce tyran farouche, qui, du milieu des nues, montrait sa tête épouvantable, et dont l'œil effrayant menaçait d'en haut les mortels, un homme né dans la Grèce osa le premier lever contre lui ses regards, et refusa de s'incliner. Ni ces dieux si vantés, ni leurs foudres, ni le bruit menaçant du ciel en courroux ne purent l'intimider. Son courage s'irrite par les obstacles. Impatient de briser l'étroite enceinte de la nature, son génie vainqueur s'élança au delà des bornes enflammées du monde, parcourut à pas de géant les plaines de l'immensité, et eut la gloire d'enseigner aux hommes ce qui peut ou ne peut pas naître, et comment la puissance des corps est bornée par leur essence même : ainsi la superstition fut à son tour foulée aux pieds, et sa défaite nous rendit égaux aux dieux.

Mais je crains, ô Memmius, que vous ne m'accusiez de vous ouvrir une école d'impiété et de conduire vos pas dans la route du crime. C'est au contraire la superstition, qui trop souvent inspira des actions impies et criminelles. Ainsi l'élite des chefs de la Grèce, les premiers héros du monde, souillèrent jadis en Aulide l'autel de Diane du sang d'Iphigénie. Quand le bandeau eut paré la chevelure de la jeune fille, et flotté le long de ses joues ; quand elle vit son père au pied de l'autel, debout, l'œil triste, et l'air morne ; à côté de lui les sacrificateurs cachant sous leurs robes le couteau, et un grand peuple en larmes autour d'elle, muette d'effroi, elle glisse à terre, tombe, comme une suppliante. Que lui servait, dans cet instant fatal, d'avoir la première donné le nom de père au roi de Mycènes ? Des mains d'hommes la soulèvent et la portent tremblante à l'autel, non pour la reconduire au milieu d'un pompeux cortége après la cérémonie de l'hyménée, mais pour la faire expirer sous les coups de son père, au moment même que l'amour des tinait à son mariage. Et pourquoi ? Afin d'obtenir un heureux départ pour la flotte des Grecs. Tant la religion a pu inspirer aux hommes de barbarie !

(Livre Ier.)

VI

La crainte de la mort.

Ainsi, quand vous entendez un homme se plaindre du sort qui le condamne à servir de pâture aux vers, aux flammes, aux bêtes féroces, soyez sûr qu'il n'est pas de bonne foi, qu'il ne se rend pas compte des inquiétudes dont son cœur est le jouet. A l'entendre, il ne doute pas que la mort n'éteigne en lui le sentiment, mais il ne tient point sa parole. Il ne peut se faire mourir tout entier, et, sans le savoir, il laisse toujours subsister une partie de son être. Quand il se représente, pendant la vie, que son cadavre sera déchiré par les monstres et les oiseaux carnassiers, il déplore son malheur : c'est qu'il ne se dépouille point de lui-même, il ne se détache point de ce corps que la mort a terrassé, il croit que c'est encore lui, et debout à ses côtés, il l'anime encore de sa sensibililé. Voilà pourquoi il s'indigne d'être né mortel : il ne voit pas que la vraie mort ne laisse pas subsister un autre lui-même, vivant pour un être gémir de sa mort, pour pleurer debout sur son cadavre étendu, pour être déchiré par les bêtes, et consumé par la douleur. Car si une des horreurs de la mort est de servir d'aliment aux hôtes des bois, je ne vois pas qu'il soit moins douloureux d'être consumé par les flammes, d'être étouffé par le miel, ou transi de froid dans un tombeau de marbre, ou d'être écrasé sous le poids de la terre par les pieds des passants.

Mais, dites-vous, cette famille dont je faisais le bonheur, cette épouse vertueuse, ces chers enfants qui volaient au-devant de moi pour s'emparer de mes premiers baisers, et qui pénétraient mon cœur d'une joie intérieure et secrète, une gloire qui n'est pas encore à son comble, des amis à qui je puis être utile... O malheureux, malheureux que je suis ! Un seul jour, un instant fatal me ravit toutes les douceurs de la vie. Sans doute ; mais vous n'ajoutez pas que la mort vous en ôte aussi le regret. Si on était bien convaincu de cette vérité, de combien de peines et d'alarmes ne se délivrerait-on pas ! L'assoupissement de la mort a fermé nos paupières, nous voilà pour le reste des siècles à l'abri de la douleur ; et nous, à côté d'un bûcher lugubre, nous verserons sur vos cendres des flots de larmes, et le temps n'effacera jamais les traces de notre douleur.

Insensés ! pourquoi nous dessécher dans le deuil et dans les pleurs ! Un sommeil paisible, un repos éternel, ne voilà-t-il pas un grand sujet d'affliction !

O mes amis, livrons-nous à la joie, le plaisir est fugitif ! bientôt il va nous quitter pour ne plus revenir : c'est ainsi que, la coupe à la main, des convives couronnés de fleurs s'animent à la gaieté. Ils craignent donc, après la mort, d'être dévorés par la soif, épuisés par la sécheresse, ou tourmentés par d'autres désirs ?

Si la nature élevait tout à coup la voix et nous faisait entendre ces reproches. « Mortel, pourquoi te désespérer ainsi immo-
« dérément ? pourquoi gémir et pleurer aux approches de la
« mort ? Si tu as passé jusqu'ici des jours agréables, si ton âme
« n'a pas été un vase sans fond où se soient perdus les plaisirs
« et le bonheur, que ne sors-tu de la vie, comme un convive
« rassasié, comme un voyageur qui touche au port ? Si au con-
« traire tu as laissé échapper tous les biens qui se sont offerts, si la

« vie ne t'offre plus que des dégoûts, pourquoi voudrais-tu
« multiplier des jours qui doivent s'écouler avec le même dé-
« sagrément et s'avanouir à jamais sans te procurer aucun plai-
« sir ? Que ne cherches-tu, dans la fin de ta vie, un terme à tes
« peines ? Car enfin quelques efforts que je fasse, je ne peux
« rien inventer de nouveau qui te plaise ; je n'ai toujours à t'of-
« frir que le même enchaînement. Ton corps n'est pas encore
« usé par la vieillesse, ni tes membres flétris par les ans :
« mais attends-toi à voir toujours la même suite d'objets, quand
« même ta vie triompherait d'un grand nombre de siècles, et
« bien plus encore si jamais elle ne doit finir. »

Eh bien ! qu'aurions-nous à répondre à la nature, sinon que le procès qu'elle nous intente est juste ? Mais si c'est un malheureux plongé dans la misère qui se lamente au bord de la tombe, n'aurait-elle pas encore plus de raison de l'accabler de reproches, et de lui crier d'une voix menaçante : « Insensé, va pleurer
« loin d'ici, ne m'importune plus de tes plaintes. » Et le vieillard accablé d'années, qui ose encore murmurer : « Homme in-
« satiable, tu as parcouru la carrière des plaisirs, et tu t'y traînes
« encore; moins riche de ce que tu as, que pauvre de ce que
« tu n'as pas, tu as toujours vécu sans plaisir, tu n'as vécu qu'à
« demi, et la mort vient te surprendre avant que ton avidité
« soit assouvie. L'heure est venue, renonce à mes présents, ils
« ne sont plus de ton âge ; laisse jouir les autres et fais le sacri-
« fice de bon gré puisqu'il est indispensable.

« Homme injuste, ne devrais-tu pas quelquefois te dire ? An-
« cus lui-même est mort, ce bon prince, supérieur à moi par
« ses vertus. Les rois, les grands de la terre, après avoir gou-
« verné le monde, ont tous disparu. Ce monarque de l'Asie,
« qui s'ouvrit jadis une route dans l'immensité des mers, qui
« apprit à ses légions à marcher sur l'abîme profond, bravant
« le vain courroux de l'élément captif, qui frémissait sous ses
« pieds, il est mort lui-même, et son âme a quitté ses membres
« défaillants. Scipion, ce foudre de guerre, la terreur de Car-
« thage, a livré ses ossements à la terre, comme le plus vil de
« ses esclaves. Joignez-y les inventeurs des sciences et des arts,
« les compagnons des Muses, et Homère leur souverain qui re-
« pose comme eux dans la tombe. Enfin Démocrite, averti par

« l'âge que les ressorts de son esprit commençaient à s'user,
« alla présenter lui-même sa tête à la mort. En un mot, Épicure
« lui-même a vu le terme de sa carrière, lui qui plana bien au-
« dessus de la sphère commune, et qui éclipsa les plus brillants
« génies, comme l'éclat du soleil levant fait disparaître la lu-
« mière des étoiles.

« Et tu balances, tu t'indignes de mourir, toi dont la vie est
« une mort continuelle, qui te vois mourir à chaque instant,
« toi qui livres au sommeil la plus grande partie de tes jours,
« qui dors même en veillant, et dont les idées sont des songes ;
« toi qui, toujours en proie aux préjugés, aux terreurs chimé-
« riques, aux inquiétudes dévorantes, ne sais pas en démêler
« la cause, et dont l'âme est toujours incertaine, flottante, éga-
« rée ? »

Si les hommes connaissaient la cause et l'origine des maux qui assiègent leur âme, comme ils sentent le poids accablant qui s'appesantit sur eux, leur vie ne serait pas si malheureuse. On ne les verrait pas chercher toujours, sans savoir ce qu'ils désirent, et changer sans cesse de place, comme si, par cette oscillation continuelle, ils pouvaient se délivrer du fardeau qui les opprime. Celui-ci quitte son riche palais pour se dérober à l'ennui, mais il y rentre un moment après, ne se trouvant pas plus heureux ailleurs. Cet autre se sauve à toute bride dans ses terres. On dirait qu'il accourt y éteindre un incendie. Mais à peine en a-t-il touché les limites, qu'il y trouve l'ennui. Il succombe au sommeil, et cherche à s'oublier lui-même. Dans un moment, vous allez le voir regagner la ville avec la même promptitude. C'est ainsi que chacun se fuit sans cesse ; mais on ne peut s'éviter. On se retrouve, on s'importune, on se tourmente toujours. C'est qu'on ignore la cause de son mal. Si on la connaissait, renonçant à tous ces vains remèdes, on se livrerait à l'étude de la nature, puisqu'il est question, non pas du sort d'une heure, mais de l'état éternel qui doit succéder à la mort.

Que signifient ces alarmes qu'un amour malentendu de la vie vous inspire dans les dangers? Apprenez donc, ô mortels, que vos jours sont comptés, et que, l'heure fatale venue, il faut partir sans délai. Et, en vivant plus longtemps, ne serez-vous pas toujours habitants de la même terre? La nature inventera-t-elle pour vous de nouveaux plaisirs? Non, sans doute. Mais le bien qu'on n'a pas paraît toujours le bien suprême. En jouit-on? c'est pour soupirer après un autre ; et les désirs, en se succédant, entretiennent dans l'âme la soif de la vie. Ajoutez l'incertitude de l'avenir et du sort que l'âge futur nous prépare.

(Livre III.)

VII
Éloge d'Épicure.

Quel génie peut chanter dignement un si noble sujet, de si grandes découvertes? Quelle voix assez éloquente pour célébrer les louanges de ce sage, dont l'esprit créateur nous a transmis de si riches présents? Cette tâche est sans doute au-dessus des efforts d'un mortel : car, s'il faut en parler d'une façon qui réponde au caractère de grandeur empreint sur ses ouvrages, ce fut sans doute un dieu. Oui, Memmius, un Dieu seul a pu trouver, le premier, cet admirable plan de conduite, auquel on donne aujourd'hui le nom de Sagesse, et, par cet art vraiment divin, faire succéder le calme et la lumière à l'orage et aux ténèbres.

Comparez en effet les anciennes découvertes des autres divinités. On dit que Cérès fit connaître aux humains les moissons, et Bacchus le jus de la vigne, deux présents sans lesquels on peut subsister, et dont on rapporte que plusieurs nations savent encore aujourd'hui se passer ; mais on ne pouvait vivre heureux sans la vertu, et nous avons raison de placer au rang des dieux celui dont les préceptes, répandus chez tous les peuples de la terre, servent à soutenir et consoler les esprits dans les amertumes de la vie.

Si vous croyez que les travaux d'Hercule méritent la préférence, vous êtes dans l'erreur. Qu'aurions-nous à craindre aujourd'hui de la gueule béante du lion de Némée, ou des soies hérissées du sanglier Arcadien? Que pourrait maintenant ou le taureau de Crète, ou le fléau de Lerne, cette hydre armée de serpents venimeux? Que nous importeraient les trois corps de l'énorme Géryon, et les chevaux de Diomède, dont les narines soufflaient la flamme dans la Thrace, sur les côtes Bistoniennes près de l'Ismare ; ou la griffe recourbée des redoutables hôtes du lac Stymphale ? et le cruel gardien du jardin des Hespérides et de ses pommes d'or, ce dragon furieux, au regard menaçant, dont l'énorme corps embrassait à plusieurs replis le tronc précieux, quel mal pourrait-il nous faire près des rives de l'océan Atlantique, de cette mer inaccessible, sur laquelle ni Romains ni Barbares n'osent jamais s'exposer? Les autres monstres de cette nature, s'ils vivaient encore, si le monde n'en avait pas été purgé, pourraient-ils nous nuire? non sans doute. La terre est encore aujourd'hui peuplée d'animaux féroces ; et l'effroi règne dans les bois, sur les montagnes, et au fond des forêts, lieux terribles, qu'il est presque toujours en notre pouvoir d'éviter.

Mais si vos cœurs ne sont délivrés des vices, que de combats intérieurs à soutenir! que de périls à vaincre! De quels soucis, de quelles inquiétudes, de quelles craintes n'est pas déchiré l'homme en proie à ses passions! Quels ravages ne font pas dans son âme, l'orgueil, la débauche, l'emportement, le luxe et l'oisiveté ! Avoir dompté ces ennemis, les avoir chassés des cœurs avec les seules armes de la raison, n'est-ce pas un titre suffisant pour être mis au nombre des dieux? Que sera-ce, si le même sage a parlé des immortels en termes divins, et dévoilé à nos yeux tous les secrets de la nature? (Livre V.)

VIII

La terre et l'homme.

D'abord ce globe qu'environne la voûte céleste est en grande partie occupé par des montagnes et des forêts abandonnées aux bêtes féroces, par des rochers stériles, d'immenses marais et la mer dont les vastes circuits resserrent les continents. Presque deux parties de ce même globe nous sont interdites par des ardeurs brûlantes, et les glaces continuelles qui les couvrent. Ce qui reste de terrain, la nature abandonnée à elle-même le hérisserait de ronces, si l'industrie humaine ne luttait sans cesse contre elle ; si le besoin de vivre ne nous forçait à gémir sous de pénibles travaux, à déchirer la terre par l'empreinte du soc, à féconder la glèbe, et à dompter le sol ingrat, pour exciter les germes qui ne peuvent d'eux-mêmes se développer et se montrer au jour. Encore trop souvent ces fruits que la terre accorde si difficilement à nos travaux, à peine en herbes ou en fleurs, sont brûlés par des chaleurs excessives, emportés par des orages subits, détruits par des gelées fréquentes, ou tourmentés par le souffle violent des aquilons. Et les bêtes féroces, ces cruels ennemis du genre humain, pourquoi la nature se plaît-elle à les multiplier et à les nourrir sur la terre et dans les ondes? Pourquoi chaque saison nous apporte-t-elle ses maladies? Pourquoi tant de funérailles prématurées?

En un mot, l'enfant qui vient de naître, semblable au nautonnier que la tempête a jeté sur le rivage, est étendu à terre, nu sans parler, dénué de tous les secours de la vie, dès le moment que la nature l'a arraché avec un effort du sein maternel pour lui faire voir la lumière. Il remplit de ses cris plaintifs le lieu de sa naissance, et il a raison sans doute, l'infortuné à qui il reste une si vaste carrière de maux à parcourir. Au contraire les troupeaux de toute espèce, et les bêtes féroces croissent sans peine. Ils n'ont besoin ni du hochet bruyant ni du langage enfantin d'une nourrice caressante. La différence des saisons n'en exige pas dans leurs vêtements. Il ne leur faut ni armes pour défendre leurs biens, ni forteresses pour les mettre à couvert; puisque la terre et la nature fournissent à chacun d'eux toutes choses en abondance.

(Livre V.)

IX

Les premiers hommes.

Les hommes de ces temps étaient beaucoup plus vigoureux que ceux d'aujourd'hui, et cela devait être nécessairement, parce que la terre dont ils étaient les enfants, avait alors toute sa vigueur : la charpente de leurs os était plus vaste, plus solide, et le tissu de leurs nerfs et de leurs viscères plus robuste.

Ils n'étaient affectés ni par le froid, ni par le chaud, ni par la nouveauté des aliments, ni par les attaques de la maladie. On les voyait survivre à la révolution d'un grand nombre de lustres, errants par troupeaux comme les bêtes. Personne ne savait encore parmi eux conduire la pénible charrue ; ils ignoraient l'art de dompter les champs avec le fer, de confier de jeunes arbustes au sein de la terre, et de trancher avec la faux les vieux rameaux des grands arbres. Ce que le soleil et la pluie leur donnaient, ce que la terre produisait d'elle-même, suffisait pour apaiser leur faim ; ils réparaient leurs forces au milieu des chênes dont le gland les nourrissait ; la terre faisait croître en plus grande quantité et d'une grosseur plus considérable, les fruits de l'arbousier que nous voyons pendant l'hiver se colorer en mûrissant de l'éclat de la pourpre. La nouveauté du monde facilitait encore la production d'un grand nombre d'autres aliments délicieux, et plus que suffisants pour les mortels infortunés. — Les fleuves et les fontaines les invitaient à se désaltérer, comme aujourd'hui les torrents qui roulent du haut des monts semblent avertir au loin les bêtes féroces de venir y apaiser leur soif. La nuit, ils se retiraient dans les bois, consacrés depuis aux Nymphes, dans ces asiles solitaires d'où sortaient les sources d'eaux vives, qui, après avoir baigné les cailloux, retombaient ensuite lentement sur la mousse des rochers humides, pour aller, ou jaillir dans les plaines, ou se précipiter à grands flots dans les campagnes.

Ils ne savaient pas encore traiter les métaux par le feu. Ils ne connaissaient pas l'usage des peaux ni l'art de se revêtir de la dépouille des bêtes féroces. Les bois, les forêts et les cavités des montagnes étaient leurs demeures ordinaires : forcés de chercher un asile contre la pluie et la fureur des vents, ils allaient se blottir parmi des broussailles. Incapables de s'occuper du bien commun, ils n'avaient institué entre eux ni lois ni rapports moraux. Chacun s'emparait du premier butin que lui offrait le hasard. La nature ne leur avait appris à vivre et à se conserver que pour eux-mêmes. C'était au milieu des bois que l'amour unissait les amants. Les plaisirs étaient ou la récompense d'une ardeur mutuelle, ou la proie de la violence et d'un appétit brutal, ou enfin le prix de quelque présent, comme des glands, des pommes sauvages et des poires choisies.

Pourvus de deux mains robustes et de deux pieds agiles, ils faisaient la guerre aux animaux sauvages, leur lançaient de loin des pierres, les attaquaient de près avec de pesantes massues, en massacraient un grand nombre et s'enfuyaient dans leurs retraites à l'approche de quelques antres. Quand la nuit les surprenait, ils étendaient à terre leurs membres nus comme les sangliers couverts de soie, et s'enveloppaient de feuilles et de broussailles. On ne les voyait pas, saisis de crainte, errer au milieu des ténèbres, et chercher avec des cris lugubres le soleil dans les plaines. Mais ils attendaient en silence, dans les bras du sommeil, que cet astre, reparaissant sur l'horizon, éclairât de nouveau le ciel de ses feux. Accoutumés dès l'enfance à la succession alternative du jour et de la nuit, ce n'était plus une merveille pour eux. Ils ne craignaient point qu'une nuit éternelle régnât sur la terre et leur dérobât pour toujours la lumière du soleil.

Leur plus grande inquiétude était causée par les bêtes sauvages dont les incursions troublaient leur sommeil, et le leur rendaient souvent funeste. Chassés de leur demeure, ils se réfugiaient dans les antres, à l'approche d'un énorme sanglier ou d'un lion furieux ; et, glacés d'effroi, ils cédaient, au milieu de la nuit, à ces cruels hôtes leurs lits et leurs feuillages.

Au reste la mort ne moissonnait guère plus de têtes dans ces premiers siècles, qu'elle n'en moissonne aujourd'hui. Il est vrai qu'un plus grand nombre d'entre eux, surpris et déchirés par les bêtes féroces, leur donnaient un repas vivant, et remplissaient de leurs cris aigus les bois et les montagnes, tandis que leurs membres palpitants s'ensevelissaient l'un après l'autre dans un sépulcre animé. Il est vrai que les malheureux que la fuite avait sauvés, blessés mortellement appliquaient leurs mains tremblantes sur les morsures venimeuses, appelant la mort à grands cris, jusqu'à ce que, dénués de secours, ignorant les façons de guérir leurs plaies, ils quittassent la vie au milieu des plus cruelles convulsions. Mais on ne voyait pas des milliers de guerriers, réunis sous des drapeaux différents, périr en un seul jour, ni la mer orageuse broyer contre les écueils navires et passagers. En vain l'Océan soulevait ses flots irrités, en vain il aplanissait son onde menaçante. La surface riante de ses eaux tranquilles était un appas incapable d'attirer les hommes dans le piége. C'était alors la disette des vivres qui donnait la mort ; c'est l'abondance qui nous tue aujourd'hui. On s'empoisonnait par ignorance, nous nous empoisonnons à force d'art.

Enfin lorsqu'on eut connu l'usage des cabanes, de la dépouille des bêtes et du feu ; lorsque la femme se fut retirée à part avec l'époux qui s'était joint à elle, lorsque les plaisirs de l'amour eurent été restreints aux douceurs d'un chaste hymen, et que les parents virent autour d'eux une famille qui faisait partie d'eux-mêmes, l'espèce humaine commença dès lors à s'amollir. Le feu rendit les corps plus sensibles au froid. La voûte des cieux ne fut plus un toit suffisant. Les tendres caresses des enfants adoucirent sans peine le naturel farouche des pères. Alors ceux dont les habitations se touchaient commencèrent à former entre eux des liaisons, convinrent de s'abstenir de l'injustice et de la violence, de protéger réciproquement les femmes et les enfants faisant entendre dès lors même, par leurs gestes et leurs sons inarticulés, que la pitié est une justice due à la faiblesse. Cependant cet accord ne pouvait pas être général, mais le plus grand nombre et les plus raisonnables observèrent fidèlement les lois établies. Sans cela le genre humain aurait été entièrement détruit, et n'aurait pu se propager de race en race jusqu'à nos jours.

(Livre V.)

X

La crainte des dieux.

La demeure et le palais des immortels furent placés dans les cieux, parce que c'est là que le soleil et la lune paraissent faire leur révolution ; c'est de là que nous viennent le jour et la nuit, et les flambeaux errants qui brillent dans les ténèbres, les feux volants, les nuages, la rosée, les pluies, la neige, les vents, la foudre, la grêle et le tonnerre rapide dont les longs murmures semblent annoncer la vengeance des dieux.

O hommes infortunés, d'avoir attribué tous ces efforts à la

divinité et de l'avoir armée d'un courroux inflexible ! Que de gémissements il leur en a dès lors coûtés ! Que de plaies ils nous ont faites ! Quelle source de larmes ils ont ouvertes à nos descendants.

La piété ne consiste pas à se tourner souvent, la tête voilée, devant une pierre, à fréquenter tous les temples, à se prosterner contre terre, à élever ses mains vers les statues des dieux, à inonder les autels du sang des animaux et à entasser vœux sur vœux, mais bien plutôt à regarder tous les événements d'un œil tranquille.

En effet, quand on contemple, au-dessus de sa tête, ces immenses voûtes du monde, et ce firmament parsemé d'étoiles ; quand on réfléchit sur le cours réglé du soleil et de la lune ; alors une inquiétude, que les autres maux de la vie semblaient avoir étouffée, se réveille tout à coup au fond des cœurs; on se demande s'il n'y aurait pas quelque divinité toute-puissante qui mût à son gré ces globes éclatants. L'ignorance des causes rend l'esprit perplexe et vacillant. On recherche si le monde a eu une origine, s'il doit avoir une fin, jusqu'à quand il pourra supporter la fatigue continuelle d'un mouvement journalier, ou si, marqué par les dieux du sceau de l'immortalité, il pourra, pendant une infinité de siècles, braver les efforts puissants d'une éternelle durée.

Mais, outre cela, quel est l'homme dont le cœur ne soit pas pénétré de la crainte des dieux, et dont les membres glacés d'effroi ne se traînent, pour ainsi dire, en rampant, lorsque la terre embrasée tremble sous les coups redoublés de la foudre, lorsqu'un murmure épouvantable parcourt tout le firmament ? Les peuples et les nations ne sont-ils pas consternés ? Et le superbe despote, frappé de crainte, n'embrasse-t-il pas étroitement les statues de ses dieux, tremblant que le moment redoutable ne soit arrivé d'expier toutes ses actions criminelles, tous ses ordres tyranniques ? Et quand les vents impétueux, déchaînés sur les flots, balayent devant eux le commandant de la flotte avec ses légions et ses éléphants, ne tâche-t-il pas d'apaiser la Divinité par ses vœux, et d'obtenir à force de prières des vents plus favorables ? mais en vain. Emporté par un tourbillon violent, il n'en trouva pas moins la mort au milieu des écueils. Tant il est vrai qu'une certaine force secrète se joue des événements humains, et paraît se plaire à fouler aux pieds la hache et les faisceaux.

Enfin, quand la terre entière vacille sous nos pieds, quand les villes ébranlées s'écroulent ou menacent ruine, est-il surprenant que l'homme, plein de mépris pour sa faiblesse, reconnaisse une puissance supérieure, une force surnaturelle et divine qui règle à son gré l'univers ?

(Livre V.)

XI

La peste d'Athènes.

Ce qu'il y avait de plus triste et de plus déplorable dans cette calamité, c'est que les malheureux qui se voyaient la proie de la maladie, se désespéraient comme des criminels condamnés à périr, tombaient dans l'abattement, voyaient toujours la mort devant eux, et mouraient au milieu de ses terreurs. Mais ce qui multipliait surtout les funérailles, c'est que l'avide contagion ne cessait de passer des uns aux autres ; ceux qui évitaient la vue de leurs amis malades par trop d'amour pour la vie et de crainte pour la mort périssaient bientôt, victimes de la même insensibilité, abandonnés de tout le monde, et privés de secours, comme l'animal qui porte la laine et celui qui laboure nos champs : ceux au contraire qui ne craignaient point de s'exposer succombaient à la contagion et à la fatigue que le devoir et les plaintes touchantes de leurs amis mourants les obligeaient de supporter.

C'était là la mort des citoyens les plus vertueux. Après avoir enseveli la foule innombrable de leurs parents, ils retournaient dans leurs demeures, les larmes aux yeux, la douleur dans le cœur, et se mettaient au lit pour y expirer de chagrin.

En un mot, on ne voyait dans ces temps de désastre, que des morts, ou des mourants, ou des infortunés qui les pleuraient. Les gardiens des troupeaux de toute espèce, et le robuste conducteur de la charrue étaient aussi frappés, la contagion les allait chercher jusqu'au fond de leur chaumière, et la pauvreté jointe à la maladie rendait leur mort inévitable. On voyait les cadavres des parents étendus sur ceux de leurs enfants, et les enfants rendre les derniers soupirs sur les corps de leurs pères et de leurs mères. La contagion était apportée en grande partie par les habitants de la campagne, qui se rendaient en foule dans la ville, à la premiere attaque de la maladie. Les lieux publics, les édifices particuliers en étaient remplis, et, ainsi rassemblés, il était plus facile à la mort d'accumuler leurs cadavres. Un grand nombre expirait au milieu des rues; d'autres, après s'être traînés au bord des fontaines publiques, y restaient étendus sans vie, suffoqués par l'excès de l'eau qu'ils avaient bue.

Les chemins étaient couverts de corps languissants, à peine animés, enveloppés de vils lambeaux, et dont les membres tombaient en pourriture. Leurs os n'étaient revêtus que d'une peau livide, sur laquelle les ulcères et la corruption avaient produit le même effet que la sépulture sur les cadavres.

La mort avait rempli les édifices sacrés de ses impures dépouilles. Les temples des Dieux étaient jonchés de cadavres. C'était là que les gardes des lieux saints déposaient leurs hôtes. Car pour lors on s'embarrassait peu de la religion et de la divinité. La douleur était le sentiment dominant. Ces cérémonies observées de temps immémorial pour les obsèques n'avaient pas lieu dans la ville. Le trouble et la confusion régnaient partout; et, au milieu de cette consternation générale, chacun inhumait comme il pouvait le corps dont il était chargé.

L'indigence et la nécessité inspirèrent même des violences inouies jusqu'alors. Il y en eut qui placèrent à grands cris, sur des bûchers construits pour d'autres, les corps de leurs proches, et qui, après y avoir mis le feu, soutenaient des combats sanglants plutôt que d'abandonner leurs cadavres.

(Livre VI.)

§ III.

CATULLE.

Catulle (Quintus Valerius Catullus) est né en 667, à Vérone; il est mort en 700. Il appartenait à une de ces familles nobles de province, fort estimées dans leurs pays et même à Rome. Son père était l'hôte de Jules César. Conduit de bonne heure à Rome par Manlius, Catulle connut particulièrement Cicéron auquel il adressa un remerciement en vers, sans doute à l'occasion d'un procès où l'orateur plaida pour le poëte, Cornélius Népos. César, Hortensius, et tous les citoyens les plus illustres de ce temps. Il n'exerça aucune fonction publique. Cependant il fit à la suite du préteur Memmius, celui-là même à qui Lucrèce dédie son poëme, un voyage en Bithynie, sur lequel il comptait pour rétablir sa fortune, Son espérance fut déçue, il en revint aussi pauvre qu'avant « la bourse pleine d'araignées », comme il dit lui-même. De plus, il eut la douleur d'y perdre son frère qu'il aimait tendrement et dont la mort lui a inspiré ses plus belles élégies. Il mourut vers l'âge de 33 ans, dans le plein épanouissement du plus aimable génie.

Ses poésies en un seul livre, adressées à Cornélius Népos, se composent de cent seize pièces, placées sans ordre à la suite les unes des autres. On y trouve des épigrammes, des odes, des élégies, des fragments d'épopée, une grande variété de mètres et de sujets. Il est fort probable que ce recueil est incomplet. Pline parle d'un poëme sur les incantations (*de incantamentis*), qui ne nous est pas parvenu ; quelques auteurs ont attribué à Catulle les deux poëmes de *Ciris* et du *Pervigilium veneris*, mais à tort.

Voilà tout ce que peut nous apprendre sur Catulle l'histoire littéraire. Ajoutons cependant que ses contemporains et toute l'antiquité en faisaient le plus grand cas. Ovide, Tibulle, Martial, lui décernent l'épithète d'homme savant (*doctus*), éloge qui paraîtrait bizarre, si nous n'en faisions comprendre la signification. Un poëte *savant*, aux yeux des Latins, était un poëte qui avait su, à force d'art et de travail, faire passer dans l'idiome national les beautés des modèles grecs. Catulle a évidemment ce mérite, mais ce serait singulièrement le méconnaître que de borner là sa gloire.

Replaçons-le dans le milieu où il a vécu, milieu social d'abord, milieu littéraire ensuite.

Ce que nous appelons aujourd'hui le *monde* commençait à exister à Rome. La vie du monde commence le jour où les femmes ne sont plus condamnées à garder la maison, en compagnie de leurs esclaves, vouées aux soins du ménage. Dès le milieu du septième siècle, la matrone est émancipée : elle l'est par la libre possession de sa fortune et par le relâchement de l'ancienne discipline. Elle reçoit et rend des visites. Elle assiste aux spectacles, aux festins qui se prolongent fort avant dans la nuit. L'été venu, elle va aux bains de mer, à Baïes, escortée de ses amis : ce sont des promenades sur l'eau, des fêtes continuelles. Le gros mot d'adultère est abandonné aux juristes ou aux opiniâtres représentants des vieilles mœurs. On peut déjà dire de la société de ce temps-là ce que dira plus tard Tacite : « Corrompre et être corrompu, c'est vivre selon le siècle. » La ville offre aux jeunes gens des amours plus faciles encore : s'ils veulent sortir du monde, ils en trouvent un autre : de belles et brillantes courtisanes tiennent une véritable cour, puis il y a les affranchies, et ce qui vient immédiatement après elles. On peut voir dans le plaidoyer de Cicéron pour Cœlius jusqu'où pouvait aller la licence permise à la jeunesse. Catulle appartient à la fois à l'un et à l'autre monde. Il est l'ami et le compagnon de tous ces jeunes Romains qui, en attendant l'âge de briguer les honneurs publics, consument leur temps dans les plaisirs. Réunions joyeuses, festins, parties de débauche, confidences réciproques sur les amours, lectures de vers badins, ou d'épigrammes aiguisées contre un rival ; un mari incommode : voilà les passe-temps de cette société élégante et dissolue. Les uns disaient adieu à ces folies et se jetaient dans le tourbillon de la vie publique ; les autres y restaient attachés jusqu'à la mort, qui venait plus vite pour eux que pour leurs anciens compagnons. Catulle fut de ces derniers. Il n'a vécu que pour le plaisir et les vers. Il a chanté ses amours en véritable amant et en véritable poëte : sa Lesbie, qui n'était autre que Clodia, la sœur du turbulent Clodius, est immortelle. « Je hais et j'aime, » disait Catulle, victime de plus d'une infidélité qu'il lui fallait bientôt oublier et pardonner. Lesbie avait tant de grâce et d'esprit ! Voyez ce petit tableau d'intérieur : la femme, le mari, l'amant. « Lesbie, « en présence de son mari, me dit une foule de choses « désobligeantes : le sot en ressent la joie la plus vive. « O mulet, tu ne comprends donc rien ! si elle m'avait « oublié, si elle se taisait, elle serait guérie de notre « amour ; mais la voilà qui cause, qui bavarde : c'est qu'elle « se souvient ; mieux encore, elle est irritée : donc elle « brûle. » Il célèbre aussi en bon ami les maîtresses de ses amis. Celle de Varus, qu'il ne nomme pas, indiscrète personne qui demanda un jour au poëte revenant de Bithynie des porteurs pour sa litière, celle de Calvus, Quintilia, celle de Septimius, Acmè, celles de Cœlius et de Quintius. Il a aussi des vers charmants pour chanter les douceurs de l'amitié, et la joie du retour au foyer paternel, après les longues et cruelles déceptions du voyage en Bithynie. Mais ses vers les plus touchants sont ceux que lui inspire la mort de son frère. Le poëte léger et insouciant a été atteint d'un deuil sérieux, sa blessure est profonde. Un sentiment nouveau, la douleur, et la douleur sans espoir fait vibrer en son âme une corde inconnue à lui-même. Mais nous ne possédons pas encore l'homme tout entier. Il ne s'est point mêlé aux agitations de la vie publique; mais il n'est point indifférent. C'est un provincial qui ne pardonne point aux grands de Rome leur insolence et leur dureté envers les étrangers. Il rappelle par ce côté Lucilius. S'il n'a pas le souffle puissant du poëte indigné, s'il ne peut composer et soutenir tout un poëme satirique, il sait du moins décocher le trait acéré de l'épigramme. La vie privée de César, le spoliateur de la Gaule, de l'Espagne et de la Bretagne, l'élévation aux dignités de la république des viles créatures du grand homme, Catulle a flagellé tous ces désordres en vers rapides mais saisissants. Il n'a pas épargné non plus les ridicules plus innocents de ses ennemis ou de ses rivaux en amour. Sa plaisanterie est sanglante, le plus souvent obscène et intraduisible. Voilà l'homme, et voilà un des côtés du poëte. Ses vers sont une image vivante, ou plutôt une miniature achevée de la société d'alors, c'est la partie la plus originale de son œuvre : ces vers de circonstance nés au jour le jour, expansion des sentiments à mesure qu'ils naissent, ont une saveur particulière. Tout l'art d'Horace ne nous rendra pas cette franche poésie : il lui manque l'élévation et la force créatrice, mais elle a la vérité, la couleur, la vie.

Je suis moins touché, je l'avoue, de l'autre partie de son œuvre, la partie savante, disons mieux la partie artificielle. Les contemporains et l'âge suivant admiraient surtout le docte Catulle, imitateur achevé des Grecs;

j'aime mieux le Catulle latin. J'ai parlé du milieu moral, voyons le milieu littéraire.

Dans la seconde moitié du septième siècle, Rome posséda un nombre considérable de poëtes aujourd'hui perdus et peu regrettables probablement. Tout Romain instruit faisait des vers, et les faisait bien. Cicéron, Varron, César, l'orateur Hortensius, l'orateur Calvus, pour ne parler que des plus connus, en faisaient, c'était une mode. Catulle comptait parmi ses amis un grand nombre de poëtes : Hortensius, Calvus, Furius Bibaculus, Valerius Caton, Lævius, Helvius Cinna. Il est le chef et le roi de cette pléiade : il a seul survécu, parce que seul il a joint à la pureté de la forme et à l'élégance de l'expression la passion vraie, qui fait le poëte. C'est par là qu'il s'est élevé au-dessus des versificateurs de salon avec lesquels il vivait. Tous procèdent de l'Alexandrinisme. Imitateurs, comme tout vrai Romain doit l'être, ils ne vont pas chercher leur modèle dans la pure antiquité grecque ; ils le prennent tout près d'eux parmi les poëtes contemporains ou de l'âge précédent, qui ont vécu en Égypte. Les poëtes alexandrins, sorte de regain du genre grec, avaient compris que les genres sérieux leur étaient interdits : ils n'abordèrent en conséquence ni l'épopée, ni le drame, ni la haute poésie lyrique ; ils se bornèrent aux œuvres de courte haleine ; ils aimaient surtout les compositions mélangées de chant et de récit, la petite épopée héroico-érotique, et l'élégie amoureuse : celle-ci était leur triomphe. La nature du sujet leur permettait des rapprochements ingénieux avec les antiques légendes, et ils étaient fort érudits. Dépourvus d'inspiration élevée, ils excellaient dans les pièces de circonstance, notamment l'épigramme. Ils savaient jeter en passant une allusion spirituelle, un trait plaisant ; ils trouvaient des expressions délicates, rares surtout et inintelligibles pour le commun des lecteurs. C'était une poésie d'érudits et de courtisans. Voilà les modèles qui s'imposèrent aux Romains. Il n'était pas fort difficile de les imiter. Les élégies amoureuses d'Euphorion, qui furent répandues à profusion à Rome vers la fin du septième siècle, firent naître une foule de contrefaçons en latin : toute la société polie raffola de ces petits poëmes, et s'exerça à en composer de pareils ; on tourna en vers un compliment, un bonjour, une invitation à dîner. Il se forma des cercles littéraires ; on se réunit pour se communiquer une épigramme, une élégie ; on s'adressa des compliments en vers ; on fit des vers sur une pièce de vers qui avait réussi. Il y eut à Rome à peu près l'équivalent de notre hôtel de Rambouillet. Le joli, le gracieux, le piquant y étaient les qualités requises de tout poëte.

Il faut bien le reconnaître cependant : de même que nos précieuses épurèrent la langue, il se fit dans les cercles littéraires de ce temps un travail sérieux sur l'idiome national. La langue des vers manquait absolument de souplesse et de grâce : Lucrèce lui-même, ce puissant génie, en est le plus souvent dépourvu. Catulle et ses contemporains adoucirent les aspérités du vieux langage ; ils créèrent la versification qui, à vrai dire, n'existait pas ; ils eurent un sentiment juste et délicat de l'harmonie et du rhythme. Sans idées, sans inspiration originale, ils mirent leur gloire à lutter contre les grâces infinies et la perfection de forme de leurs modèles grecs. Ce furent d'habiles artistes. Catulle resta leur maître même en ce genre, et il eut de plus sur eux la supériorité du sentiment vrai.

Catulle relève donc des poëtes Alexandrins. Ses pièces les plus longues et les plus admirées des faiseurs d'extraits sont des traductions. Tel le poëme en quatre cent neuf vers, intitulé *Epithalame de Pélée et de Thétis*, composition héroico-épique, où le poëte a entassé tous les souvenirs de mythologie qu'il put évoquer : l'expédition des Argonautes, la légende des amours de Thésée et d'Ariane, un chant d'hymen, une prédiction de la naissance d'Achille. Telle encore l'élégie héroïque sur la chevelure de Bérénice, imitation presque littérale de Callimaque l'Alexandrin : tel enfin le poëme en vers galliambiques, intitulé *Atys*, peinture assez éloquente et dramatique du deuil de la déesse qui a perdu son amant et du culte orgiastique que lui rendent ses ministres. L'épithalame de Manlius et d'Aurunculeia est à la fois une imitation et une œuvre originale : c'est un remarquable morceau de poésie lyrique ; et le chant nuptial qui suit, en vers hexamètres, est d'une belle venue. Les gracieuses et libres images de l'amour sont tempérées par le sérieux de l'union conjugale : le grec et le romain se sont unis dans cette œuvre. Ce n'est pas assez de dire comme Barthius, « qu'elle est écrite par la main de Vénus et des grâces, » il faut ajouter qu'elle est profondément chaste.

CHAPITRE IV

L'histoire. — Depuis les origines jusqu'à Tite-Live. — Sources de l'histoire. — Les premiers historiens. — César, Salluste.

§ I.

César et Salluste sont les premiers historiens dont les ouvrages nous soient parvenus, et ces ouvrages ont été composés dans les premières années du huitième siècle. Tout ce qui précède a péri, ou il n'en reste que des fragments de peu d'étendue, ou de simples indications. Je ne crois pas utile de dresser, d'après *Krause* (1), un catalogue de ces historiens perdus, travail facile et fastidieux. Je me borne à indiquer les sources où puisèrent les écrivains de l'école classique. Ce sera indiquer du même coup les plus anciens monuments de l'histoire, et les moyens employés par les Romains des premiers âges pour conserver le souvenir des événements.

Tite-Live avoue que l'authenticité des faits qui constituent l'histoire des premiers siècles de Rome ne repose guère que sur des traditions où la fable se mêle à la vérité, et l'on sait que la critique moderne rejette presque toutes ces légendes. Cependant il existait encore du temps de Tite-Live quelques documents authentiques qu'il a pu consulter. Les voici suivant l'ordre chronologique.

(1) Vitæ et fragmenta veterum historicorum Romanorum. Berol. 1833.

Dès les temps les plus anciens, on conservait dans les temples ou dans les maisons des plus illustres citoyens, des tables de plomb, d'arain, de bois, de pierre, ou des peaux sur lesquelles étaient inscrits les traités, les lois, les décrets du Sénat, et autres monuments. Il existait encore à ce qu'il paraît de ces tables commémoratives sous Vespasien. Tels étaient les traités conclus avec les Carthaginois, Porsenna, les Gabiens, les Ardéates, et les monuments fort incertains appelés *Commentarii regum, Leges regiæ*. Les plus importants de ces documents étaient les *grandes Annales, Annales maximi*. Elles se composaient de quatre-vingts livres, et allaient jusqu'au Pontificat de P. Mucius Scévola (a. U. 624). C'étaient des tables sur lesquelles le grand Pontife inscrivait les noms des principaux magistrats et les événements les plus mémorables. On croit en découvrir quelques traces dans Tite-Live.

Les *Commentarii pontificum* renfermaient les détails du culte, les rites et surtout le calendrier politique qui en était l'appendice naturel. Ces livres rédigés par les seuls patriciens étaient aussi conservés par eux seuls. *Non ad fastos, non ad commentarios pontificum admittimur*, dit le tribun Canuléius.

Les *Livres de lin, Libri lintei*, semblent avoir eu un caractère analogue.

Des ouvrages plus spéciaux, espèce de formulaires, de rituels, de catalogues, conservaient le souvenir et les règles des cérémonies religieuses, la succession des magistrats : tels étaient *Libri magistratuum, Commentarii consulares, Libri prætorum, Libri augurales, Tabulæ censoriæ*. Il faut y joindre aussi les généalogies de familles nobles et les éloges funèbres (*Laudationes*). Suivant

Denys d'Halicarnasse, Valerius Publicola prononça en public l'éloge funèbre de Junius Brutus, et cet hommage rendu au fondateur de la liberté devint bientôt un usage général parmi les patriciens. A partir de l'an 365, les matrones elles-mêmes furent louées en public. Jules César prononça l'éloge de sa tante Julia. Aucun monument de ce genre ne nous a été conservé, et, si l'on en croit Cicéron et Tite-Live, nous ne devons pas trop le regretter : faux triomphes, faux consulats, fausses généalogies, voilà ce qui remplissait trop souvent ces œuvres où les morts n'étaient célébrés que pour glorifier les vivants. Tels étaient sans doute aussi ces vers chantés dans les festins par les convives en l'honneur des grands hommes. L'usage n'en existait déjà plus au temps de Caton le Censeur ; cependant Varron, Valère Maxime, Cicéron et Horace y font allusion. C'est sur cette base fragile que Niebhur a établi son hypothèse d'une épopée populaire, dont les fragments auraient formé l'histoire fabuleuse des premiers siècles de Rome. Ces monuments primitifs disparurent presque tous dans l'incendie de Rome par les Gaulois (364). Et le premier historien n'écrivit que deux cents ans plus tard. Cet historien, c'est *Quintus Fabius Pictor*, *antiquissimus scriptor*, dit Tite-Live. Il vivait au milieu du sixième siècle. Il fut envoyé à Delphes consulter l'oracle après la bataille de Cannes : il devait donc savoir le grec, il paraît que son ouvrage était écrit en grec. Cet ouvrage, ainsi que tous ceux qui suivirent pendant une période de plus de cent années, était moins une composition historique qu'un registre des événements mémorables année par année. Cette forme des *Annales* fut adoptée par tous les écrivains du sixième siècle, et s'imposa pour ainsi dire jusque vers le milieu du septième. Tels furent *L. Cincius*

Alimentus, *C. Acilius Glabrio*, *Aulus Posthumius Albinus*, contemporains de Fabius Pictor, ou appartenant à la génération suivante. Au commencement du septième siècle, des personnages considérables par leurs dignités et leur science adoptent encore la forme employée par leurs devanciers. *Servilius Fabius Pictor*, que Cicéron célèbre comme très-versé dans la connaissance du droit, des lettres et de l'antiquité ; *L. Calpurnius Piso Frugi*, qui porta la première loi sur la concussion (*de repetundis* a. U. 605); *Scribonius Libo, L. Cassius Hemina, Q. Fabius Maximus Servilianus* furent aussi des annalistes.

Cicéron ne cache pas le peu d'estime qu'il a pour ces vieux écrivains. « Rien de plus maigre, dit-il, que *Fabius Caton, Pison, Fannius, Vennonius ;* ils racontent les faits, ils ne savent pas les embellir. » — Cicéron se faisait de l'histoire une idée toute différente ; il la regardait comme une province de l'éloquence, point de vue étroit et faux. On ne saurait trop regretter la perte de ces anciens *Annalistes* et de ceux qui les suivirent. Ces écrivains en effet appartenaient aux plus illustres familles de Rome, presque tous ils obtinrent les premières dignités de la république, hommes politiques et pratiques ils rapportaient simplement les faits considérables auxquels ils avaient pris part. L'autorité, la gravité, l'exactitude, ne sont pas des qualités méprisables chez un historien, et doivent passer avant l'art d'embellir ou de dénaturer les faits. On ne cite dans toute cette longue période qu'un seul auteur étranger à la conduite des affaires, qui ait osé en retracer le récit. C'est *L. Octacilius Pilitus*, esclave et portier du père de Pompée, plus tard affranchi, rhéteur, chargé de l'instruction de Pompée. Il écrivit l'histoire du père et du fils. Les nobles seuls s'étaient jusqu'alors réservé cet honneur. La tentative de *Pilitus* fut considérée comme une sorte d'empiètement. Cette susceptibilité ombrageuse est peut-être plus excusable que la revendication de l'histoire par l'éloquence, ainsi que le voulait Cicéron.

Les écrivains du septième siècle abandonnèrent la forme des annales. Le vieux Caton leur en donna l'exemple dans son livre des *Origines*. « A quoi bon, disait-il, rappeler ce qui se trouve dans les Annales des Pontifes, le prix du blé, les disettes, les éclipses de lune ou de soleil? » L'histoire commença dès lors à devenir ce qu'elle doit être, un art et une science. A la tête des auteurs de cette période se place *L. Cœlius Antipater*, contemporain des Gracques. Il écrivit une histoire de la seconde guerre punique en sept livres, et « donna à l'histoire un ton plus élevé », dit Cicéron. Il est souvent mentionné par Tite-Live. L'empereur Hadrien, archéologue d'un goût douteux, le préférait à Salluste. Après lui se place *P. Sempronius Asellio*, qui assista au siége de Numance en qualité de tribun militaire, et écrivit l'histoire complète de la guerre. Aulu-Gelle cite de cet auteur un préambule assez remarquable (1). Le plus célèbre de ces historiens est *C. Claudius Quadrigarius*, qui avait composé une vaste histoire s'étendant de la guerre des Gaulois à la mort de Sylla. Tite-Live combat fréquemment l'autorité de *Quadrigarius*, qui semble avoir conçu l'histoire à la façon de Cicéron. Nous possédons de lui la narration du combat de Manlius Torquatus contre un Gaulois (2). *Q. Valerius Antias*, son

---

(1) N. Att., V, 18.
(2) Aul. Gell., IX, 13.

contemporain, qui revint à la forme des Annales, ne jouissait pas non plus d'une grande autorité. Enfin, mentionnons encore *Sisenna* (L. Cornelius) qui fut préteur en 676, ami et partisan de Verrès, *vir bene latine loquens*, dit Cicéron. Sisenna avait écrit l'histoire de la guerre Marsique et celle de la guerre entre Marius et Sylla. Salluste en faisait le plus grand cas.

J'aurai terminé cette énumération d'ouvrages perdus, mais qui étaient des sources importantes pour les historiens qui suivirent, quand j'aurai indiqué une autre sorte de documents aussi considérables : ce sont les *mémoires*. Plusieurs grands personnages, qui avaient été mêlés aux événements importants de leur époque, laissèrent en mourant ou publièrent de leur vivant le récit des faits où ils avaient joué un rôle. Tel fut *M. Æmilius Scaurus*, consul, prince du sénat, censeur, *homo gravissimus, civis egregius, fortissimus senator*, dit Cicéron ; mais Salluste le juge tout autrement. Il joue un singulier rôle dans la guerre de Jugurtha. — *Scaurus* écrivit trois livres de mémoires sur sa vie (*de Vita sua*). *Q. Lutatius Catulus* composa un ouvrage sur son consulat (*de Consulatu et rebus gestis suis*). Les plus intéressants de ces mémoires étaient ceux du dictateur *L. Cornelius Sylla*, en vingt-deux livres, dédiés à Lucullus.

Tous ces ouvrages, comme je l'ai dit, ont péri. Mais ils ont servi à la fois de modèles et de documents aux écrivains postérieurs.

§ II.

Le premier des historiens latins qui nous ait été conservé est César (C. Julius Cæsar — 655-710 — 99, 44 av. J.-C.). Sa biographie se trouve partout, et n'appartient que très-indirectement à mon sujet. Dans la première période, César joue plusieurs rôles, tour à tour ami ou adversaire des personnages les plus considérables ; il a dans ses allures je ne sais quoi d'équivoque qui inquiète ou exaspère les honnêtes gens comme Caton. Quand la guerre civile éclate, et malgré toute l'habileté de son plaidoyer (voir les premiers chapitres du *de Bello civili*), éclate par sa faute, les citoyens les plus probes ne vont pas se ranger sous ses drapeaux. Ce n'est pas qu'ils préfèrent Pompée ; mais Pompée représente en ce moment la cause du droit et des lois. Enfin, quand César est frappé dans le sénat, et que les lambeaux de son pouvoir usurpé passent aux mains d'Antoine et d'Octave, c'est encore dans le parti contraire que se trouvent les plus honnêtes citoyens. Il faut donc le reconnaître, à aucune époque de sa vie César n'a échappé au jugement sévère de la conscience publique. Son génie n'a jamais été mis en doute, même par ses contemporains ; mais ils n'ont pu s'incliner devant l'usage qu'il en a fait : il restera toujours des ombres autour de cette grande figure. Ce qu'il y a en lui de plus saisissant, ce n'est pas ce qu'il a fait, mais ce qu'il se proposait de faire. Que pour asservir ses concitoyens, il ait pris son point d'appui aussi bien hors de Rome qu'à Rome même ; qu'il ait attiré les peuples à sa cause en leur faisant entrevoir la liberté, les priviléges jusqu'alors réservés aux seuls Romains : c'est là un moyen, rien ne prouve que cela ait été un but. Ces Gaulois, ces Espagnols qui envahissent le sénat romain et dont on se moque dans les rues, ce ne sont pas des émancipés, mais des instruments qu'on récompense. Je suis frappé cependant du deuil universel qui saisit les nations étrangères à la nouvelle de sa mort. Les Juifs surtout ne pouvaient s'arracher d'auprès de son bûcher. Si l'on en croit Suétone, ce grand esprit se disposait à changer la face du monde. Corinthe et Carthage étaient relevées, les Parthes supprimés ou transportés ; l'Euphrate et le Taurus à l'orient, à l'occident le Rhin et l'Océan devenaient les barrières de l'empire. A l'intérieur, la multitude des lois souvent contradictoires était réduite à un code unique, qui devait être celui du monde entier ; d'immenses bibliothèques devaient réunir tous les monuments du génie humain. Il s'opérait ainsi une sorte de fusion universelle entre tous les peuples, rêve gigantesque, chimère. Mais là est l'originalité du génie de César : ce n'est pas un Romain, ce n'est pas un citoyen de la cité antique. Parmi ses successeurs, il n'eut pas un continuateur. Auguste ne lui ressemble en rien ; quant à ceux qui suivirent, s'il avait pu les prévoir, il eût peut-être regretté de n'être pas mort à Pharsale.

Écrivain, il a sa place parmi les premiers : *Summus auctorum*, dit Tacite. Son esprit d'une incroyable activité s'était porté dans toutes les directions. Pendant la guerre des Gaules, il consacre ses loisirs à la composition d'un traité de grammaire en deux livres, sur l'*Analogie*, question capitale surtout en ce moment, où la langue latine ayant acquis la souplesse et l'harmonie, pouvait être tentée de s'enrichir en s'affranchissant des lois que lui imposait son génie. Cet ouvrage était dédié à Cicéron en qui César saluait un des bienfaiteurs de la langue nationale : « Tu as bien mérité, lui écrivait-il, du nom et de « la dignité du peuple romain. » Il avait un respect scrupuleux de la pureté du langage ; c'est le principal éloge qu'il adresse à Térence ; et il répétait souvent : « Fuyons

« tout mot nouveau ou inusité, comme on fuirait un
« écueil. » Dans sa jeunesse, il cultiva la poésie, composa
une tragédie d'*Œdipe* et un poëme en l'honneur d'Hercule (*Laudes Herculis*). Sous le titre de *Dicta collectanea*,
il avait formé un recueil de sentences et de bons mots
dont Auguste empêcha la publication. L'astronomie, qui
tenait une grande place dans la religion politique des
Romains, avait aussi attiré son attention. Grand Pontife,
il composa des ouvrages spéciaux sur les *auspices* et les
augures (*Libri auspiciorum, Auguralia*), et travailla à la
réforme du calendrier. Orateur éminent, le seul, dit
Quintilien, qui pût disputer la palme à Cicéron, son éloquence était sobre et pleine de charme. Il fut même
pamphlétaire. En réponse à un éloge de Caton, composé
par Cicéron, il écrivit un libelle intitulé *Anticato*, auquel
l'honnête Plutarque fait une allusion fort méprisante. Il
n'est pas permis à des hommes comme César d'insulter
dans leur tombe des hommes comme Caton.

De tout cela nous ne possédons que ses mémoires sur
la guerre des Gaules et sur la guerre civile. (*De Bello
gallico commentariorum libri* VII ; *De Bello civili
libri* VII.) Le premier de ces ouvrages renferme, suivant
l'ordre chronologique, l'histoire des campagnes de César
en Gaule, en Bretagne, en Germanie ; le second comprend la guerre contre Pompée et son parti. Ces commentaires ne sont pas une histoire proprement dite,
mais de véritables mémoires écrits vraisemblablement
au jour le jour, sans composition méthodique. Comme
source, ils sont d'une importance capitale, les premiers
surtout. César est le plus ancien et le plus sûr écrivain
qui nous fasse connaître la Gaule, ses habitants, leurs
mœurs, leurs coutumes, leur religion, d'une manière in-

complète, il est vrai, mais bien rarement inexacte. Au point de vue géographique et stratégique, leur utilité a été proclamée par les juges les plus compétents. Cependant Asinius Pollion reprochait à César beaucoup d'inexactitudes et de mensonges. Il y a au moins de singulières atténuations dans le récit de plus d'une bataille ; et il est souvent assez difficile de restituer les faits, l'enchaînement des faits et même la topographie exacte, témoin le long débat de nos jours sur Alésia.

Comme historien, César se rattache évidemment à l'école de Thucydide. Cicéron eût écrit l'histoire d'une façon toute différente ; il en eût fait une série de plaidoyers. César ne plaide jamais, même dans la guerre civile : tout au plus se borne-t-il à donner aux événements qui précèdent les hostilités un tour favorable à ses prétentions. Mais il saisit les faits d'une vue nette et les fixe dans le récit. Il ne s'attarde pas aux longues explications, aux tableaux à effet : il n'a pas d'imagination aux dépens de la réalité ; mais il la réfléchit dans son œuvre avec une clarté souveraine. C'est le propre des esprits puissants ; ils ne sont jamais entraînés par les faits, ils les dominent toujours, et les mesurent : ils ne leur prêtent rien de ce que leur imagination frappée serait tentée d'y ajouter. Tite-Live n'a jamais évité entièrement cet écueil : c'est que Tite-Live n'est ni un général ni un politique, mais un littérateur qui subit l'influence des événements. Il ne faut pas non plus chercher dans César l'histoire morale. Il ne se propose point de donner des leçons de vertu à ses contemporains ou à la postérité : l'enseignement se trouve si l'on veut au fond de ces récits de campagnes, mais il faut l'en dégager. L'auteur ne se croit pas tenu à l'expliquer. Cette espèce d'indifférence superbe étonne et choque même nos habitudes d'esprit : nous aimons à nous passionner pour les gens qu'on nous montre ; un peu de déclamation nous mettrait plus à l'aise. La personnalité de l'auteur nous semble trop voilée. Nous nous souvenons par exemple de cet éloquent passage où Lucain nous introduit sous la tente de César, dans cette nuit redoutable où il songe à franchir le Rubicon : nous nous imaginons sans peine avec le poëte que l'image de la patrie dut se dresser dans l'ombre de la nuit devant les yeux épouvantés du parricide préparant son crime. Le récit de César est d'une impassibilité absolue. Le nom même du Rubicon, ce rempart visible de la légalité, n'y figure pas. C'est pendant que les pourparlers s'échangent, que César va de Ravenne à Ariminium, c'est-à-dire viole la loi de son pays et donne le signal de la guerre civile. Du reste le plus souvent il ne donne par les motifs de sa conduite : ce sont des motifs à lui connus, dit-il, ou bien, il serait trop long de les rapporter.

Et néanmoins pas un fait important n'est omis : si l'auteur ne cherche point à passionner, il veut éclairer. Avec un art d'une sobriété exquise, il réunit et groupe les détails pour produire un ensemble qui satisfait et ne trouble jamais. Cicéron avait raison de dire que César avait réuni des matériaux pour l'histoire, mais que des sots pourraient seuls avoir l'idée de refaire après lui ce qui n'était plus à faire. César était à la fois la source, l'auteur et le narrateur des faits. C'est encore ce qui explique l'absence de composition scientifique. Il intercale dans le récit de ses campagnes en Gaule un tableau des mœurs, de la religion, des coutumes des Gaulois, qu'un historien de profession eût jeté dans les premières pages.

Mais César dit ce qu'il sait, quand il le sait, et il n'a connu les Gaulois que vers la quatrième année de la guerre.

 Le style est d'une simplicité hardie, lumineux, pittoresque sans recherche (*nudi, recti, venusti*). La phrase rapide, sans être heurtée, ne cherche point l'harmonie, mais la porte en elle-même par le choix exquis et l'agencement des mots. Si elle se développe en longue période (dans les discours indirects par exemple), chaque proposition apparaît, se détache de l'ensemble, et s'y confond dans une synthèse parfaite. La langue est d'une pureté et d'une élégance souveraines. César inclinerait plutôt vers l'archaïsme que vers le néologisme. Il simplifie volontiers la composition de la phrase, répète rarement les prépositions après les verbes composés, cherche en tout la brièveté et le relief. Peut-être cette simplicité parfois excessive entraîne-t-elle un peu de sécheresse et de monotonie, mais la vie intérieure soutient et anime tout. Pour bien apprécier César, il faut avoir beaucoup pratiqué Cicéron.

 Il est difficile de se figurer comment certains écrivains ont pu nier l'authenticité des commentaires et les attribuer à un certain *Julius Celsus*, qui vivait à ce qu'il paraît au septième siècle après Jésus-Christ. Cet auteur avait donné une édition des commentaires, on les lui attribua. Il va sans dire que plus d'un critique les déclara indignes de César et y reconnut la langue du septième siècle. Cette opinion est aujourd'hui complétement abandonnée. Ce *Celsus* est aussi dépossédé aujourd'hui d'une *Vie de César*, qui lui avait été attribuée, et qui est de Pétrarque. Suivant *Servius* (*Æneid.*, XI, 743), César, outre ses commentaires, aurait écrit un journal (*Ephemeris*) de la guerre des Gaules, conjecture peu probable.

 Dans presque toutes les éditions de César, à la suite

des sept livres sur la *Guerre des Gaules* et des trois livres sur la *Guerre civile*, on trouve un huitième livre sur la *Guerre des Gaules*, et deux livres intitulés, l'un *de Bello alexandrino*, l'autre *de Bello africano*. On les attribue généralement à *Aulus Hirtius*, lieutenant de César, qui périt un an après lui à la bataille de Modène. Quant au livre sur la guerre d'Espagne (*de Bello hispaniensi*), il a aussi probablement pour auteur ce même *Hirtius*, qui dit formellement avoir continué le récit des campagnes de César jusqu'à sa mort ; mais l'ouvrage a dû subir des modifications et des interpolations considérables. D'autres l'attribuent à C. Oppius. Il existe une traduction grecque des *Commentaires sur la guerre des Gaules*, attribuée au moine Planude, qui vivait vers le milieu du quatorzième siècle. Elle ne manque pas d'importance pour contrôler les manuscrits.

§ III.

SALLUSTE (*C. Sallustius Crispus*).

« Que n'a-t-il vécu comme il parlait ! » dit Lactance. Rien de plus pur, de plus austère même que la morale de Salluste, et, si l'on en croit ses contemporains, sa vie en fut le plus audacieux démenti. Né en Sabine, à Armiternum, en 668, d'une famille plébéienne, lié avec les personnages les plus considérables de son temps, notamment avec César, l'ambition le jeta dans le parti populaire. Questeur, puis tribun du peuple, en position d'obtenir les plus hautes dignités de la république, il fut chassé du sénat par les censeurs Appius Claudius Pulcher et L. Calpurnius Pison. Suivant Varron, cité par Aulu-Gelle, il eût été surpris en adultère par Annius Milon. Déshonoré, il alla trouver César dans les Gaules, le servit activement dans la guerre civile, fut rétabli par lui sur la liste des sénateurs, et nommé préteur de Numidie : suivant Dion Cassius, il fut pour cette province un autre Verrès, et ne dut qu'à la haute protection de César d'être acquitté de l'accusation de concussion. Ce fut le dernier acte de sa vie politique. Retiré dans son domaine de Tibur, ou dans les splendides jardins qu'il possédait dans l'intérieur même de Rome, il partagea son temps entre l'étude et les plaisirs. Il mourut en 719. Il est malheureux pour la réputation de Salluste, qu'il ait eu dans l'antiquité tant de détracteurs, et pas un apologiste. Les passions politiques ne suffisent pas à expliquer un tel déchaînement. Le libelle de l'affranchi de Pompée, *Lenœus*, fut, dit-on, la source de toutes ces calomnies : l'invective contre Salluste, mise sous le nom de Cicéron, n'a aucun caractère authentique ; elle est l'œuvre d'un rhéteur quelconque, aussi bien que la déclamation de Salluste contre Cicéron, dont parle cependant Quintilien ; mais le témoignage de Varron, celui de Dion Cassius, l'expulsion du Sénat prononcée par des censeurs intègres, cette fortune énorme acquise pendant sa préture, cette accusation de concussion, cette retraite, le jour où César ne peut plus couvrir de sa protection un ami compromis trop souvent : ce sont là de fortes présomptions contre Salluste. L'argument tiré en sa faveur de ses belles dissertations morales pourrait aisément se retourner contre lui. Il a eu parmi les modernes des apologistes ardents et ingénieux, Wieland, Roos, Malte-Brun, O. Müller, et aussi des adversaires décidés, Lœbel et l'un de ses plus savants éditeurs Gerlach. Si la biographie de Salluste par *Asconius* nous eût été conservée, nous serions plus à l'aise pour trancher une question qui restera probablement toujours obscure. L'homme n'a pas nui à l'écrivain. Il y en a peu qui aient joui et qui jouissent encore d'une telle réputation. Il la mérite par le choix des sujets, la composition, le style. Son ouvrage le plus considérable ne nous est point parvenu. C'étaient cinq livres d'histoires (*Historiarum libri quinque*) adressés à Lucullus, et qui embrassaient une période de douze années, de 675 à 687. Ils étaient précédés d'une introduction sur les mœurs et la constitution romaine, et d'un rapide exposé de la guerre civile entre Marius et Sylla. Quels étaient le plan et la composition de cet ouvrage dont nous ne possédons que quelques fragments dans le genre oratoire, c'est ce qu'il est difficile de déterminer. Le président de Brosses a essayé de le reconstituer, mais son travail, quoique fort remarquable, est le plus souvent conjectural. On sait seulement que Salluste traitait successivement de la guerre de Sertorius en Espagne, de l'expédition de Lucullus contre Mithridate, de la guerre de Spartacus, et de celle des pirates. Suivant toute probabilité, ces cinq livres ne comprenaient pas toute l'histoire de Rome pendant une période de douze années. Salluste nous apprend en effet qu'il s'est proposé de raconter les événements *carptim*, et en choisissant ceux qui lui semblaient mériter une attention particulière. Il aimait à circonscrire son sujet pour mieux l'étudier dans toutes les parties : c'est un esprit qui a plus de profondeur que d'étendue.

Son premier ouvrage semble avoir été l'histoire de la conjuration de Catilina (*Catilina* ou *Bellum catilinarium*). Il l'écrivit vraisemblablement après sa préture, vers l'an 708. « En ce moment, dit-il, mon âme com- » mençait à se reposer de bien des misères et de bien

« des dangers : je n'avais plus ni espérance ni crainte ; « entre tous les partis j'étais indépendant. » Il le croyait peut-être, mais il n'en est rien. On chercherait en vain dans l'histoire de cette crise intérieure le rôle si considérable qu'y a joué Cicéron, consul, armé par le sénat de pleins pouvoirs, salué père de la patrie. Salluste ne mentionne même pas le discours qu'il prononça dans la fameuse délibération sur le châtiment à infliger aux conjurés (IV° *Catilinaire*). S'il dissimule les services éminents de Cicéron en cette occasion, il ne dit pas un mot du rôle équivoque joué par César, qui était évidemment favorable à la conjuration. Il a donc manqué au premier devoir de l'historien, l'impartialité.

L'étude minutieuse qu'il a faite de Thucydide ne lui a pas communiqué cet ardent amour de la vérité qui anime toutes les pages de son modèle. Sa première préoccupation semble être de bien écrire. Esprit peu philosophique, politique médiocre, il ne semble pas avoir compris le caractère de cette conjuration de Catilina, qu'on pourrait appeler un des signes du temps. Il restreint encore un sujet déjà restreint. Il faut accepter cette histoire comme un épisode absolument détaché, et alors les remarquables qualités de l'écrivain apparaissent en pleine lumière. La composition est simple, forte cependant. Salluste replace Catilina dans le milieu où il est né et où il s'est dépravé ; il montre comment par ses qualités, ses vices et ce charme de séduction qui agit sur Cicéron lui-même, il put réunir et attacher à sa fortune tant d'amis. Les causes générales que l'on retrouve quinze ans plus tard, et sur lesquelles César fonda la révolution, Salluste ne les indique que de la manière la plus vague : il eût craint de ne pas laisser en pleine lumière le héros de son épisode. La même sobriété, parfois un peu sèche, se retrouve dans le récit : nulle déclamation, aucune digression, si ce n'est peut-être un parallèle fort artificiel et peu sérieux entre César et Caton. Les discours sont d'un art heureux. Ceux qu'il prête à Catilina, plus vagues, composés tout entiers par l'auteur, sont un peu vides. Les deux harangues de César et de Caton, prononcées dans le sénat, sont d'une venue plus heureuse, celui de Caton surtout. J'y retrouve le disciple de Thucydide : les personnages gardent la physionomie qui leur est propre ; la question en délibération est traitée avec soin, et cependant l'auteur n'est pas absent de son œuvre.

Le second ouvrage de Salluste est intitulé *Jugurtha* ou *Bellum jugurthinum*. Il est bien supérieur au premier. Les événements étaient plus anciens, et par conséquent il était plus facile à l'auteur d'être impartial. De plus le sujet se détachait plus aisément de l'histoire générale de Rome, enfin les événements changeaient souvent de théâtre, l'auteur passait tour à tour de Numidie à Rome, du siége d'une ville au récit d'une séance du sénat. Ajoutez à cela l'avantage inappréciable de connaître parfaitement les lieux où se passaient les faits. Aujourd'hui encore les peintures de Salluste sont vraies : ce peuple dont il a peint les mœurs et le caractère, on le retrouve encore. Mais l'art de l'écrivain n'apparaît nulle part plus achevé que dans le récit même des événements. Après avoir montré la famille du vieux Micipsa, le roi mourant, l'héritage laissé indivis, les sottes impertinences des fils légitimes, il met en scène Jugurtha le bâtard : on voit ce Numide dissimulé, féroce et violent, se débarrassant d'abord d'un des deux princes, manquant l'autre qui va demander protection aux Romains. C'est le premier acte du drame. La scène change; nous voici à Rome, Adherbal lâche et pleurant aux pieds du sénat ; des émissaires de Jugurtha semant par derrière l'or et les promesses ; l'impunité du crime se préparant. Je n'achève point cette analyse, tout le monde peut la faire. Il y a peu de récits aussi habilement composés, aussi sobrement écrits et d'un aussi énergique relief. Les combats, les siéges, sont décrits avec une fidélité et une netteté admirables. Quant aux portraits, ils abondent et sont d'une vérité frappante. Celui de Marius, le rude plébéien qui flagelle la noblesse et enlève le consulat « comme une dépouille », est une belle étude.

A la suite de ces deux ouvrages, figurent dans les éditions de Salluste deux lettres ou discours à César sur l'*organisation de la république* (*de ordinanda republica*), et une *déclamation* contre Cicéron. Ce dernier ouvrage est évidemment apocryphe : il a été fabriqué par quelqu'un de ces tristes rhéteurs du second siècle, qui s'adonnaient au pastiche, dans l'impuissance où ils étaient de rien produire par eux-mêmes. Plusieurs critiques ont admis l'authenticité des discours à César (Vossius, Douza). Le fonds de cette composition est évidemment plus sérieux ; c'est une sorte de programme de la révolution que tenta César et qu'il accomplit en partie: abaissement de la noblesse, extension du droit de cité, unité de l'empire sous un maître. Rien n'autorise à supposer que Salluste ait pu concevoir un tel plan. Cent cinquante ans plus tard, il était très-facile de l'imaginer. Nous savons de plus que Salluste fut le modèle le plus étudié, imité, copié, dans la période qui s'étend d'Hadrien à Commode. Ses procédés de style se laissent surprendre ; et on s'appliquait alors avec passion à se modeler sur lui.

Ce style a un grand charme. Il est net, vif, riche en rencontres heureuses ; un certain tour archaïque lui donne une parure originale. La concision et la brièveté en sont les caractères les plus saillants. Ce sont des qualités de travailleur patient et délicat, il l'était. Aulu-Gelle, qui le pratiquait beaucoup, bien qu'il lui préférât le vieux Caton, le qualifie assez heureusement en l'appelant *subtilissimus brevitatis artifex*. C'est un artiste consommé. Il a étudié Thucydide dans les plus intimes détails de sa diction ; il le surpasse en clarté, non en force. La phrase, admirablement construite et dégagée finit toujours heureusement, et par une surprise agréable pour l'esprit ; la pensée n'est pas toujours aussi heureuse ou aussi originale. Ce trait brille, mais n'entre pas. Cet effort vers la concision nuit à l'effet des narrations. Elles n'ont rien d'ample : ce n'est pas ce mouvement lent et régulier de la riche diction de Tite-Live ; on n'est pas entraîné, mais plutôt arrêté par la recherche des détails. C'est un écrivain raffiné. Mais il appartient à cette belle époque, où la langue latine, dégagée et libre d'allures, se plie sans efforts à l'abondance cicéronienne, aussi bien qu'à la rapidité élégante de César. Salluste s'est, lui aussi, créé son style ; il s'est maintenu en étroite relation avec les écrivains du siècle précédent, vrais Romains de mœurs et de langage, et il s'est approprié le tour distingué de l'atticisme sévère de Thucydide.

EXTRAITS DE SALLUSTE.

IV
Portrait de Jugurtha.

A peine entré dans la jeunesse, Jugurtha, doué d'une grande vigueur, d'un beau visage, mais surtout d'un caractère énergique, ne s'abandonna pas aux séductions du luxe et de la mollesse. On le voyait, selon l'usage de la nation, monter à cheval, lancer le javelot, disputer le prix de la course aux jeunes gens de son âge, et les éclipser tous sans rien perdre de leur affection. La chasse occupait une grande partie de son temps; il était toujours le premier ou un des premiers à frapper le lion et les autres bêtes féroces. C'était lui qui en faisait le plus et qui parlait le moins de lui-même. Ce fut d'abord un sujet de joie pour Micipsa qui se flattait que le mérite de Jugurtha contribuerait à la gloire de son règne.

Mais lorsqu'il vit, à côté de sa vieillesse et de l'enfance de ses fils, un prince dans la force de l'âge, qui s'élevait chaque jour de plus en plus, il en fut vivement affecté, et commença à faire de sérieuses réflexions. Il se représentait avec effroi cette ambition, naturelle à l'homme et impatiente de s'assouvir; il voyait, dans son âge et dans celui de ses enfants, une de ces occasions qui, par l'appât d'une proie facile, entraînent et égarent même les âmes ordinaires; d'ailleurs la faveur des Numides était si fortement prononcée pour Jugurtha qu'il était à craindre qu'une tentative contre les jours de ce prince ne devînt le signal de la sédition ou de la guerre.

Assiégé par tant de difficultés, Micipsa reconnut qu'il ne pouvait ni par force ni par ruse faire périr un homme si populaire; mais voyant en lui un courage bouillant et passionné pour la gloire des armes, il résolut de le lancer dans les périls et de tenter ainsi la fortune. Ayant donc, pendant la guerre contre Numance, envoyé aux Romains un secours de cavalerie et d'infanterie, il le mit à la tête des Numides qu'il fit partir pour l'Espagne, dans l'espérance qu'il y périrait infailliblement, victime de son ardeur guerrière ou de la fureur des ennemis. Mais son attente fut bien trompée par l'événement.

Esprit actif et pénétrant, Jugurtha n'eut pas plutôt reconnu le caractère de P. Scipion, qui commandait alors aux Romains, et la tactique des ennemis, qu'il se signala par sa vigilance infatigable, sa soumission modeste, son audace à marcher au-devant des périls ; il eut bientôt acquis une telle réputation, qu'il devint l'idole de notre armée et la terreur des Numantins. Il avait en effet le rare mérite d'unir la bravoure sur le champ de bataille et la prudence dans les conseils ; qualités dont l'une dégénère ordinairement en timidité, à force de prévoyance, l'autre en témérité à force d'audace.

Aussi le général l'employait-il presque toujours pour les opérations difficiles ; il l'avait mis au nombre de ses amis, et chaque jour il le chérissait davantage comme un homme dont les avis et les entreprises tournaient toujours bien. Joignez-y un cœu générreux, un esprit plein de finesse, qualités qui l'unirent d'une étroite amitié avec plusieurs Romains.

(*Jugurtha*, ch. VI.)

V

Ambition de Marius.

Vers le même temps, Marius offrant à Utique un sacrifice aux dieux, l'aruspice lui avait annoncé de grandes et merveilleuses destinées, l'engageant à mettre à exécution, sûr de l'appui des dieux, les projets qu'il avait conçus, et à mettre le plus souvent qu'il pourrait sa fortune à l'épreuve : tout devait réussir. Depuis longtemps Marius brûlait d'arriver au consulat. Excepté l'ancienneté de la race, il avait tous les titres pour l'obtenir : l'activité, la probité, une profonde expérience de l'art militaire, une âme ardente à la guerre, modérée dans la vie civile, invincible aux plaisirs et aux richesses, ne respirant que la gloire.

Il était né à Arpinum, où son enfance fut élevée. Dès qu'il fut en âge de porter les armes, les exercices des camps, et non l'éloquence grecque ou les délicatesses de la ville, lui servirent d'étude ; son âme forte s'était promptement développée parmi ces louables pratiques. Aussi, lorsqu'il brigua, en premier lieu, le tribunat militaire, bien que ses traits fussent inconnus à la plupart des citoyens, leurs suffrages unanimes témoignèrent que son nom était assez connu. A partir de cette magistrature, il s'éleva successivement par tous les degrés, et, dans tous ses emplois, il se comporta de manière à paraître digne d'une place plus élevée. Cependant cet homme, jusqu'alors irréprochable, car dans la suite l'ambition le perdit, n'osait demander le consulat. C'est qu'alors encore le peuple se contentait des autres magistratures, tandis que les nobles se transmettaient le consulat de main en main. Tout homme nouveau, quels que fussent sa renommée et l'éclat de ses actions, était à leurs yeux indigne de cet honneur, et pour ainsi dire taché.

Cependant, lorsque Marius vit la réponse de l'aruspice s'accorder si bien avec ses prétentions ambitieuses, il demanda un congé à Métellus, pour aller présenter sa candidature. Le mérite, la gloire, et toutes les belles qualités qui brillaient en Métellus, s'alliaient à une âme dédaigneuse et hautaine, défaut général de la noblesse.

Aussi, frappé d'abord de cette démarche extraordinaire, il en témoigne sa surprise, et, comme par amitié, il conseille à son lieutenant de renoncer à une idée si étrange, de ne pas élever ses vœux au-dessus de sa condition : il ne convenait pas à tous les hommes de prétendre à tout ; il devait se trouver assez satisfait de sa fortune, et ne pas s'exposer à demander au peuple une chose qui pourrait lui être refusée avec raison. Ces observations et d'autres du même genre n'ébranlant point la résolution de Marius, le consul ajouta que, dès que les affaires publiques le permettraient, il accéderait à ses vœux.

Et comme Marius ne cessait, par la suite, de réitérer sa demande, on rapporte qu'il lui dit : « Ne te presse pas tant de partir ; il sera assez tôt pour toi de demander le consulat avec mon fils. » Ce jeune homme, qui servait alors en Afrique sous la discipline de son père, était âgé de vingt ans environ.

Cette repartie embrasa Marius et d'ardeur pour la dignité qu'il ambitionnait, et de haine contre Métellus.

Il n'écoute plus que la passion et le ressentiment, détestables conseillers; il ne s'interdit aucune démarche, aucun propos qui puisse servir son ambition dans les quartiers d'hiver où il commande; il laisse la discipline se relâcher; vis-à-vis des marchands, fort nombreux à Utique, c'est avec un ton de censeur, et en même temps avec forfanterie qu'il parle de la guerre : qu'on lui confie seulement la moitié de l'armée, et, avant peu de jours, il tiendra Jugurtha dans les fers; c'est à dessein que le général traîne en longueur, parce que le commandement sourit trop à sa vanité, à son orgueil tout royal. Toutes ces insinuations leur paraissaient d'autant mieux fondées, que la durée de la guerre avait compromis leur fortune, et que la chose qu'on désire arrive toujours trop lentement.

VI

Tableau de Rome.

L'habitude de ces luttes entre le parti populaire et la faction du sénat, ainsi que tous les désordres qui en résultent, avait pris naissance à Rome quelques années auparavant, à la faveur du repos et de l'abondance de ces biens que les hommes préfèrent à tout.

En effet, avant la ruine de Carthage, le peuple et le sénat concouraient, dans un esprit de paix et de modération, au gouvernement de la République ; les citoyens ne rivalisaient entre eux ni d'honneurs ni de pouvoir, la crainte de l'ennemi maintenait l'État dans les bons principes. Mais une fois les esprits libres de cette terreur, la licence et l'orgueil, cortége ordinaire de la prospérité, firent invasion. Ainsi ce repos, qu'ils avaient souhaité dans l'adversité, leur devint, une fois acquis, plus funeste et plus cruel que l'adversité même. Dès lors la noblesse se fit de sa dignité, le peuple de sa liberté une passion fantasque ; on vit chacun attirer à soi, empiéter, usurper. Ainsi tout fut divisé en deux partis hostiles, entre lesquels la république fut étouffée.

Au reste, la noblesse l'emportait par son concert; le peuple, dont l'action manquait d'ensemble et d'unité, avait, malgré sa multitude, moins de force réelle.

Quelques individus réglaient tout à leur guise, au dedans et au dehors. Trésor public, provinces, magistratures, gloire, triomphes, tout était entre leurs mains ; le peuple gémissait sous le poids du service militaire et de l'indigence.

Le butin fait à la guerre était la proie des généraux et de quelques affidés.

Pendant ce temps les parents et les jeunes enfants des soldats, s'ils avaient quelque puissant voisin, étaient chassés de leurs foyers. Ainsi la domination enfanta une cupidité sans mesure et sans frein, qui envahit, profana, ravagea tout, qui ne respecta rien, n'eut rien de sacré, et finit par se précipiter elle-même dans l'abîme. En effet, dès qu'il s'éleva du sein de la noblesse des hommes capables de préférer la vraie gloire à une injuste puissance, tout l'État fut ébranlé, et il se fit un déchirement intérieur semblable à ces commotions qui ébranlent la terre.

Après que Tibérius et C. Gracchus, dont les ancêtres, soit dans les guerres puniques, soit dans les autres guerres, avaient tant fait pour l'agrandissement de la république, eurent entrepris de rendre la liberté au peuple et de mettre au jour les crimes des grands, la noblesse, qui tremblait en se sentant coupable, avait fait agir, tantôt les alliés et les Latins, tantôt les chevaliers, que l'espoir de partager avec elle avait détachés du peuple pour traverser les tentatives des Gracques. D'abord Tibérius, tribun du peuple, puis, quelques années plus tard, Caius, héritier de ses desseins, et triumvir pour l'établissement des colonies nouvelles, et avec lui M. Fulvius Flaccus, périrent égorgés. Sans doute l'ardeur de vaincre avait fait sortir les Gracques des bornes de la modération ; mais il vaut mieux succomber avec le droit que de triompher de l'injustice par le crime.

La noblesse, usant arbitrairement de son triomphe, frappa de mort ou d'exil une foule de citoyens, et se prépara par là, pour l'avenir, plus de dangers que de puissance.

Voilà ce qui ruine presque toujours les grands États, quand

un parti veut triompher de l'autre à tout prix, et s'acharne sur les vaincus.

Mais si je voulais parler en détail, et selon l'importance de ces sujets, des passions des partis et de l'ensemble de nos mœurs politiques, le temps me manquerait plutôt que la matière.

(*Jugurtha*, XL.)

VII

Portrait de Sylla.

Mais puisque le nom de ce grand homme s'est présenté à nous, il me paraît à propos d'esquisser brièvement son caractère et ses mœurs ; car je ne trouverai ailleurs aucune occasion de parler de Sylla, et Sisenna, le meilleur et le plus exact de ses historiens, ne s'est pas exprimé, selon moi, avec assez d'indépendance. Sylla était donc d'une famille noble et patricienne, mais presque rentrée dans l'obscurité par l'incapacité de ses ancêtres. Il était versé, et également profond, dans les lettres grecques et latines ; son âme était grande ; il avait soif de plaisirs, mais plus encore de gloire. Voluptueux au sein du repos, jamais cependant il ne se laissa détourner de ses devoirs par le plaisir, si ce n'est qu'il aurait pu tenir une conduite plus honorable comme époux. Doué d'éloquence et de souplesse, il se liait aisément, et apportait dans l'art de feindre une profondeur d'esprit incroyable ; sa main semait les dons, et surtout l'argent.

Le plus heureux des mortels jusqu'au moment où il triompha de ses concitoyens, sa fortune ne fut jamais supérieure à son génie, et plusieurs ont douté s'il eut plus de mérite ou plus de bonheur. Quant à ce qu'il fit plus tard, je ne sais si j'éprouverais plus de honte ou plus de douleur à en parler.

Étant donc, comme nous l'avons dit plus haut, arrivé en Afrique au camp de Marius avec la cavalerie, il ne tarda pas, bien que novice jusque-là en fait de guerre, à devenir consommé dans cet art. Affable envers les soldats, il ne refusait rien à leurs demandes, et souvent même les prévenait. Lui-même il n'aimait pas à recevoir, et montrait à s'acquitter plus d'empressement qu'on n'en met à payer une dette, il visait plutôt à accroître sans cesse le nombre de ses obligés. Il avait des paroles, tantôt enjouées, tantôt sérieuses pour les moindres de l'armée. Dans les travaux, dans les marches, dans les postes de nuit, il savait se multiplier, et cependant il ne décria jamais, tactique trop ordinaire à une basse ambition, ni le consul, ni aucun de ceux qui se distinguaient ; seulement, pour le conseil comme pour l'action, il ne souffrait pas que personne passât avant lui, et il voulait passer lui-même avant la plupart ; par cette conduite, il devint en peu de temps cher à Marius et aux soldats.

VIII.

Marius au peuple après son élection.

Cependant Marius, porté au consulat, comme nous l'avons dit plus haut, par les vœux ardents du peuple, n'a pas plutôt reçu le commandement de la Numidie, que la haine qu'il portait depuis longtemps à la noblesse se déchaîne partout avec un redoublement d'animosité. Il les attaque, tantôt individuellement, tantôt en corps ; il va répétant qu'ils sont vaincus, que son consulat est leur dépouille ; en un mot, il n'a que des paroles pompeuses pour lui-même, amères pour eux.

Cependant les besoins de la guerre l'occupent avant tout : il réclame des renforts pour compléter les légions ; il demande des auxiliaires aux rois, aux peuples et aux alliés ; il fait appel aux plus braves soldats du Latium, qu'il connaissait la plupart par les camps, les autres de réputation ; ses obsessions décident même des hommes libérés du service à partir avec lui. Bien que le sénat lui fût hostile, il n'osait lui rien refuser, il avait même voté avec plaisir les levées supplémentaires, pensant que le peuple n'avait que répugnance pour le service et que Marius perdrait par là soit la ressource sur laquelle il comptait pour la guerre, soit la faveur de la multitude. Mais cet espoir fut trompé, tant la foule montra de passion à suivre Marius. Chacun se voyait déjà rentrant dans ses foyers vainqueur, riche de butin, et se faisait mille autres illusions du même genre. Un discours de Marius n'avait pas peu contribué à cet enthousiasme. Lorsqu'il s'agit, après avoir obtenu toutes les demandes, de procéder aux enrôlements, voulant exhorter la multitude, et aussi se livrer à ses attaques ordinaires contre la noblesse, il convoqua une assemblée du peuple, et s'exprima en ces termes :

« Citoyens, je sais que la plupart de vos magistrats n'apportent pas dans l'exercice du pouvoir les qualités qu'ils ont montrées pour l'obtenir. D'abord actifs, humbles et modestes, bientôt ils s'abandonnent à la mollesse et à l'orgueil. Pour moi, je pense tout autrement : car autant la république est au dessus du consulat ou de la préture, autant il convient de mettre à la bien gouverner plus de soin qu'à briguer ses charges. Je n'ignore pas non plus quelle tâche m'impose le bienfait signalé que j'ai reçu de vous : préparer la guerre et ménager le trésor public, contraindre au service des gens à qui l'on ne voudrait pas déplaire, surveiller tout au dedans comme au dehors, et se livrer à ces soins au milieu des jalousies, des traverses et des intrigues, c'est une tâche, citoyens, plus rude qu'on ne pense. Ce n'est pas tout : un autre, s'il vient à faillir, a pour le protéger l'ancienneté de sa race, les exploits de ses ancêtres, le crédit de ses parents et de ses alliés, la multitude de ses clients. Moi je n'ai d'espérances qu'en moi-même ; ce n'est que par le mérite et l'intégrité que je peux les soutenir ; car tous les autres appuis sont fragiles. Je comprends encore que tous les regards sont attachés sur moi, que tous les citoyens bons et honnêtes me veulent du bien, parce que tous mes services tendent à l'intérêt public, mais que la noblesse ne cherche qu'une occasion d'attaquer. Je dois donc redoubler d'efforts pour empêcher qu'ils ne vous surprennent, et faire avorter leurs complots. La vie que j'ai menée depuis mon enfance jusqu'à ce jour m'a familiarisé avec tous les travaux et tous les périls. La conduite que je tenais gratuitement avant vos bienfaits, je n'ai pas l'intention, citoyens, d'y renoncer après en avoir reçu le prix. Ils ont bien de la peine à se contenir dans l'exercice du pouvoir, ceux chez qui l'honnêteté n'a été que le masque de l'ambition.

Mais pour moi, dont toute la vie s'est passée dans les louables travaux, l'habitude de bien faire est devenue une seconde nature. Vous m'avez chargé de la guerre contre Jugurtha, et la noblesse en a ressenti une vive douleur. Considérez, je vous en prie, s'il vaudrait mieux abroger ce choix, et choisir parmi cet essaim de nobles, pour le mettre à la tête de cette entreprise ou de toute autre pareille, un homme d'antique lignée, qui puisse montrer beaucoup de portraits de famille comme état de services. Le voyez-vous, dans cette haute mission, ignorant toutes les choses nécessaires, s'agiter, perdre la tête, et prendre pour lui faire la leçon quelque plébéien? Car souvent il arrive que l'homme que vous chargez du commandement a besoin d'en trouver un autre qui le commande.

Et j'en connais, moi, citoyens, qui ne se sont mis qu'après avoir obtenu le consulat, à lire l'histoire de nos ancêtres et les théories militaires des Grecs : c'est faire les choses à rebours; car si l'action vient après l'élection dans l'ordre du temps, elle doit la précéder, si l'on tient compte de l'exercice et de l'expérience qu'elle suppose. Faites maintenant, citoyens, un parallèle entre ces patriciens superbes, et moi, homme nouveau. Ce qu'ils ont coutume de lire ou d'entendre raconter, moi, je l'ai vu de mes yeux et fait de ma main; ce qu'ils ont appris dans les livres, je l'ai appris aux camps. Maintenant c'est à vous d'examiner lequel vaut le mieux des actions ou des paroles. Ils méprisent en moi l'homme nouveau, je méprise en eux l'homme sans cœur; on peut me reprocher le tort de la fortune, à eux leurs infamies. Et même, selon moi, tous les hommes sont d'une seule et même nature, et c'est le courage seul qui fait la noblesse. Si l'on pouvait demander au père d'Albinus et de Bestia qui, d'eux ou de moi, ils eussent voulu avoir pour fils, ne pensez-vous pas qu'ils répondraient qu'ils eussent préféré être les pères des fils les plus vertueux? Que s'ils ont le droit de me mépriser, eh bien! qu'ils méprisent de même leurs ancêtres, en qui la noblesse a commencé, comme en moi, par le mérite. Ils m'envient l'honneur que j'ai reçu; qu'ils m'envient donc aussi mes travaux, mon intégrité, mes périls, puisque c'est à ce prix que je l'ai gagné. Mais, corrompus par l'orgueil ils vivent comme s'ils faisaient fi de vos honneurs, et ils les demandent comme s'ils les avaient mérités.

Qu'ils s'abusent étrangement, lorsqu'ils espèrent à la fois deux choses si incompatibles, la douceur de ne rien faire et les récompenses de la vertu ! Toutes les fois qu'ils prennent la parole, soit dans cette assemblée, soit au sénat, leurs discours roulent d'un bout à l'autre sur le mérite de leurs aïeux ; ils pensent, en rappelant leurs belles actions, se faire valoir eux-mêmes ; mais c'est tout le contraire, car plus la conduite de leurs aïeux fut éclatante, plus leur propre nullité est scandaleuse. Oui, il en est ainsi, la gloire des ancêtres est, pour les descendants, comme un flambeau, qui ne laisse dans l'obscurité ni leurs vertus ni leurs vices. Pour moi, citoyens, je suis pauvre de tous ces titres ; mais ce qui vaut beaucoup mieux, je peux citer mes propres actions. Maintenant voyez leur injustice, ce qu'ils s'arrogent au nom d'un mérite étranger, ils ne veulent pas que je le tienne du mien, sans doute parce que je n'ai point de portraits de famille, et que ma noblesse ne fait que commencer ; comme s'il ne valait pas mieux fonder soi-même sa noblesse que de dégrader celle qu'on a reçue.

Je n'ignore pas que, s'ils veulent me répondre, ils auront à leur service des phrases éloquentes et bien arrangées. Mais, lorsqu'à l'occasion du bienfait insigne que vous m'avez accordé ils se répandent partout en invectives contre vous et contre moi, je n'ai pas voulu garder le silence, de peur qu'on ne prît ma modération pour un aveu. Pour ce qui me concerne, aucun de leurs discours, si je ne m'abuse, ne saurait m'atteindre : vrai, il ne peut dire que du bien ; faux, ma conduite et mon caractère le démentent. Mais puisqu'on attaque votre choix, par lequel vous m'avez confié cet honneur suprême et cette haute mission, réfléchissez-y encore une fois, s'il y a lieu de vous en repentir. Je ne puis pour justifier votre confiance étaler les images, les triomphes ou les consulats de mes ancêtres, mais je pourrais au besoin montrer des lances, un étendard, des colliers d'honneur et autres récompenses militaires, et en outre des cicatrices, toutes par devant. Voilà mes images, voilà ma noblesse : ce n'est pas, comme la leur, un héritage qui m'ait été transmis ; c'est le prix de travaux et de périls sans nombre.

Mes paroles ne sont pas arrangées avec art, je m'en soucie médiocrement ; le mérite se révèle assez par lui-même, c'est à eux qu'une éloquence artificieuse est nécessaire pour farder la honte de leurs actions. Je n'ai jamais étudié les lettres grecques ; je faisais peu de cas d'une étude qui n'a pas donné plus de vertu à ceux qui la professent. Mais j'ai appris des choses bien plus utiles pour la République, à frapper l'ennemi, à garder un poste, à ne rien craindre que le déshonneur, à supporter également le froid et le chaud, à coucher sur la dure, à endurer simultanément les privations et les fatigues. Voilà les leçons que j'inspirerai à vos soldats ; je n'aurai pas un régime dur pour eux, doux pour moi-même ; je n'exploiterai pas leur peine au profit de ma gloire. Voilà le commandement qui profite et qui convient chez un peuple libre. Car se donner à soi-même du bon temps, pendant qu'on fait peser sur l'armée une discipline de fer, c'est le fait d'un despote et non d'un général. C'est en pratiquant de tels principes que nos ancêtres ont fait leur grandeur et celle de la République. Aujourd'hui la noblesse, s'autorisant de leurs noms, sans chercher elle-même à les imiter, nous méprise, nous leurs émules ; elle réclame de nous tous les honneurs, non comme une récompense méritée, mais comme un patrimoine.

Mais qu'ils sont aveugles dans leur orgueil ! Leurs ancêtres leur ont laissé tout ce qui peut se transmettre, richesses, images, glorieux souvenirs, mais ils ne leur ont pas laissé la vertu ; c'était chose impossible : car la vertu seule n'est pas un présent qu'on puisse donner ou recevoir.

Je ne suis, à leur dire, qu'un homme rustique, qu'un esprit grossier, parce que je m'entends peu à ordonner un festin, parce que je n'ai pas d'histrion à mon service, ni de cuisinier qui ait coûté plus cher qu'un valet de ferme. C'est un aveu, citoyens, que je me plais à faire ; car j'ai appris de mon père et d'autres personnages vénérables que le luxe est fait pour les femmes, et le travail pour les hommes, que l'homme de cœur a plus besoin de gloire que d'argent, et qu'il a pour parure ses armes plutôt qu'un vain attirail.

Eh bien donc ! qu'ils passent leur vie à faire ce qui leur plaît tant, ce qu'ils trouvent si doux ; qu'ils se livrent à la boisson, à l'amour; qu'ils passent leur vieillesse comme ils ont fait leur jeunesse, au milieu des festins, esclaves de leur ventre et de leurs plus grossiers appétits ; qu'ils nous laissent à nous la sueur, la poussière et toutes les fatigues, puisque nous y trouvons plus de douceur qu'aux repas exquis.

Malheureusement il n'en va point ainsi : après s'être vautrés dans toutes les débauches, ils viennent disputer à la vertu sa récompense. Aussi par une criante injustice, la luxure et l'inertie, ces habitudes si méprisables, ne portent aucun préjudice à ceux qui s'y livrent, et tournent en ruine à la République innocente.

Maintenant que je leur ai fait une réponse mesurée à mon caractère plutôt qu'à leur turpitude, quelques mots sur les affaires de l'État.

Avant tout, citoyens, rassurez-vous au sujet de la Numidie; car tout ce qui a jusqu'à présent fourni des armes à Jugurtha, vous l'avez fait disparaître ; je veux dire, l'avarice, l'impéritie, l'orgueil. Vous avez en Numidie une armée au fait des lieux, mais assurément moins heureuse que brave ; car elle a été cruellement décimée, grâce à l'avarice et à l'inexpérience de ses chefs. Vous donc qui êtes en âge de porter les armes, joignez vos efforts aux miens et travaillez pour la République.

Que personne ne voie un sujet de crainte dans le malheur des premières armées, ou dans l'orgueil des généraux. Moi-même je serai là, dans la marche, dans l'action votre guide, et en même temps le compagnon de vos périls ; je serai pour vous comme pour moi. Et certes, avec l'appui des dieux, la moisson est mûre : à nous la victoire, le butin, l'honneur ; si c'étaient des espérances douteuses ou lointaines, il conviendrait encore aux gens de cœur de se dévouer pour la République. Car la lâcheté n'a rendu personne immortel, et aucun père ne souhaite pour ses enfants une vie éternelle, mais bien plutôt une vie digne et honorable.

Citoyens, j'en dirais davantage, si les paroles donnaient du cœur aux lâches ; car, pour les braves, je crois en avoir dit assez. »

(*Jugurtha*, LXXXIV.)

IX

Parallèle de César et de Caton.

De nos jours il s'est rencontré deux hommes d'un mérite supérieur, quoique d'un caractère opposé, M. Caton et C. César. Puisque l'occasion s'est offerte, il me coûterait de passer leurs noms sous silence ; j'essayerai, dans la mesure de mes forces, de peindre leurs caractères et leurs mœurs.

La naissance, l'âge, l'éloquence, les plaçaient à peu près sur le même rang ; chez eux, l'élévation du cœur était égale, ainsi que la gloire, mais dans un genre différent. César se montrait grand par ses bienfaits et sa munificence, Caton, par l'intégrité de sa vie ; l'un s'était fait un nom par sa douceur et son humanité ; chez l'autre, la sévérité ajoutait au respect. Donner, soulager, pardonner, telle fut la gloire de César ; n'accorder jamais rien, celle de Caton. Le premier était le refuge des malheureux, l'autre le fléau des méchants ; on vantait la facilité de l'un, l'inflexibilité de l'autre. Enfin César s'était fait un système de l'activité et de la vigilance ; dévoué aux intérêts de ses amis, il oubliait les siens ; il ne refusa jamais une chose qui valût la peine d'être donnée ; ce qu'il souhaitait pour lui-même, c'était un grand commandement, une armée, une guerre nouvelle, où son mérite pût éclater. Caton avait au contraire le goût de la modestie, de la décence et surtout de l'austérité. Il ne rivalisait ni d'opulence avec les riches, ni de brigues avec les factieux, mais d'énergie avec les plus fermes, de retenue avec les plus modestes, d'intégrité avec les plus incorruptibles ; il aimait mieux être homme de bien que de le paraître : aussi moins il cherchait la gloire, plus elle venait à lui.

(*Catilina*, ch.)

X

Corruption des mœurs à Rome. — Portrait de Catilina.

Mais lorsque la République se fut agrandie par l'activité et la justice, qu'elle eut dompté par la guerre de puissants monarques, subjugué par la force des armes des nations sauvages et des peuples considérables ; lorsque Carthage, la rivale de l'empire romain, eut péri de fond en comble, et que toute la terre et toutes les mers nous furent ouvertes, alors la fortune se mit à sévir et à tout confondre. Ceux qui avaient résisté sans peine aux fatigues, aux dangers, aux épreuves les plus dures et les plus critiques, trouvèrent dans le repos et dans l'opulence, que d'autres peuvent désirer, un fardeau qui les accable. On vit se développer d'abord la soif de l'or, ensuite celle du pouvoir ; ce fut là comme la source de tous les maux. En effet l'avarice ruina la bonne foi, la probité, et toutes les autres vertus ; à leur place, elle enseigna l'orgueil, la cruauté, le mépris des dieux, la vénalité sans bornes. L'ambition fit prendre un masque à la plupart des hommes ; on eut une pensée cachée au fond du cœur, une autre sur les lèvres ; la haine et l'amitié ne furent plus un sentiment, mais un calcul ; l'honnêteté se porta sur le visage, et non dans le cœur.

Ces vices ne s'accrurent d'abord que lentement ; on les réprima de temps en temps, mais lorsque le fléau, semblable à un mal contagieux, eut fait irruption, la face de l'État fut changée, et la domination romaine, auparavant si juste et si pure, devint cruelle et intolérable.

Lucius Catilina, issu d'une illustre famille, avait une grande force d'âme et de corps ; mais son esprit était mauvais et pervers. Dès son adolescence, il se complut dans les guerres intestines, le meurtre, les rapines, les discordes civiles, qui furent encore l'exercice de sa jeunesse. Son corps supportait les privations, les veilles, la rigueur du froid avec une incroyable facilité. Esprit audacieux, rusé, plein de souplesse, il savait tout dissimuler et tout feindre ; avide du bien d'autrui, prodigue du sien, il était de feu dans ses passions ; assez de faconde, de jugement peu. Son âme exaltée ne nourrissait que des désirs extraordinaires, démesurés, chimériques. Depuis la toute-puissance de Sylla, il brûlait du désir de s'emparer du pouvoir ; et pourvu qu'il parvînt à régner, il ne reculait devant aucun moyen pour atteindre ce but. Chaque jour le délabrement de sa fortune et le remords de ses crimes redoublaient la violence de on caractère farouche ; et ce double tourment s'aggravait sans cesse par la conduite dont je viens de parler. Il trouvait encore un aiguillon dans la corruption des mœurs publiques, que travaillaient deux vices déplorables et opposés entre eux, le luxe et la cupidité.

(*Catilina*, v.)

XI

Mort de Catilina.

Ce discours achevé, il attendit quelques instants ; puis il ordonna aux trompettes de sonner, et fit descendre son armée en bon ordre sur un terrain uni. Tous les chevaux sont renvoyés, pour que l'égalité du péril redouble l'ardeur du soldat; lui-même, mettant pied à terre, il range son armée selon la nature des lieux et le nombre des troupes. Comme il occupait une plaine bornée à gauche par les montagnes, à droite par un roc escarpé, il compose son front de bataille de huit cohortes; les autres, en colonnes plus serrées, forment la réserve. Il en avait tiré et extrait tous les centurions, ainsi que les meilleurs des simples soldats régulièrement armés, pour les faire passer à la première ligne. Il donne le commandement de la droite à C. Manlius, celui de la gauche à un obscur capitaine de Fésules; lui-même, à la tête des affranchis et des colons, se tient près de cette aigle que Marius, disait-on, avait eue dans son armée pendant la guerre contre les Cimbres. De l'autre côté, C. Antonius, souffrant de la goutte et hors d'état d'assister à la bataille, remet le commandement à son lieutenant L. Pétréius. Celui-ci met en tête les cohortes des vétérans, qu'il avait enrôlées à l'occasion du *tumulte* ; derrière elles, le reste de l'armée est placé en réserve.

Lui-même, à cheval, parcourt les rangs, appelle ses soldats par leur nom, les exhorte, les conjure de se souvenir qu'ils ont affaire à des brigands mal armés, qu'ils combattent pour leur patrie, leurs enfants, leurs foyers et leurs autels. Militaire vieilli dans les camps, après avoir pendant plus de trente années parcouru avec gloire les grades de tribun, de préfet, de lieutenant, de préteur, il connaissait la plupart de ses hommes, et les belles actions de chacun ; en les leur rappelant, il enflammait le courage des soldats.

Toutes ces dispositions prises, Pétréius fait sonner la charge, et ordonne à ses cohortes de s'avancer lentement. L'armée ennemie fait de même. Quand on se fut assez approché pour que les hommes de trait pussent engager l'action, les deux armées, enseignes déployées, se heurtent avec de grands cris. On laisse de côté les javelots ; c'est l'épée à la main qu'on attaque. Nos vétérans, pleins du souvenir de leur ancienne valeur, luttent corps à corps avec acharnement; les autres soutiennent vaillamment le choc.

On voyait Catilina, avec ses troupes légères, combattre au premier rang, soutenir ceux qui pliaient, faire avancer des troupes fraîches pour remplacer les blessés, pourvoir à tout, payer lui-même de sa personne, frapper l'ennemi à coups redoublés, et remplir à la fois les devoirs de brave soldat et de bon général. Pétréius, voyant Catilina résister avec une vigueur à laquelle il ne s'était pas attendu, lance la colonne prétorienne sur le centre des ennemis, les met en désordre, les disperse et les taille en pièces ; puis il attaque sur les deux flancs le reste de leur armée. Manlius et le Fésulan tombent des premiers. Voyant que son armée est en déroute et qu'il reste seul avec un petit nombre de combattants, Catilina, fidèle au souvenir de sa naissance et de son ancienne dignité, se précipite au plus épais des rangs ennemis, et trouve la mort les armes à la main.

CHAPITRE V

Cicéron. — L'éloquence avant Cicéron. — Cicéron rhéteur. — Cicéron orateur. — Plaidoyers. — Discours politiques. — La philosophie avant Cicéron. — Cicéron philosophe. — Les lettres de Cicéron. — Les poésies de Cicéron.

§ I.

Il n'y a pas dans l'histoire de la littérature romaine de plus grand nom que celui de Cicéron. Les contemporains, les générations qui suivirent, le moyen âge, la renaissance et les derniers siècles reconnurent et proclamèrent hautement sa gloire. La critique moderne lui est moins favorable. M. Mommsen en particulier le traite avec une dureté et un mépris aussi injustes que peu convenables. A qui espère-t-on persuader que Cicéron n'est pas un écrivain, mais un pur *styliste ?* que c'est un journaliste sans idées, un feuilletoniste épuisé ? qu'il n'avait ni conviction ni passion, et que par conséquent il ne pouvait être un orateur ; qu'il ne fut qu'un avocat, et un mauvais avocat (1) ? De tels jugements se réfutent par leur violence même. Le grand crime de Cicéron aux yeux de certains critiques modernes, c'est d'être resté fidèle au parti de la liberté. Peut-être a-t-il compris aussi bien qu'un autre la révolution qui se préparait ; on pourrait en citer plus d'un témoignage tiré de ses écrits ; mais il n'a pu s'y résigner, et en cela, il

---

(1) Mommsen, *Römische Geschichte*, t. III, p. 602 et suiv.

était du sentiment de Caton, de Brutus, des plus honnêtes gens qu'il y eût alors. C'étaient, dira-t-on, des esprits étroits, exclusifs, bornés. L'empire était utile, nécessaire. On oublie sans doute les épouvantables calamités qui précédèrent l'établissement du pouvoir d'un seul, et qui le firent accepter par épuisement (*cuncta discordiis civilibus fessa accepit*); on oublie surtout ce que furent les successeurs d'Auguste, pour ne voir et n'admirer que le bien-être relatif des provinces, l'égalité des droits civils et politiques se répandant de plus en plus dans le monde. Mais peut-on exiger des hommes qui vécurent cinquante ans avant ces événements, qui naquirent et moururent pour la liberté telle qu'ils l'entendaient, telle que l'avaient entendue leurs pères, une intelligence, disons mieux, une divination claire des conséquences possibles d'une révolution qui détruisait la vieille Rome, divination que n'avaient peut-être pas ceux-là mêmes qui en furent les auteurs ? Il faut replacer les hommes dans le milieu où ils ont vécu, et ne leur pas demander des idées qui ne vinrent au monde qu'après eux. Il faut surtout respecter la fidélité aux convictions, et l'honorabilité du caractère. Cicéron commit plus d'une faute, tomba dans plus d'une inconséquence ; mais je ne sache pas qu'on lui ait fait jamais l'injure de le comparer à un César, à un Antoine, à un Octave.

Aussi vainement lui chercherait-on un égal en gloire littéraire. Il est au premier rang par le nombre, la variété, l'importance et la perfection des ouvrages. La langue latine n'a pas de représentant plus autorisé. On peut critiquer l'abondance parfois stérile de son style ; il faudrait être bien téméraire pour critiquer sa diction. Si ce n'est pas un génie créateur (et je ne sais si Rome en a produit un seul), c'est le plus riche, le plus éloquent, le plus clair des vulgarisateurs. Il n'a rien inventé en philosophie; mais il a résumé pour ses contemporains et avec une critique suffisante, les travaux les plus importants de la philosophie grecque : il doit être regardé comme l'introducteur de ces études, fort négligées et méprisées avant lui. Orateur et rhéteur, il a donné des préceptes excellents dans un excellent langage, et des modèles admirables. Épistolographe, il représente presque seul pour nous un genre littéraire d'une importance considérable pour l'histoire. Il se proposait d'écrire l'histoire, et il l'eût écrite comme l'aimaient les Romains, en orateur et en moraliste. Il a même été poëte, et non sans gloire au jugement de ses contemporains. Enfin la rhétorique, l'éloquence, la philosophie morale chez les Romains, se réduiraient pour nous à fort peu de chose, si Cicéron n'eût pas existé. A défaut d'autre originalité, c'en est une qui vaut la peine qu'on la signale. Il est à vrai dire le centre où aboutit forcément tout le mouvement littéraire de son temps. De plus, il est depuis Caton, mort quarante-trois ans avant sa naissance, le seul prosateur qui nous permette de juger des progrès de la langue. Que l'on compare le *De re rustica* aux premiers plaidoyers de Cicéron, et l'on verra quelle transformation avait subie l'idiome national en si peu de temps.

§ II.

ÉLOQUENCE.

Parlons d'abord de l'éloquence avant Cicéron.

L'éloquence est le genre national par excellence, c'est celui de tous qui exige le moins d'invention et le plus de force. L'orateur en effet n'est point obligé de créer la matière de ses discours : ce sont les faits qui la lui donnent. *Eloquentia veluti flamma materia alitur.* L'art ne vient qu'après ; c'est la mise en œuvre des matériaux. Sans eux, il n'est rien qu'un vain exercice de déclamation; et son plus beau triomphe, c'est de dissimuler sous les misérables splendeurs de la forme la pauvreté du fond.

L'histoire de l'éloquence se divise donc naturellement en trois périodes. Dans la première, l'éloquence possède déjà tous les éléments nécessaires ; mais la langue est encore informe, et l'art est inconnu. Dans la seconde, la matière la plus riche et la plus variée est offerte à l'éloquence, et de plus tous les préceptes, toutes les ressources de l'art sont connus et possédés par les orateurs. Dans la troisième, l'art seul subsiste ; les faits, source première de l'éloquence, ont disparu. Elle est *pacifiée*, c'est-à-dire éteinte. La première période comprend les premiers siècles de Rome jusqu'à la dictature de Sylla. C'est en effet vers cette époque que la rhétorique commence à être enseignée sérieusement à Rome. La seconde s'étend de la dictature de Sylla au principat d'Auguste. La troisième va de l'établissement de l'empire au cinquième siècle après Jésus-Christ.

La première période offrait à l'éloquence les sujets les plus beaux et les plus variés. Laissons de côté l'époque à demi fabuleuse des rois. L'établissement de la république, qui appelait tous les citoyens à prendre part aux affaires de l'État, dut provoquer chez un grand nombre d'entre eux l'éclosion des premiers germes de l'éloquence. Brutus ne prononça pas devant le peuple les harangues incendiaires et savantes que lui prête Tite-Live ; il parla cependant, il sut faire parler le cadavre de Lucrèce, il souleva les passions de la multitude, et fonda la liberté (1). Si l'on en croit Tite-Live, son collègue Valérius Publicola prononça devant le peuple assemblé l'éloge funèbre de ce grand homme (2), usage qui se continua sans interruption jusque dans les dernières années de l'Empire. A peine le peuple est-il délivré de la tyrannie de Tarquin, la grande lutte entre les patriciens et les plébéiens commence. Ceux-ci doivent conquérir lentement et l'un après l'autre tous les droits que s'est réservés la classe privilégiée. Il n'est pas une seule de ces conquêtes qui n'occasionne des troubles et des orages dans l'État. La tradition a conservé le souvenir de l'ingénieuse éloquence de Ménénius Agrippa. Qu'il ait ou non développé devant le peuple étonné le fameux apologue des membres et de l'estomac, il n'importe. Il parla, persuada, rétablit la concorde entre les deux ordres. L'établissement du tribunat créa des orateurs populaires. Inquiets, soupçonneux, toujours sur la brèche pour combattre les prétentions de la noblesse, réclamer l'égalité, poursuivre devant les tribunaux les chefs du patriciat, proposer et défendre des lois nouvelles, les tribuns étaient orateurs et sans doute éloquents. Quelle flamme dans les discours que leur prête Tite-Live ! Avec moins d'emportement, mais plus de majesté, les sénateurs délibéraient dans la curie sur les grands intérêts de la République. Le vieil Appius Claudius aveugle se faisait conduire parmi eux pour combattre le projet d'une paix ignominieuse avec Pyrrhus. Son discours prononcé l'an 474 existait encore du temps de Cicéron. Plutarque en a probablement reproduit les

(1) Voir Cicéron, Brutus, *de Claris oratoribus*, c. 14.
(2) Tite-Live, II, 7.

principaux arguments (1). Importance des intérêts en jeu, élévation des sentiments, sincérité, enthousiasme, passion, les hommes qui jetaient alors les bases de la puissance romaine, possédaient toutes les conditions nécessaires à la véritable éloquence ; mais la langue leur faisait défaut, l'art leur était inconnu.

Le premier auquel Cicéron décerne, sur la foi d'Ennius, le titre d'éloquent, est M. Cornélius Céthégus, qui fut consul en 550 : *Suaviloquentiore, suadæque medulla*, dit le vieux poëte. Il eut pour questeur l'homme le plus remarquable de cette époque, le fameux M. *Porcius Caton*. Nous en avons déjà parlé.

Caton meurt en 605. La civilisation grecque, qu'il avait fini par accepter, pénètre la société romaine. On écrit l'histoire, on prononce des plaidoyers en grec; le Cilicien Cratès, de Malles, enseigne la grammaire ; des philosophes et des rhéteurs ouvrent des écoles; la langue commence à acquérir de la souplesse : elle avait déjà l'énergie et le relief. Quant aux événements, cette matière première de l'éloquence, aucune époque n'en vit jamais de plus importants. La première moitié du septième siècle vit la ruine de Carthage, de Corinthe et de Numance, la soumission de la Macédoine, la réduction de la Grèce, de l'Asie et de l'Afrique en provinces romaines. A l'intérieur, les misères du peuple et de l'Italie, la spoliation des petits propriétaires, l'extension menaçante des domaines de quelques particuliers, provoquent les lois agraires des Gracques. Les déprédations des gouverneurs de provinces donnent naissance à la loi Calpurnia *de repetundis*. Les religions étrangères, celles de l'Orient

---

(1) Plutarch. *Vita Pyrrhi*, c. 19.

surtout, se glissent à Rome, et, bien que proscrites, s'y maintiennent. Enfin la sanglante rivalité de Marius et de Sylla, c'est-à-dire la lutte entre la noblesse et le peuple, va éclater. Ces conquêtes, ces orages intérieurs, ces luttes ardentes suscitent un nombre considérable d'hommes remarquables, presque tous éloquents. Ils sont les prédécesseurs de Cicéron, et l'on peut voir dans le *Brutus* le portrait qu'il a tracé de chacun d'eux. C'est à peine si quelques fragments sans importance de leurs discours nous ont été conservés. Je ne ferai pas, d'après Cicéron, l'énumération de leurs noms et de leurs qualités que nous ne pouvons apprécier ; mais je ne puis cependant passer sous silence les deux fils de Sempronius Gracchus et de Cornélie. Ils consacrèrent à une révolution impossible un courage et une éloquence admirables. Tibérius, l'aîné, avait, dit Plutarque, plus de douceur et de séduction ; il excellait à remuer les cœurs par la pitié. Sa diction était pure et travaillée avec le plus grand soin. Son frère Caius était plus violent et pathétique : son éloquence emportait. Un joueur de flûte placé derrière lui en modérait les éclats (1). L'historien grec traduit sans doute du discours original le fragment qui suit d'une harangue de Tibérius. « Les bêtes sauvages qui habitent l'Italie ont leurs tanières et leurs repaires où elles peuvent se retirer et dormir ; et ceux qui combattent et versent leur sang pour l'Italie n'y ont à eux que l'air et la lumière. Sans maison, sans asile, ils errent de tous côtés avec leurs femmes et leurs enfants. Ils mentent, les généraux qui sur le champ de bataille les exhortent à combattre pour défendre leurs tombeaux et leurs temples. En est-il un seul

---

(1) Plutarch. *Vita Tib. Gracch.*, c. 2.

dans un si grand nombre qui ait un autel domestique et un tombeau où reposent ses ancêtres ? C'est pour entretenir le luxe et l'opulence d'autrui qu'ils se battent et meurent. On les appelle les maîtres du monde; et ils n'ont pas en propriété une motte de terre ! » Cicéron admire surtout Caius Gracchus : « Voici enfin, dit-il, un homme doué du plus beau génie, passionné pour l'étude, et formé dès l'enfance par de savantes leçons; c'est Caius Gracchus... Personne n'a jamais eu une éloquence plus riche et plus abondante... Peut-être, s'il eût vécu, n'eût-il jamais trouvé personne qui l'égalât. Ses expressions sont nobles, ses pensées solides, l'ensemble de sa composition imposant. Il n'a pu mettre la dernière main à ses ouvrages. Plusieurs sont d'admirables ébauches, qui seraient devenues des chefs-d'œuvre. Oui, si un orateur mérite d'être lu par la jeunesse, c'est Caius Gracchus (1). » Son rapide passage à cette tribune où montèrent, où périrent tant de grands orateurs, laissa dans l'imagination des Romains une impression ineffaçable. Trois cents ans plus tard, on lisait et commentait encore dans les écoles des rhéteurs les brûlantes harangues du jeune tribun (2). Aulu-Gelle nous en a conservé quelques fragments d'une rare énergie, et d'un bon sens aiguisé et sarcastique qui emporte la pièce (3). Voici un épisode du discours *de legibus a se promulgatis*. Il est intéressant pour l'histoire des mœurs de cette époque. « Le consul vint dernièrement à Teanum Sidicinum : sa femme lui dit qu'elle désirait se baigner dans les bains des hommes. On donne l'ordre au questeur de Sidicinum, M. Marius,

---

(1) *Brut.*, 33.
(2) Voir Meyer, *Fragm. orat.*, p. 116 et sqq.
(3) *Aul. Gell.* XV, 12 ; XI, 10 ; X, 3.

de faire sortir des bains tous ceux qui s'y lavent. L'épouse du consul se plaint à son mari de ce que les bains ne lui ont pas été livrés sur-le-champ, de ce qu'ils n'étaient pas propres. En conséquence un poteau est planté dans le forum, et là on amène M. Marius, le personnage le plus noble de la cité. On lui enlève ses vêtements, on le frappe de verges. Les habitants de Calès, apprenant cela, ordonnent par un édit que nul ne se présentât pour se baigner quand un magistrat romain serait dans la ville. A Férentum, notre préteur fit saisir pour le même motif les deux questeurs ; l'un se jeta la tête la première du haut d'un mur ; l'autre fut arrêté et frappé de verges. Je vais vous montrer par un seul exemple jusqu'où vont l'insolence et les cruels caprices de ces jeunes gens. Il y a quelques années, on envoya en Asie un tout jeune homme comme lieutenant. Il était porté en litière. Un bouvier de Vénusium le rencontre, et ne sachant qui se faisait porter ainsi, demande en plaisantant : Est-ce un mort que vous portez là ? Il l'entendit, fit arrêter la litière, et avec les bâtons qui la supportaient fit frapper le bouvier jusqu'à ce qu'il rendît l'âme (1). » Les derniers accents de cette éloquence passionnée retentissent encore jusqu'à nous. C'est peu de jours avant sa mort peut-être que Caius s'écriait : « Malheureux, où irai-je ? où porterai-je mes pas ? Est-ce au Capitole ? Mais il est inondé du sang de mon frère ! Est-ce dans ma maison ? Mais j'y trouverai ma mère abattue et se lamentant ! »

(1) Rapprocher de cette narration le fragment de Caton contre L. *Quintius Flamininus*. Tit.-Liv., 39-42.

(2) Cicéron cite ainsi : In Capitoliumne ? at fratris sanguine redundat. Quintilien : In Capitolium ? ad fratris sanguinem ? Ellipse d'une rare énergie.

Tous les contemporains des Gracques étaient orateurs. Jamais un aussi grand nombre d'hommes remarquables ne prirent une part plus directe aux affaires publiques. Il n'y avait pas encore à cette époque d'Épicuriens oisifs ou indifférents. Le sénat, le forum, les tribunaux étaient des champs de bataille toujours ouverts, où l'on se disputait les honneurs, l'influence, le crédit. Il fallait à chaque instant monter à la tribune pour rendre compte de sa conduite, accuser un ennemi, défendre un ami. L'éloquence était une arme, et dans cette orageuse mêlée des passions et des intérêts, quiconque était désarmé, était anéanti. Mais l'étude et l'exercice n'avaient pas encore fourni aux orateurs toutes les ressources de l'art de bien dire. Vifs, énergiques et pressants, ils manquaient de souplesse, d'abondance et d'harmonie. *Horridi et impoliti, et rudes, et informes,* comme dit Tacite (1). Parmi les prédécesseurs immédiats de Cicéron, trois ou quatre seulement possédaient d'une manière encore bien incomplète quelques-unes des qualités qu'il devait porter à un si haut degré. Tels étaient *Lépidus* et *Crassus;* le premier remarquable par « une douceur toute grecque, l'harmonie de ses périodes, et les habiles combinaisons de son style (2); le second, par une rare pureté de langage. Enfin Crassus et Antoine, que Cicéron appelle « *nos plus grands orateurs,* et *les véritables rivaux des Grecs.* » Le premier mourut en 661, Cicéron avait quatorze ans; le second en 666, Cicéron avait dix-neuf ans. Antoine n'écrivit jamais un seul de ses discours, afin, disait-il, que si on lui jetait jamais à la face un mot compromettant, il pût nier

(1) Dialog., c. 18.
(2) Lenitas illa Græcorum et verborum comprehensio, etiam artifex ut ita dicam stylus.

l'avoir prononcé (1). De cet orateur il ne reste donc rien que le témoignage de l'admiration juvénile ou intéressée de Cicéron. Habileté de composition, choix et arrangement des preuves, diction brillante et figurée, action riche, variée et vive (2), il avait presque tous les mérites. Cependant sa voix manquait de sonorité, et son langage, sans être incorrect, n'était pas un modèle d'élégance. Crassus au contraire s'exprimait avec une rare pureté : il avait une gravité noble tempérée par une plaisanterie fine et ingénieuse, un remarquable talent pour définir et développer les principes du droit naturel. On disait de lui : qu'il était le plus habile jurisconsulte d'entre les orateurs, et Scévola le plus grand orateur d'entre les jurisconsultes (3).

Cicéron et ses contemporains.

Cicéron plaida sa première cause sous la dictature de Sylla, il prononça ou composa sa dernière Philippique sous le triumvirat d'Octave, Antoine et Lépide. Cette période de quarante années est la plus orageuse de l'histoire de Rome. Les conspirations contre la liberté sont à l'ordre du jour. Ce ne sont plus seulement les deux grands partis du peuple et des nobles qui se disputent le pouvoir ; des citoyens rêvent pour eux-mêmes la domination absolue. Pompée n'ose s'en emparer, Catilina l'essaye et succombe, César y réussit. Les horribles guerres qui suivent, les pactes monstrueux qui se concluent, se dé-

---

(1) Cicér., *Pro Cluent.*, 50.

(2) C'est lui qui, en plaidant pour Aquilius accusé de concussion, saisit son client, arracha sa tunique, et montra aux juges les cicatrices glorieuses dont sa poitrine était couverte.

(3) Voir Cicéron, *Brutus*, 37, 38, 39 et 40.

nouent enfin par le triomphe définitif du plus habile ; la forme du gouvernement est changée. Mais de telles révolutions, suivies d'une tranquillité morne qui n'est au fond que de l'épuisement, sont le stimulant le plus énergique de l'éloquence. Les passions politiques violemment surexcitées donnent aux moindres événements une couleur particulière. Il y a des conspirateurs dans le sénat, il y en a au forum, aux comices, devant les tribunaux, à la tête des armées. Ce n'est plus la culpabilité ou l'innocence que les avocats et les juges examinent ; c'est la position politique de l'accusé. Parmi les nombreux plaidoyers de Cicéron, trois ou quatre à peine sont exclusivement judiciaires. Il accuse ou défend suivant l'intérêt du parti auquel il appartient dans le moment. Ajoutez à cela les émeutes de la place publique, soulevées souvent par des hommes qui aiment le désordre pour lui-même, comme Clodius ; les tentatives de révolution sociale d'un Rullus, les dramatiques et rapides péripéties d'une guerre civile qui détruit l'un après l'autre et ceux qui la font et la liberté ; et vous n'aurez qu'une idée encore bien imparfaite de l'agitation féconde de cette époque. Que de fois Cicéron déplore les calamités dont il est témoin, ce silence momentané du forum et du sénat et des tribunaux ! Mais s'il lui avait été donné de voir le principat du sanguinaire Octave, les délibérations paisibles du sénat, la bonne tenue des comices, et l'édifiante sagesse des tribunaux ; s'il avait vu enfin cette pacification de l'éloquence qui était a mort même de toute vie publique, il eût redemandé pour sa patrie des Catilina, des Clodius et même des Antoine.

De telles époques sont donc éminemment favorables à l'éloquence. Le désordre, les rivalités ardentes, l'anarchie elle-même, lui sont des stimulants. Que sera-ce, si la langue, enfin assouplie, rapide et sonore, se trouve toute prête pour le combat ? L'étude patiente des modèles grecs, des exercices continuels dans l'un et l'autre idiome, la fréquentation des écoles d'Athènes et de Rhodes ; l'usage assidu de la déclamation, celui des traductions, cette lutte si fortifiante avec un modèle, et par-dessus tout l'ambition, l'amour de la gloire, la certitude de réussir ; tous les éléments les plus favorables à l'éclosion des grands talents et au perfectionnement des ressources naturelles se trouvent ici réunis. Il faut lire dans le *Brutus* le détail des études de Cicéron (1). Quel orateur de nos jours serait capable d'une application aussi obstinée ? Qu'on se reporte ensuite à ce portrait de l'orateur achevé, qu'on analyse tous les dons naturels, toutes les connaissances acquises que Cicéron exigeait de l'homme appelé à parler en public, et l'on comprendra peut-être ce que pouvait être l'éloquence chez des hommes qui s'en faisaient une si haute idée, et qui la cultivaient avec une telle passion.

Presque tous les hommes politiques de cette époque furent des orateurs remarquables : *Hortensius, Cicéron, Licinius Calvus, Marcus Brutus, Marcus Cœlius, Pompée, Sulpicius Rufus, César, Caton, Clodius*, et d'autres encore parurent avec éclat aux tribunaux, au forum, dans le sénat. Mais plusieurs d'entre eux ne songèrent point à revoir et à publier des discours souvent improvisés au hasard du moment et de l'inspiration : les autres prirent ce soin, mais le temps a dévoré leurs œuvres. Qu'importait aux contemporains d'un Dioclétien l'éloquence d'un Hortensius ou d'un Caton ? Cicéron seul a survécu : il

(1) Voir ch. 89, 90, 91, 92.

écrivait et publiait tous ses discours, même ceux qu'il n'avait pas prononcés, comme les Verrines. C'est donc lui qui résume pour nous toute cette période, et même toute l'éloquence romaine. Disons un mot cependant de quelques-uns de ses contemporains.

A leur tête se place *Q. Hortensius Ortalus*, rival et ami de Cicéron : de sept ans plus âgé que lui (né en 640), mort six ans avant lui (704), on l'appelait le roi du barreau (*rex causarum*). Il obtint l'une après l'autre toutes les dignités de la République. Il ne paraît pas avoir eu un caractère parfaitement honorable : avocat, il recevait des présents, et Cicéron lui reprocha en face d'avoir acheté des juges. Souvent opposés l'un à l'autre, comme dans le procès de Verrès, souvent aussi unis pour plaider la même cause ; tous deux membres du collége des augures, et dans les dernières années de leur vie, très-étroitement attachés l'un à l'autre, ils étaient reconnus de tous comme les deux premiers orateurs de leur temps. Cicéron semble avoir jugé Hortensius avec une entière sincérité. Il ne dissimule aucun de ses mérites, et sans trop y insister signale ses défauts. Hortensius était doué d'une mémoire prodigieuse ; il n'écrivait jamais ses discours, ne prenait jamais de notes sur les discours de ses adversaires, et n'en oubliait pas un mot. Il avait un remarquable talent d'exposition et savait surtout résumer d'une façon lumineuse ses arguments et ceux de la partie adverse. Sa diction était noble et élégante, souvent un peu diffuse : c'était ce qu'on appelait alors un *Asiatique*. Son action était surtout admirable. Aussi plaisait-il plus quand on l'écoutait qu'à la lecture. C'est ce qui explique la perte de ses ouvrages (1). Si l'on en croit Quintilien, Hortensius avait

---

(1) Voir les derniers et admirables chapitres du *Brutus*.

composé un traité oratoire sous le titre de *Loci communes*. Sa fille *Hortensia* prononça en public un plaidoyer fort remarquable contre un tribut imposé aux matrones par les triumvirs. Elle obtint gain de cause (1).

Après Hortensius, on cite *C. Licinius Calvus*, qui disputa à Cicéron le premier rang et mourut à trente ans; *Servius Sulpicius Rufus*, jurisconsulte et orateur fort remarquable ; *Pompée*, orateur plein de gravité, mais froid ; *C. Curio*, dont Lucain a dit : *Audax venali comitatur Curio lingua; Caton d'Utique*, que Salluste place sur la même ligne que César ; *M. Junius Brutus*, le meurtrier du dictateur, et enfin *César* lui-même, dont Cicéron disait : « J'estime que de tous les orateurs, c'est lui qui s'exprime avec le plus d'élégance. » Suivant Quintilien, lui seul était capable de disputer à Cicéron le premier rang. Mais son âme voulait une autre gloire.

Cicéron fut avant tout un orateur. « Oui, je l'avoue, dit-il, je suis entièrement adonné à de telles études. Que d'autres en rougissent, s'il leur plaît ; mais pourquoi en rougirais-je, moi qui depuis tant d'années n'ai refusé à personne le secours de mon éloquence, moi que ni le repos, ni le plaisir, ni le sommeil même n'ont détourné ou arrêté dans cette carrière ? » Et ailleurs : « Tous les services que j'ai rendus à la République, si je lui en ai rendu, c'est à ces maîtres, c'est à ces études que je le dois : ce sont eux qui m'ont formé, préparé, armé pour la patrie. » Tout ce qu'il dit, tout ce qu'il écrit a la couleur oratoire, c'est à l'éloquence qu'il dut tous ses succès et tous ses revers, ce fut son éloquence qui le tua.

Je glisserai rapidement sur les événements qui compo-

---

(1) *V. Maximus*, VIII; Appian., *Bel. civil.*, IV.

sent sa vie politique. L'homme d'Etat en lui était médiocre. D'abord favori, puis dupe et enfin victime des grands ambitieux de son temps, il ne sut rien deviner, ni rien empêcher.

§ III.

CICÉRON.

Cicéron (*M. Tullius Cicero*) est né à Arpinum, ville municipale du Latium et patrie de Marius, le 3 janvier 648 (an 106 avant Jésus-Christ). Sa famille, qui appartenait à l'ordre équestre, était obscure. Il fut élevé à Rome avec son frère Quintus, et reçut les leçons du poëte Archias. Enfant, et tout jeune homme, il fit des vers; mais sa véritable vocation le porta de bonne heure vers l'éloquence. Les grands orateurs d'alors étaient Licinius Crassus, Marcus Antonius, Æmilius Scaurus; les plus célèbres jurisconsultes étaient les deux Scévola, l'un augure, l'autre grand pontife. Cicéron s'attacha à ces hommes illustres, les prit pour patrons et pour guides, les accompagnant au forum, se formant sous leur discipline à la connaissance du droit, à l'art de bien dire, à la pratique du barreau. Comme tous les jeunes Romains de son temps, il porta les armes et servit dans la guerre sociale sous le père de Pompée. Il débuta au barreau à vingt-huit ans, sous la dictature de Sylla. Trois ans après, il entrait dans la vie publique, et était nommé questeur à Lilybée (677). Les excellents souvenirs qu'il laissa dans ce pays, décidèrent les Siciliens à s'adresser à lui pour accuser le préteur Verrès. Il le fit avec une grande véhémence. Il était alors l'adversaire fougueux de la noblesse, contre laquelle d'ailleurs commençait la réaction provoquée par Sylla. « Je ne suis pas, dit-il, dans sa péroraison, un de ces hommes que les faveurs du peuple romain viennent trouver pendant leur sommeil. » Il sera du parti de Caton, l'ennemi acharné de la noblesse, du parti de Fimbria et de Marius, ces grands révolutionnaires. Il faut en finir avec la domination des nobles (1). Le chef de cette réaction était Pompée. C'est par lui que Cicéron obtint successivement l'édilité et la préture. Il paya sa dette en appuyant la loi *Manilia* qui déférait à Pompée des pouvoirs extraordinaires. Une fusion s'opéra bientôt entre les diverses fractions qui composaient le parti aristocratique. Cicéron fut agréé par les chefs de la noblesse, et porté au consulat. Le démocrate disparaît. Il combat et fait échouer la loi agraire que propose le tribun Rullus ; mais il a de flatteuses paroles pour cette plèbe qu'il retient à Rome et qu'il eût mieux valu envoyer dans des colonies. Il fait l'éloge des Gracques, qu'il représente ailleurs comme des citoyens criminels, justement massacrés. Consul, il sauve Rome menacée par Catilina, il est salué du titre glorieux de Père de la patrie. Il eût dû mourir alors. Bientôt après se forme la première ligue entre Pompée, César et Crassus ; Cicéron est tenu à l'écart, abandonné par Pompée, sacrifié au tribun Clodius, exilé. Son âme perd toute énergie. Il ne peut comprendre ce brusque revirement, la perte de toute influence et de tout crédit. Rappelé l'année suivante, il courtise à la fois César et Pompée, qui déjà s'observent avec défiance. Il demande en faveur du premier la prolongation du gouvernement

---

(1) *In Verrem*, act. II.

des Gaules ; pour complaire au second, il défend en justice des hommes méprisés et coupables, Vatinius, Gabinius, etc. On se débarrasse de lui en l'envoyant comme proconsul en Cilicie. Quand il revient à Rome, César envahit l'Italie et passe le Rubicon ; Cicéron se range du parti de Pompée, mais sans espérance et sans illusion. Le triomphe de César le relègue de plus en plus dans l'ombre. La conspiration se forme contre le dictateur; Cicéron en est exclu. Le meurtre commis, il l'approuve : il espère ressaisir la direction des affaires; mais Brutus et Cassius ne tiennent aucun compte de ses conseils; il voit Antoine régner sur le peuple et faire confirmer par le Sénat les actes de César. Il se jette du côté d'Octave, croyant trouver chez ce jeune homme docilité et reconnaissance. Il ne trouve qu'hypocrisie et lâcheté. Son ami Brutus lui reproche ses complaisances pour l'héritier de César ; celui-ci se rapproche d'Antoine, défait avec lui les meurtriers de César, et livre Cicéron à la vengeance du triumvir. Sa tête et ses mains furent coupées et attachées à la tribune aux harangues (710). Il avait soixante-trois ans. Ce n'était pas une mort prématurée, dit Tite-Live, que je trouve un peu sec envers un si grand homme. L'historien ne craint pas d'ajouter ces mots qui sont une calomnie ou une lâche flatterie à l'adresse d'Auguste. « De tous les malheurs qui fondirent sur lui, il ne supporta en homme que la mort. Et à bien estimer les choses, cette mort paraîtra moins injuste ; car le vainqueur ne le traita pas autrement qu'il ne l'eût traité lui-même s'il avait vaincu. » Toute la vie de Cicéron proteste contre cette supposition. Il était ennemi de toute violence. Bien qu'armé de pouvoirs illimités, il ne put se décider à ordonner le supplice des complices de Catilina dont le crime était manifeste. Ce fut le sénat qui les condamna par la voix de Caton. Tite-Live termine ainsi : « Il faudrait pour célébrer en détail ses mérites être un autre Cicéron. » Allusion cruelle à cet amour de la gloire qui chez ce grand homme dégénérait souvent en vanité.

Ajoutons à cette rapide biographie quelques détails sur sa vie privée. Il fut marié deux fois. De sa première femme Térentia il eut un fils, Marcus, et une fille, la fameuse Tullia, qu'il a tant pleurée. Il ne vécut pas longtemps avec sa seconde femme Publilia, qu'il avait épousée parce qu'elle était riche, et qu'il répudia parce qu'elle s'était réjouie de la mort de Tullia. Tous les historiens ont loué la noblesse de son caractère, la douceur et la sûreté de son commerce, sa fidélité dans l'amitié. D'un esprit mordant et caustique, qui saisissait et perçait à jour les ridicules et les vices, il était cependant dépourvu de toute méchanceté. Il possédait une fortune assez considérable, de nombreuses maisons de campagne dans lesquelles il avait réuni des livres, des statues, des objets d'art. C'est là qu'il se consolait par l'étude ou avec quelques amis, de son éloignement des affaires. C'est là qu'il composa la plupart de ses traités philosophiques. On ne peut lire sans être ému les nobles et touchantes préfaces de ces ouvrages, fruit d'une solitude forcée et d'un repos auquel il ne pouvait se résigner. Octave, devenu empereur, surprit un jour un de ses petits-fils lisant un livre de Cicéron : le jeune homme embarrassé voulut le cacher sous sa toge; mais César le prit, l'examina et le rendit en disant : « C'était un homme éloquent, mon fils, et qui aimait bien sa patrie. » Mot profond et qui résume toute cette vie : éloquence et patriotisme. Les fautes, les faiblesses, les défaillances s'expliquent par cette imagination et cette sensibilité si vives chez l'orateur. Il se trompa souvent, hésita, flotta irrésolu ; mais ce ne furent jamais les suggestions de l'intérêt personnel qui le portèrent ici ou là. Il crut toujours servir la cause de la liberté et des lois. Il n'était pas toujours facile de la distinguer parmi ces brusques et soudains revirements des hommes et des choses. Son ami Pomponius Atticus resta prudemment en dehors de ces luttes des partis, et réussit à plaire à tout le monde. Une aussi égoïste indifférence ne pouvait convenir à l'âme généreuse de Cicéron.

Sa vie littéraire.

Lorsque Cicéron parut au forum, les Romains n'avaient pas encore un seul maître qui enseignât en latin les règles de l'art de bien dire. A la fin du sixième siècle le sénat avait expulsé de Rome les philosophes et les rhéteurs grecs ; l'an 662 (Cicéron avait alors quatorze ans) il interdit à des rhéteurs latins qui avaient ouvert des écoles, de donner des leçons à la jeunesse (1). Cependant, quatre ans plus tard, (666) *Plotius Gallus* enseignait à Rome la rhétorique, et *Ælius Stilo Præconinus*, de Lanuvium, compta Cicéron parmi ses élèves. *Octacilius Pilitus*, l'affranchi de Pompée, ouvrit aussi une école d'éloquence, ainsi que *Epidius*, qui fut le maître du triumvir Antoine. Mais c'est surtout dans les écoles de la Grèce que Cicéron alla chercher le véritable enseignement de l'éloquence. Il comprit en même temps que l'art de bien dire n'était rien, si l'on n'y joignait une in-

---

(1) Aul. Gel., XV, II ; Sueton., *de Clar. Rhet*, I.

struction solide et étendue, si surtout on ne donnait pour base à l'éloquence la philosophie (1). Ainsi en même temps qu'il étudiait la jurisprudence sous les deux Scévola, la rhétorique dans les écoles et au forum, il suivait les leçons de deux philosophes grecs que les malheurs de leur patrie avaient forcés de se réfugier à Rome. C'étaient l'épicurien Phèdre et l'académicien Philon ; ce fut ensuite le stoïcien Diodote qui vécut pendant de longues années et mourut dans sa maison. En Grèce, il suivit les leçons d'Antiochus d'Ascalon ; en Asie, celles de Xénoclès, de Dionysius, d'Apollonius Molon et de Posidonius. De plus, afin de féconder la théorie par la pratique, il ne passait pas un seul jour sans déclamer soit en latin soit en grec. Ce ne fut qu'après cette longue et laborieuse préparation qu'il parut enfin à la tribune et y remporta, dans l'affaire de Sextus Roscius, son premier triomphe. Mais jamais il n'interrompit les exercices auxquels il se livrait pour nourrir et développer son éloquence. Agé de quarante ans, il assistait aux leçons du rhéteur Gniphon, et étudiait sous les grands comédiens Æsopus et Roscius le geste et la déclamation. Pour donner à son style plus de souplesse et de force, il s'exerçait à traduire les *OEconomiques* de Xénophon, plusieurs dialogues de Platon, les deux harangues d'Æschine et de Démosthènes sur *la Couronne*. Enfin il ne passait pas un seul jour sans plaider. « *Diem scito esse nullum, quo die non dicam pro reo.* » La nature l'avait fait éloquent, l'art et le travail firent de lui le premier des orateurs.

---

(1) Fateor me oratorem, si modo sim, aut etiam quicunque sim, non ex rhetorum officinis, sed ex Academiæ spatiis exstitisse. (*De Orat.*, III, 12.)

§ IV.

OUVRAGES DE RHÉTORIQUE

Il est aussi le premier des rhéteurs latins.

Gardons-nous de le comparer à Platon, et surtout à Aristote. Bien que dans certaines parties de ses traités sur l'art oratoire, il imite visiblement ces deux grands modèles il leur est inférieur. A vrai dire, il semble relever plutôt des rhéteurs grecs qu suivirent, et composèrent dans un temps où la grande éloquence avait disparu, des recueils de préceptes et de recettes sur les moyens de persuader. Mais Cicéron est un Romain qui parle à des Romains de l'art qu'ils préféraient à tous les autres : il mêle aux souvenirs de ses études les observations personnelles qu'il doit à son expérience ; moins philosophe que Platon et Aristote, il se propose surtout d'être utile. Par là il se rattache à l'école du vieux Caton, qui avait composé un manuel sur l'art oratoire, à l'usage de son fils et de ses contemporains. C'est l'orateur romain que Cicéron s'applique à former ; ce n'est pas l'art oratoire qu'il étudie dans ses principes, sa nature, son but. Un seul de ses traités, *l'Orateur*, a un caractère général, et rappelle la fameuse théorie platonicienne des idées ; mais l'énumération des procédés techniques y tient encore trop de place ; et l'on voit trop que c'est toujours l'éloquence à Rome et non l'éloquence en général que l'auteur a en vue. Voilà ce qu'il ne faut jamais oublier quand on étudie un auteur latin quel qu'il soit, et Cicéron en particulier.

Son premier ouvrage est intitulé : *Rhetorica, sive de Inventione rhetorica libri duo*. Il fut composé vers l'an 666 ; Cicéron était âgé de vingt ans. Des quatre livres qu'il comprenait ou devait comprendre, deux seulement nous sont parvenus. C'est sans doute à ce premier essai qu'il fait allusion lorsqu'il dit : « *Quæ pueris aut adolescentulis nobis ex commentariolis nostris inchoata ac rudia exciderunt* (1). » On dirait les rédactions d'un bon élève après la leçon du maître.

Certains passages ont une analogie frappante avec un autre traité de rhétorique qui figure dans toutes les éditions de Cicéron et qui n'est pas de lui. C'est l'ouvrage intitulé *Libri quatuor rhetoricorum ad C. Herennium* et connu sous le nom de *Rhétorique à Hérennius*. Il n'y fait jamais la moindre allusion ; et peut-être n'a-t-on songé à le lui attribuer qu'à cause de certaines ressemblances de détail avec les deux livres de l'*Invention*. Les commentateurs et les critiques ont attribué à bien des auteurs la *Rhétorique à Hérennius*. Les uns ont nommé *Q. Cornificius*, un des correspondants de Cicéron, dont Quintilien fait mention ; les deux Manuce, Muret, Sigonius, Turnèbe sont de cet avis. Vossius veut que ce soit *Cornificius le fils*, et non le père ; d'autres nomment *Laurea Tullius*, *Tiron*, l'affranchi de Cicéron, *Marcus*, son fils ; ou bien le rhéteur *Gallion*, ou encore *Virginius Rufus*. Quelques-uns avouent franchement qu'ils ne savent à quoi s'en tenir sur cette question. Une dernière hypothèse, peut-être plus vraisemblable que les autres, attribue cet ouvrage au rhéteur *M. Antonius Gnipho*, dont Cicéron fut le disciple, et qui était de huit années plus âgé que lui. Ainsi s'expliqueraient les analogies de détail entre les deux traités. Cicéron, tout jeune homme, eût emprunté au premier, au seul traité de rhétorique écrit en

---

(1) *De Orat.*, I, 2.

latin quelques développements ou la matière de ses développements. Mais il resterait toujours un passage bien difficile à expliquer, si Cicéron n'est pas l'auteur de cette rhétorique et s'il ne l'a pas composée étant déjà l'époux de Térentia (1). M. Leclerc, dans sa savante dissertation sur cet ouvrage, se prononce pour l'authenticité.

Ces deux premiers ouvrages ne sont guère que des manuels. Les *trois livres sur l'orateur* (*De oratore libri tres*), dédiés à son frère Quintus, ont un tout autre caractère. Ils furent composés l'an 699 de Rome. Cicéron avait alors cinquante ou cinquante et un ans. Il était dans toute la force de son talent et dans tout l'éclat de sa gloire. Nul à Rome n'avait plus d'autorité que lui pour donner les préceptes d'un art dans lequel il était passé maître. C'est donc en son propre nom qu'il parle; il ne répète plus une leçon apprise. Bien plus, il affiche le plus profond et le moins généreux mépris pour ces misérables rhéteurs grecs qui chantent aux oreilles de vieux préceptes rebattus, et prétendent enseigner un art qu'ils n'ont jamais exercé. Passage curieux, car il nous indique bien le caractère de l'ouvrage. C'est un livre pratique. Qu'eût répondu Cicéron, si on lui eût fait observer que Platon et Aristote n'avaient point été orateurs? Leur eût-il refusé toute autorité, comme à ces pauvres docteurs grecs qui enseignaient ce qu'ils avaient appris dans les livres? Il faut donc avoir soi-même pratiqué l'art de parler en public pour en donner des leçons : ajoutons, afin de donner à l'ouvrage son vrai caractère : il faut avoir été orateur distingué *à Rome* pour parler de l'éloquence *à des Romains*. C'est en effet à ses concitoyens et à ses contemporains que s'adresse Cicéron. Il

---

(1) *Rhet. ad Heren.*, I, 20.

veut que son ouvrage leur soit utile (*arbitror Lentulo tuo non inutiles fore*), et l'orateur qu'il veut former, c'est l'orateur romain (*præsertim in nostra republica*).

Il y avait encore deux écoles en présence au moment où Cicéron débuta au barreau : l'une qui prétendait renfermer l'orateur dans son art, afin qu'il y fût plus habile, et par un exercice continuel, acquît toutes les qualités indispensables ; c'était la vieille école, celle de Caton, l'ennemi de toute étude superflue. L'autre exigeait de l'orateur les connaissances les plus étendues et les plus variées : c'était celle de la génération nouvelle, formée sur le modèle de Scipion, de Lélius et de leurs amis : elle devait triompher avec les progrès incessants de l'hellénisme. Cicéron en fut le plus complet représentant. Dans le premier livre de l'*Orateur*, il met en présence les deux systèmes ; l'un est exposé par l'orateur Antonius, l'autre par Crassus. Il est visible que Cicéron donne gain de cause au dernier. L'orateur, dit Crassus, doit non-seulement étudier la rhétorique, mais la philosophie, la politique, l'histoire, la jurisprudence et d'autres sciences. La philosophie surtout lui est indispensable. Telles sont les études préparatoires que Cicéron exige de l'orateur. Dans le second livre, il traite un sujet plus spécial : l'*invention* et la *disposition ;* dans le troisième, de l'*élocution* et de l'*action*.

L'*Orateur* est écrit sous la forme du dialogue : les interlocuteurs sont Q. Mucius Scévola, augure, Crassus, son gendre, Antonius, c'est-à-dire le plus illustre jurisconsulte et les deux plus célèbres orateurs de leur temps. Le lieu de la scène est à Tusculum en 662. Dans le second livre, Scévola est remplacé par *Catulus* et *C. Julius Cæsar Strabo*. « J'ai écrit à la façon d'Aristote, mais comme il m'a plu, dit Cicéron, trois livres de dissertation et de dialogues sur l'orateur. Cela ne ressemble en rien aux préceptes vulgaires : c'est un résumé de toute la méthode oratoire des anciens, et particulièrement d'Aristote et d'Isocrate. » C'était un des ouvrages qu'il aimait le mieux ; mais y en avait-il qu'il aimât peu ?

Huit ans plus tard (en 707), il écrivit *Brutus ou des Orateurs illustres* (*Brutus sive de Claris Oratoribus*). C'est une histoire critique de l'éloquence chez les Romains, précédée d'une introduction sur l'éloquence chez les Grecs. Cicéron composa cet ouvrage environ un an après la bataille de Pharsale, dans les loisirs forcés que la ruine de la liberté lui créa. Les premières pages et les dernières sont empreintes d'un profond sentiment de tristesse et de découragement. Hortensius venait de mourir, et Cicéron ne peut le plaindre : qu'eût-il vu en effet s'il avait vécu ? Le silence du forum, l'oppression et la violence. Brutus, au contraire, se voit brusquement arrêté dans sa carrière par les misères du temps. Enfin Cicéron lui-même ne peut trouver pour son éloquence blanchissante d'autre asile que le travail solitaire. Voilà sous quelles impressions il composa le *Brutus*. C'est un retour mélancolique vers les temps heureux où l'éloquence libre et toute-puissante régnait au forum, au sénat, dans les tribunaux. Bien qu'il ne puisse guère y avoir d'unité dans un tel ouvrage, le sentiment qui domine Cicéron imprime cependant à cette énumération des orateurs romains une couleur particulière. Il montre les premiers bégaiements de l'éloquence, ses progrès, son riche épanouissement vers le milieu du septième siècle. Elle est enfin parvenue à un point où, toutes les ressources de l'art étant connues, les plus beaux sujets offerts à l'orateur, Rome pouvait, devait espérer enlever aux Grecs en ce genre la gloire de la supériorité. Toutes ces espérances sont brutalement détruites par le triomphe de la violence et de l'illégalité. Cet ouvrage est pour nous d'un prix inestimable. Sans lui que saurions-nous des prédécesseurs de Cicéron ?

L'Orateur (*Orator*), adressé à Brutus, suivit de près le traité des *Orateurs illustres* : il fut composé vraisemblablement dans cette même année 707. Cicéron lui donne parfois un second titre, *de optimo genere dicendi*. C'est le plus philosophique de ses ouvrages sur l'art oratoire. Bien qu'il se propose toujours un but pratique, bien qu'il enseigne et dogmatise, il est préoccupé surtout de dessiner la figure de l'orateur idéal : de là, l'étendue et la variété des connaissances qu'il exige de lui. L'orateur parfait ne doit rien ignorer, il doit surtout être profondément versé dans la philosophie, qui est le plus sûr fondement de l'éloquence. Il doit pouvoir prendre, suivant les sujets, tous les tons et tous les styles ; être tour à tour simple, tempéré, sublime, posséder au plus haut degré le talent de l'invention, celui de la disposition, de l'élocution et de l'action. Cicéron accorde à l'élocution la place la plus importante ; il va même jusqu'à renfermer en elle toute l'éloquence : c'est une théorie qui lui est particulière, et qui ne fut pas admise généralement par ses contemporains et par la postérité. Mais on comprend que Cicéron ait été amené à penser ainsi : il était le créateur et le plus parfait modèle de la langue oratoire ; il avait donné à la prose l'harmonie, le nombre, l'abondance ; souvent même la forme chez lui prévaut sur le fond. C'est un artiste admirable qui étale avec complaisance l'habiulté dont il est doué. Il y a donc un certain excès sur ce point.

Ses deux derniers ouvrages de rhétorique sont beaucoup moins importants. Ce sont les *Topiques* (*Topica*) et les *Partitions oratoires* (*De partitione oratoria dialogus*). Le premier est adressé au jurisconsulte Trébatius, qui le lui avait demandé. Cicéron le composa en quelques jours, pendant une traversée de Vélia à Rhégium, sans aucun secours de livres. C'est un résumé des *Topiques* d'Aristote. Les anciens entendaient par *Topique* l'art de trouver des arguments sur toutes sortes de questions. Les lieux, τόποι, en sont la source. Cicéron écrivit les *Topiques* en 709, un an avant sa mort.

Le dialogue sur les *Partitions oratoires*, fut écrit pour son fils, on en ignore la date. C'est un manuel de rhétorique élémentaire. Quelques critiques l'ont jugé indigne de Cicéron ; mais le témoignage de Quintilien qui en fait plusieurs fois mention ne permet pas de le déclarer apocryphe.

Il faut ajouter à ces ouvrages une sorte de préface à la traduction des deux discours de Démosthène et d'Eschine *sur la couronne*, et qui porte le titre : *du meilleur genre d'éloquence* (*de optimo genere oratorum*). C'est un manifeste sur l'atticisme ; nous y reviendrons.

§ V.

CICÉRON ORATEUR.

Les anciens possédaient plus de cent vingt discours de Cicéron, il ne nous en reste que cinquante-six. Sous ce nom général de discours il faut comprendre les discours prononcés devant le peuple, les discours prononcés devant le sénat, et enfin les plaidoyers prononcés devant les tribunaux : c'est la vieille et excellente division introduite par Aristote des trois genres délibératif, démonstratif, judiciaire.

Comment ces discours nous ont-ils été conservés ? Cicéron les écrivait, non pas avant de les prononcer, mais peu de temps après (1). De plus il y avait des sténographes qui recueillaient la parole de l'orateur. Il revoyait lui-même le texte de la harangue improvisée, le modifiait en certains points, sans trop s'éloigner de la rédaction primitive, et après cette révision le publiait. On connaît l'histoire du plaidoyer pour Milon. Cicéron, intimidé par l'aspect inusité du forum et du tribunal entouré d'hommes armés, perdit une partie de son assurance, et Milon fut condamné. L'orateur prit sa revanche dans le silence du cabinet et écrivit le beau discours qu'il eût voulu prononcer devant les juges. Au temps de Quintilien les deux plaidoyers existaient encore. Des critiques modernes, et en particulier M. Mommsen, ont reproché à Cicéron la publication de ses œuvres oratoires. Le plaidoyer, le discours public sont faits pour ceux qui l'écoutent, et non pour les absents et la postérité. On ne parle point comme on écrit; le discours publié ne sera jamais la reproduction exacte du discours prononcé, ou celui-ci n'est qu'un discours appris par cœur, ce qui est détestable. Les grands orateurs de l'âge précédent, Antonius entre autres et Galba, ne publiaient point leurs discours. Il est certain cependant que Caton et Caius Gracchus revirent et publièrent les monuments de leur éloquence; et l'on ne voit pas pourquoi ce travail utile entre tous serait interdit à l'orateur. Il ne faut pas oublier

---

(1) Pleræque enim scribuntur orationes habitæ jam, non ut habeantur. (*Brutus*, 24, et *Tuscul.*, IV, 25.)

non plus que presque tous les discours prononcés soit devant le peuple, soit au sénat, soit même devant les tribunaux, avaient un caractère politique, et pouvaient jusqu'à un certain point être considérés comme des manifestes : l'orateur appartenait au parti de la noblesse ou à celui du peuple ; il accusait des adversaires, défendait des amis politiques ; il ne laissait pas échapper la moindre occasion de faire éclater ses sentiments ; il se mettait souvent en scène, prenait le peuple pour juge de ses actes et de ses idées, faisait appel à ses passions, se désignait lui-même à ses suffrages. Ne voyons-nous pas encore aujourd'hui nos orateurs politiques publier les discours dont ils sont satisfaits ? N'est-ce pas dans le but de s'adresser à un public moins restreint, et pour agir sur l'opinion ? Mais ce qui est vraiment fort remarquable, c'est que les discours revus et publiés par Cicéron s'éloignaient fort peu du texte primitif. Quel orateur de nos jours serait capable d'une telle correction de langage, d'une telle élégance, et si soutenue ? Que d'études préparatoires pour atteindre à une telle facilité ! On reconnaît ici l'homme qui ne passait pas un jour sans parler en public ou sans écrire, qui ne négligeait aucune des parties de l'art, augmentait chaque jour ses ressources, soit pour l'invention, soit pour l'élocution, si bien qu'aucun sujet ne pouvait le surprendre, qu'il trouvait sans peine et les idées et les mots et l'arrangement des mots déterminé par les lois du nombre et de l'harmonie. Que cette constante préoccupation de la forme donne parfois à l'éloquence de Cicéron quelque chose d'apprêté ; qu'on souhaite plus de vivacité et d'imprévu, on ne peut le nier. Mais il faut accepter Cicéron tel qu'il est, comme le plus parfait modèle de ce que peuvent l'art, le travail et un heureux naturel. D'autres ont eu des inspirations plus hautes, plus de feu ; mais ils ont manqué de mesure et de proportion ; leur langage est incorrect ou inexact. L'éloquence de Cicéron est toujours égale; aucune qualité ne lui manque, c'est un ensemble harmonieux. Il représente excellemment cette époque unique dans l'histoire d'un peuple où toutes les ressources des sujets, de l'art, de la langue, sont offertes à l'orateur. Avant lui, de beaux génies, mais peu d'art; après lui, l'art seul subsiste, et l'éloquence, n'ayant plus de sujets dignes d'elle, devient artificielle et déclamatoire.

Plaidoyers de Cicéron.

Il y avait à Rome deux voies pour acquérir la faveur du peuple et parvenir aux plus hautes dignités de la république, la gloire militaire et l'éloquence. C'est à l'éloquence que Cicéron dut tous ses succès; et il put même s'écrier un moment dans un transport naïf de vanité : *Cedant arma togæ*, que les armes cèdent à la toge ! Il ne reconnut que trop à la fin de sa vie que la violence était le plus sûr moyen d'être le maître de l'État; mais pendant plus de trente ans il lutta, et non sans gloire, contre cette triste révolution qui se préparait. Il représenta dans la République la cause du droit, de la légalité, de la justice, qui allait être anéantie. Le politique était médiocre en lui, avons-nous dit ; mais l'orateur, ou, pour mieux rendre notre pensée, l'avocat était éminent.

Il n'y avait pas à proprement parler d'avocats à Rome, le mot *advocatus* désigne toute autre chose; tout citoyen pouvait accuser ou défendre devant les tribunaux le premier venu. Un succès attirait naturellement l'attention publique sur l'orateur; on venait implorer le secours de son éloquence; il était bientôt consul et célèbre. Aussi à peine avait-il atteint l'âge fixé par les lois, il briguait l'une après l'autre toutes les dignités de la république. Il lui était facile de faire connaître ses sentiments sur les affaires de l'État, d'arborer son drapeau, comme nous disons aujourd'hui. Le procès le plus insignifiant touchait toujours par quelque point à la politique. Cicéron débuta au barreau à 25 ans (672); c'était sous la dictature de Sylla. Comme tous les débutants, il se plaça nettement dans l'opposition. Il ne craignit pas d'attaquer en face une créature du dictateur, un certain Névius, protégé et défendu par un orateur comme Hortensius, un personnage consulaire, Philippe. Il gagna sa cause. L'année suivante, il défendit contre un affranchi du dictateur, Chrysogonus, Roscius d'Amérie, que Chrysogonus avait dépouillé de ses biens, et qu'il accusait en outre de parricide, afin d'en jouir en toute sécurité. Certains traits hardis ou trop spirituels, d'éloquentes protestations contre les misères du temps, la lâcheté et la terreur universelles, furent avidement accueillis par le public. Peut-être Cicéron crut-il prudent de se dérober aux dangers de son triomphe. En tout cas, peu de temps après, il fit un voyage en Grèce. Quand il revint à Rome, la faveur populaire le récompensa de son courage : il fut nommé questeur à l'unanimité. Il exerça sa charge en Sicile à Lilybée. Cinq ans plus tard (683), il est désigné édile; et les Siciliens le chargent d'accuser Verrès, leur préteur, coupable des plus horribles vexations et du brigandage le plus effréné. Il accepte. C'était, quoi qu'on en ait dit, un acte de courage. Verrès appartenait à l'aristocratie romaine alors toute-puissante : il devait être défendu par le consul désigné qui n'était autre que le fameux Hortensius ; il avait pour lui les représentants des plus hautes familles de Rome, les Métellus et les Scipions, l'immense majorité du Sénat, intéressée à protéger un de ses membres, qui n'était peut-être pas plus coupable que tel ou tel préteur de province : de plus c'étaient les sénateurs eux-mêmes, c'est-à-dire les amis, et jusqu'à un certain point les complices de Verrès, qui devaient le juger ; et l'accusé était assez riche pour acheter ses juges, si cela était nécessaire. Il avait même eu l'impudence de l'annoncer en partant pour son gouvernement.

Une analyse détaillée des six discours de Cicéron contre Verrès, n'est malheureusement pas possible ici, et je le regrette. Rien de plus instructif, rien de plus intéressant que le tableau de l'état moral de Rome à cette époque ; la violence, la fraude siégeant avec les juges, une conjuration universelle de tous les intérêts et de toutes les cupidités, le cynisme de l'iniquité. Cicéron ne put même obtenir sans une lutte énergique le droit de plaider pour les Siciliens. Un certain Cécilius, qui avait été questeur de Verrès, et qui était Sicilien d'origine, prétendit lui enlever l'honneur de porter la parole pour ses compatriotes ; il n'avait d'autre but que de les trahir. Ce fut contre lui que Cicéron prononça son premier discours, afin de ne pas se laisser déposséder de la cause que les Siciliens avaient confiée à son honnêteté et à son talent (1). Ce premier plaidoyer porte le titre de *Divinatio* : les juges, après avoir entendu les deux compétiteurs, devaient *deviner* pour ainsi dire celui des deux qui était le plus capable de bien

---

(1) *In Q. Cecilium Divinatio.*

remplir ses fonctions d'accusateur. Cécilius écarté, Cicéron aborda résolûment l'affaire. Les amis de Verrès voulaient la traîner en longueur jusqu'à la fin de l'année, époque où son défenseur Hortensius, consul désigné, entrerait en fonctions; pendant cet intervalle on subornerait des témoins, on achèterait des juges, on rendrait le procès à peu près impossible. Cicéron déjoua ces manœuvres. Il partit pour la Sicile, recueillit en cinquante jours une foule de témoignages écrasants, revint à Rome armé de toutes pièces, força Hortensius d'interroger les témoins, se borna lui-même à ajouter quelques mots à leurs dépositions, accabla le coupable, son défenseur, ses amis, ses juges sous l'évidence des crimes, et coupa court aux intrigues qui se préparaient. La démonstration fut si complète, que Verrès ne voulut pas attendre l'issue du procès, et se condamna lui-même à l'exil. Ainsi le plaidoyer contre Cécilius et la *première action* contre Verrès, voilà réellement les deux seuls discours prononcés dans le procès. Les cinq autres furent écrits par Cicéron après la fuite de Verrès, et publiés. A quoi bon, se demandera-t-on, puisque le procès était gagné? Je n'oserais affirmer que le désir de faire connaître les crimes de Verrès, ait déterminé Cicéron à composer à loisir dans le cabinet des plaidoyers qui ne devaient pas être prononcés. Avocat, écrivain plein de ressources, il ne put consentir à perdre une si belle occasion de montrer son esprit, son éloquence, et surtout ses sympathies pour l'ordre des chevaliers qui allait bientôt hériter des jugements enlevés aux sénateurs. Voilà les mobiles auxquels il a obéi. L'artiste et le politique ambitieux ont voulu se satisfaire. Tous deux ont réussi pleinement. Peu de temps après ce procès scandaleux, les chevaliers succédèrent aux sénateurs (*Lex Aurelia judiciaria*, 684), Cicéron fut nommé édile, et devint l'ami de Pompée, alors déjà tout-puissant. Quant à l'avocat, il eut un succès qui dépassa toutes ses espérances. Jamais la vie privée et publique d'un homme ne fut interrogée, analysée, étalée, flétrie avec plus d'habileté, de hardiesse et de feu. Dans le premier discours de la seconde action (1), l'orateur rappelle les antécédents de Verrès, sa questure, sa lieutenance et sa préture à Rome : il montre Verrès questeur du consul Carbon, volant la caisse militaire et passant dans le parti de Sylla ; trahissant ensuite Dolabella ; enlevant et outrageant une jeune fille libre, préludant déjà au pillage de la Sicile par des extorsions de tout genre, et notamment la spoliation d'un pupille. Quant à la préture, c'est-à-dire la manière dont Verrès rendait la justice à Rome, les détails fournis par Cicéron nous donnent une singulière idée de ce qu'étaient alors les tribunaux.

Après cette introduction, Cicéron passe à l'énumération des crimes commis par Verrès dans sa préture de Sicile. Il les divise en quatre classes : 1° ses prévarications dans l'administration de la justice (2); 2° ses vols et ses concussions dans la perception des dîmes de blé (3); 3° ses vols commis contre les particuliers et contre les temples, notamment des vols de statues et d'objets d'art (4); 4° enfin les exécutions iniques et cruelles qu'il a commandées (5). Je ne puis entrer dans le détail de tous les méfaits de Verrès; et s'il fallait choi-

---

(1) *In Verrem* act. II, De prætura urbana.
(2) *In Verrem* act. II, De jurisdictione siciliensi.
(3) *Ibid.*, De re frumentaria.
(4) *Ibid.*, De signis.
(5) *Ibid.*, De suppliciis.

sir, auquel donner la préférence? Tout en admettant que Cicéron ait un peu chargé l'accusé, surtout l'accusé absent, qui ne devait ni ne pouvait se défendre, la part faite à l'hyperbole oratoire, Verrès n'en sera pas moins un scélérat. Ce qui importe, c'est de bien comprendre comment un homme pouvait être amené à commettre naturellement, pour ainsi dire, et presque sans en avoir conscience, tant d'actes violents, despotiques, illégaux. Il y avait plus d'un Verrès dans l'empire romain : la *loi Calpurnia* sur la concussion était violée tous les jours et impunément. Un préteur réunissait dans ses mains le pouvoir militaire, l'*imperium*, le pouvoir judiciaire, les finances, et enfin le pouvoir exécutif. Les provinces étaient livrées à sa merci; elles n'avaient d'autre recours que de l'accuser devant les tribunaux romains, lorsqu'il était sorti de charge, si elles réussissaient à trouver un accusateur. Le préteur trouvait dans ses juges des gens qui avaient fait ou qui comptaient bien faire comme lui, et qui ne voulaient pas être inquiétés. Il fallait de plus réunir des témoins assez hardis pour déposer contre un magistrat romain et se désigner ainsi eux-mêmes à la haine de son successeur. Chose inouïe ! l'accusé trouvait plus aisément dans cette province qu'il avait saccagée, des hommes et des villes entières pour lui élever des statues, pour lui offrir des félicitations, des certificats publics de bonne et honnête gestion, que l'accusateur ne trouvait des malheureux assez osés pour lui faire connaître les iniquités dont ils avaient été victimes. Évidemment, une réforme dans l'administration des provinces était nécessaire : la justice, l'intérêt même de Rome l'exigeaient. Je dois avouer que Cicéron ne sut point envisager la question à ce point de vue : il fut exclusivement avocat, et jamais homme politique. Il se borna à souhaiter plus de douceur et d'humanité chez les préteurs en général; il opposa aux exactions de Verrès la modération relative de tel ou tel gouverneur de province; il se livra à d'éloquents développements sur la majesté du peuple romain, sur les vertus des ancêtres, sur cette belle loi Calpurnia, sur les souffrances des Siciliens : il ne songea pas un seul instant à revendiquer pour eux et leurs frères en servitude quelques garanties plus sérieuses qu'une loi destinée à punir et non à empêcher les déprédations, et qui d'ailleurs était si rarement appliquée. A vrai dire, la question capitale du procès, à ses yeux, ce fut la composition des tribunaux romains, le droit de juger rendu au moins en partie aux chevaliers, le sénat abaissé. Il était encore à ce moment l'adversaire du parti aristocratique, de ces hommes « que les bienfaits du peuple romain vont trouver pendant leur sommeil, et qui se croient d'une autre nature que les autres. » Quant à la Sicile, elle fut pour lui une occasion d'être hardi, habile, éloquent, d'attirer l'attention de Pompée, des chevaliers et du peuple; il ne sut pas agrandir son horizon, il se renferma dans Rome, et laissa prendre à d'autres le beau rôle de défenseurs sérieux des provinces. César ne se bornait pas à plaider pour elles; il leur faisait entrevoir l'affranchissement et le droit de cité, et il le leur donna à la fin. Aussi c'est par elles qu'il a vaincu Rome et le parti de Cicéron. Quant à la composition des *Verrines*, on sent un peu trop peut-être que c'est une œuvre de cabinet. L'énumération des crimes de Verrès ne comportait guère cette distribution didactique de chaque discours, ces longs exordes et ces péroraisons avec des apostrophes. La mise en œuvre manque de sobriété; les simples dépositions des témoins durent produire bien plus d'effet que les anecdotes triées avec soin par l'orateur, précédées d'un petit préambule pour attirer l'attention et suivies d'une récapitulation animée qui en reproduisait les principaux détails. L'esprit ne manque pas. Le goût de Verrès pour les objets d'art est agréablement dépeint. On voudrait plus de nerf et de concision; l'effet serait plus saisissant. Mais Cicéron est naturellement abondant (*copiosus*); il aime l'amplification, parce qu'il a à son service une grande richesse de mots; il n'a pas cet art achevé qui consiste à ne point paraître. Fénelon a bien raison de dire qu'il ne s'oublie jamais.

Par une inconséquence qui ne doit pas nous étonner, Cicéron défendit l'année suivante un préteur probablement aussi coupable que Verrès, Fontéius, qui avait gouverné pendant trois ans la Gaule Transalpine et le fit acquitter (1). Bien que le discours nous soit parvenu incomplet, on peut voir comment Cicéron traitait les Gaulois assez hardis pour accuser en justice leur spoliateur. M. Leclerc ne pardonne pas à l'orateur ses invectives et ses railleries contre nos aïeux, et il a cent fois raison. Je me borne à mentionner les plaidoyers *pour Cécina, pour Cluentius*, bien intéressants pourtant, comme peinture des mœurs du temps, et qui furent prononcés par Cicéron pendant sa préture; le plaidoyer *pour Rabirius*, qui nous montre Cicéron dans le camp du parti aristocratique; il venait d'être élevé au consulat. Ce n'est plus le jeune et

(1) *Pro Fonteio* (684); *Pro Cecina* (684); *Pro Cluentio avito* (688); *Pro Rabirio* (690); *Pro Murena* (691); *Pro Valerio Flacco* (695); *Pro Cornelio Sulla*; *Pro Licinio Archia* (693); *Pro Cœlio Rufo* (696); *Pro P. Sextio* (698); *Pro Cn. Plancio* (699); *Pro Cornelio Balbo* (699); *Pro Rabirio Posthumo* (701); *Pro T. Annio Milone* (702); *Pro Marcello* (707); *Pro Ligario* (707); *Pro Dejotaro* (708).

hardi avocat des premières années. Il a moins de feu, moins d'éclat, plus d'habileté ; il en fallait et beaucoup pour défendre contre Sulpicius Rufus et Caton, un Muréna accusé de brigue ; il fallait plus que de l'habileté pour tourner en ridicule Caton, le plus honnête homme de ce temps, pour railler la noble science du droit dont Rufus était un des plus illustres représentants. Tristes et regrettables concessions aux intérêts de l'ambition et de la vanité ! Il met alors en pratique, non plus la belle maxime de Caton sur l'orateur « *Un homme de bien qui sait parler* » (*Vir bonus dicendi peritus*), mais une théorie nouvelle qu'il exposa lui-même devant les juges dans le procès de Cluentius. « Tous nos discours, dit-il, sont le langage de la cause et de la circonstance, non celui de l'homme et de l'orateur ; car si la cause pouvait parler elle-même, on n'emprunterait pas le secours de la voix. » N'insistons pas sur un tel aveu. Cicéron ne l'a que trop justifié par ses actes. Ne relevons pas les nombreuses contradictions qui lui échappèrent ; expliquons-les. Il y avait au fond de tous ces procès une question politique : Cicéron n'était d'aucun parti ; non qu'il fût indifférent, mais il était facile à tromper, et il se trompait aisément lui-même : l'exercice prolongé et triomphant de la profession d'avocat produit souvent chez des âmes honnêtes mais sans énergie cette sorte d'indifférence morale ; le ressort de la conscience est comme émoussé, à force d'avoir été tendu inutilement et dans tous les sens. La claire et nette appréciation du fait échappe ; on ne voit plus que la cause : la pure lumière de la vérité pâlit devant des yeux qui cherchent partout des arguments et ne cherchent que cela. Ajoutez l'enivrement d'orgueil que l'on éprouve, quand à force d'adresse et d'éloquence on a réussi à faire absoudre un scélérat! nul plus que Cicéron ne fut dupe de cette espèce d'illusion qui cache les faits pour ne laisser voir que les sophismes de la défense ; une fois à l'œuvre, on est soutenu par une sorte d'enthousiasme d'auteur; on sent qu'on crée un autre homme que celui de l'accusation, qu'on crée d'autres faits, ou d'autres explications des faits; plus l'œuvre est difficile, plus on s'y acharne ; c'est une lutte entre la force brutale de la réalité et le génie de l'avocat. Quel encouragement à recommencer, si l'on a réussi une fois! Voilà le secret des nombreuses contradictions de Cicéron; il était convaincu que l'éloquence peut triompher de tout, et la sienne en particulier. De telles dispositions d'esprit, développées par la pratique, produisent un avocat d'une force incomparable ; la sévère morale ne saurait accepter et justifier ces tours de force, et l'homme qui se plaît à les exécuter, ne sera jamais un grand politique. Il lui manquera la première condition de toute action sérieuse sur les hommes et sur les événements, l'autorité.

Discours politiques.

Ses discours politiques sont encore des plaidoyers. Ici les défauts ordinaires de Cicéron sont plus choquants. Un avocat peut et doit même s'enfermer dans la cause. Q'uest-ce qu'un homme d'État qui ne voit que le fait en question, et ne sait pas le rattacher au passé ou découvrir l'importance qu'il doit avoir dans l'avenir? La prévision, voilà ce qui manque le plus à Cicéron. Il est l'homme du moment. Toujours prêt sur toute question à prendre la parole, à faire admirer sa prodigieuse facilité, à présenter des observations justes, habiles, éloquentes, il n'a pas cette vue nette des conséquences renfermées dans l'événement qui se présente. Il n'apporte rien de nouveau dans une discussion importante : il en développe supérieurement l'objet actuel; il la peint pour ainsi dire avec de riches couleurs; mais il ne montre pas d'où elle vient et où elle va. — En un mot, il a toujours été en toute chose beaucoup plus frappé du côté extérieur, l'imagination dominait en lui; il était prompt à l'enthousiasme, à l'admiration, à la colère. — On dirait que Salluste, son ennemi, pensait à lui quand il prêtait à César ce grave et noble exorde sur les conjurés de Catilina : « Les hommes, qui délibèrent en temps de crise sur les affaires publiques, doivent être exempts de haine, de colère et d'amitié : l'esprit discerne avec peine la vérité quand ces passions le possèdent. »

Ses principaux discours sont des panégyriques ou des invectives; ce sont des modèles du genre démonstratif, non du genre délibératif. — Cela vient, comme je l'ai dit, de son impuissance à rattacher un fait à sa cause et à en prévoir les conséquences.

Les plus célèbres sont : le *Discours pour la loi Manilia*, qui proposait de décerner à Pompée des pouvoirs extraordinaires pour faire la guerre à Mithridate. L'orateur rencontrait en Catullus et en Hortensius des adversaires déclarés; ils comprenaient combien il était dangereux dans une république de déclarer hautement, qu'un seul homme pouvait soutenir la gloire du peuple, et de l'investir d'une autorité qui le mettait au-dessus des lois. — Cicéron réfuta cette opinion sage et patriotique

---

(1) *Pro lege Manilia* (688).

par des arguments d'une faiblesse déplorable : il ne vit pas que créer dans l'État un tel précédent, c'était justifier d'avance tout ambitieux qui aurait réussi à se rendre indispensable. Ce qui eût dû l'éclairer cependant, c'est l'empressement de César à appuyer la proposition de Manilius. Pompée lui frayait les voies à la domination; il lui en montrait même les moyens, l'intervention des tribuns. — On sait quel usage il en fit plus tard. Il y eut donc une grande imprévoyance de la part de Cicéron. Cette critique fondamentale établie, il faut admirer la brillante et complète exposition qu'il a faite de l'état de l'Asie à cette époque, des intérêts de tout genre, qui exigeaient que la guerre fût promptement terminée. Le panégyrique de Pompée, qui tient une trop grande place dans le discours, cette énumération complaisante de toutes ses qualités intellectuelles, guerrières et morales, prouvent plus d'habileté oratoire que de discernement. Le style est d'un coloris un peu forcé, mais d'une riche venue. Cicéron débutait aux rostres ; il était en grande toilette.

De graves difficultés se présentèrent sous son consulat; il sauva Rome de Catilina, et il empêcha l'adoption de la loi agraire proposée par le tribun Rullus. — Parlons d'abord de la loi agraire.

C'était un principe du droit romain qu'il n'y avait pa de prescription contre l'État (1). Le territoire public (*ager publicus*) pouvait être cédé suivant certaines conditions à des particuliers, mais il ne pouvait jamais être aliéné. Les lois agraires étaient donc justes en principe, puisqu'elles se fondaient sur l'inaliénabilité du domaine pu-

---

(1) Juris periti negant illud solum quod populi romani esse cœpit ullo modo usucapi a quopiam mortalium posse.

blic, pour en réclamer le retour à l'État, et par suite la cession, suivant telle ou telle condition, à des particuliers. Il y avait donc deux questions à examiner : la première était le maintien des droits de l'État : celle-là ne pouvait être douteuse, puisque, contre l'État, il n'y avait pas de prescription ; la seconde était l'opportunité de la reprise réclamée au nom de l'État, et les moyens proposés pour disposer en faveur des particuliers du domaine public. Cette distinction est capitale. Si on l'oublie, on ne comprend rien aux lois agraires en général et à celle de Rullus en particulier.

Rullus proposa sa loi quelques jours avant que Cicéron entrât en fonctions comme consul. Le peuple de Rome était alors fort misérable ; la forte race des petits propriétaires qui avaient conquis le monde, avait disparu : on n'avait plus à sa place qu'une plèbe mendiante, oisive, turbulente, qui vivait de viles industries, de distributions de blé et de la vente de ses suffrages. Le domaine public, qui était immense, eût amplement suffi à la nourriture de cette tourbe indigente et dangereuse. On eût créé des colonies et expédié au loin ces prétendus citoyens qui vivaient de l'émeute et ne songeaient qu'à se vendre au plus offrant et au plus audacieux. — La proposition de Rullus était donc sage, politique, utile à l'État, de plus elle était fondée en droit. — Mais, comment reprendre à ceux qui en étaient détenteurs les terres publiques? Comment en opérer la distribution? Ici se présentaient de graves difficultés ; Rullus et ses amis ne surent pas les conjurer. Ils proposèrent l'établissement d'un décemvirat avec pouvoir absolu pendant cinq ans sur tous les domaines de la république; ces décemvirs les distribueraient à leur gré, vendraient, achèteraient, indemniseraient à leur gré, établiraient des colonies, en un mot disposeraient en maîtres de toute la richesse publique.

Ce fut cette partie de la loi que Cicéron attaqua. C'était chose facile. Rullus et ses parents se mettaient au nombre des décemvirs; étaient-ils tout à fait désintéressés? Quel pouvoir énorme ils réclamaient! Ne seraient-ils pas de véritables rois? Le peuple romain souffrirait-il une telle usurpation? On voit d'ici les développements oratoires sur ce thème banal. — La loi organique était mauvaise, soit, impraticable, soit; mais le principe de la loi était excellent; je dirai plus, la loi était opportune. Cicéron est bien forcé de le reconnaître dans la première partie de son discours. « Je suis un consul ami du peuple, » se plaît-il à répéter sans cesse. Il chante les louanges des Gracques, « ces excellents ci-« toyens, si dévoués au peuple, si sages, si avisés, et qui « ont réglé si bien plusieurs parties de l'administra-« tion. » Mais après cette belle profession de foi, il bat en brèche l'un après l'autre tous les articles de la loi et n'en laisse subsister aucun. Son argumentation est spécieuse, habile, spirituelle, souvent mordante: elle a un air patriotique fait pour abuser; la démonstration s'annonce, se développe, se poursuit avec une force toujours croissante. La proposition de Rullus est détruite de fond en comble. L'avocat a gagné son procès. Mais le principe de la loi, qu'est-il devenu? Il a disparu avec la loi elle-même. Il a été escamoté. Que d'esprit et d'éloquence pour ne pas voir et ne pas laisser voir la vérité! Cicéron, chose incroyable, soutint deux ans plus tard une loi analogue à celle de Rullus; mais elle était proposée par une créature de Pompée, Flavius. Il la soutint, parce qu'elle avait l'avantage de débarrasser

Rome de cette tourbe dangereuse d'affamés, qu'il appelle la sentine de la ville (*sentinam urbis exhauriri*). La loi de Rullus ne produisait-elle pas le même effet ? C'est pitié que d'entendre Cicéron dire à cette populace : « Ne « vous laissez pas déporter dans les colonies ; conservez « précieusement le pouvoir, la liberté, les suffrages, la « majesté, la ville même, le forum, les *jeux*, les *jours* « *de fête* et tous vos autres avantages. » Ceux qu'il voulut garder à Rome, il les retrouva bientôt autour de Catilina, puis autour de Clodius, de César et d'Antoine.

Les *Catilinaires* sont plus connues ; j'y insisterai peu. M. Mommsen ne veut pas admettre que Cicéron ait sauvé la république : les contemporains furent cependant unanimes à le reconnaître, et ils devaient être assez bons juges de la question. Salluste lui-même, si peu favorable à Cicéron, ne peut nier cependant que l'État ne lui doive son salut. M. Mommsen reproche au consul des hésitations sans fin : il n'hésita que sur un point, le supplice sans jugement des conjurés. Même après le discours de Silanus et celui de Caton, qui emportèrent la majorité, il eut encore quelques scrupules sur la légalité de l'exécution : il s'y décida enfin, comme à un acte indispensable, mais qu'il regrettait. On sait que plus tard ce fut le prétexte dont se servit Clodius pour le faire exiler. Mais ce point excepté, il se montra courageux, résolu, prévoyant et grand citoyen. J'ajoute même que sa conduite fut supérieure à son langage. Des quatre Catilinaires, la première et la quatrième furent prononcées devant le sénat, la seconde et la troisième devant le peuple. Certains critiques allemands contestent l'authenticité de la seconde et même de la quatrième ; il est difficile de se rendre à leurs raisons. La première Catilinaire, si célèbre par l'exorde, *Quousque tandem abutere, Catilina, patientia nostra*, est une magnifique explosion d'indignation et de mépris. Œuvre oratoire admirable, on n'en voit pas bien le but au point de vue politique. A quoi bon dire à un conspirateur qu'il a tort de conspirer, qu'on le surveille, qu'on sait ce qu'il a fait, ce qu'il compte faire. Mais Cicéron, homme d'imagination et de vive sensibilité, ne put contenir en lui les colères allumées par tant d'audace. Il fallait qu'il s'épanchât. Envisagée ainsi, cette première Catilinaire est un chef-d'œuvre. La seconde est plus mêlée. Cicéron rend compte au peuple du départ de Catilina et de l'état de la conjuration qui subsiste, à Rome même. Elle renferme une fort remarquable peinture des diverses classes de conjurés; c'est un exposé historique intéressant de l'état moral de Rome à cette époque. — La troisième est le récit de la découverte des intelligences que les conjurés avaient pratiquées avec les Allobroges. — La quatrième, la plus remarquable de toutes, est la discussion animée des opinions émises dans le sénat par Silanus et par César, relativement aux conjurés jetés en prison. — Une grande mesure et une fermeté réelle, voilà le caractère de ce discours. Peut-être n'eût-il pas forcé les suffrages; peut-être les paroles prononcées ensuite par Caton, produisirent-elles plus d'effet; mais Cicéron avait ouvert la voie, et Caton n'eut qu'à accentuer un peu plus énergiquement les arguments de l'orateur qui l'avait précédé. On voudrait retrancher des Catilinaires ces longs et fatigants éloges que Cicéron se décerne à lui-même. Ils y tiennent beaucoup trop de place.

Je ne parlerai point des discours politiques relatifs à

l'exil de Cicéron et à son retour : ce sont à vrai dire des plaidoyers pour lui-même (1). Le discours relatif aux *provinces consulaires* (*de Provinciis consularibus*, 698) est un triste monument de l'inconséquence de Cicéron. Il est divisé en deux parties : dans la première, il invective de la manière la plus violente Gabinius et Pison et demande qu'ils soient rappelés de leurs provinces (la Macédoine et la Syrie) ; dans la seconde, il combat les orateurs qui s'opposent à ce que César soit maintenu dans son commandement des Gaules. Il fait un magnifique éloge de César, et prouve une fois de plus combien le sens politique lui faisait défaut. Il y a dans sa manière d'envisager ces graves questions une naïveté honnête qui confond. Pourquoi rappeler Gabinius et Pison ? Parce que ce ne sont pas des gens de bien. Pourquoi proroger les pouvoirs de César ? Parce que c'est un grand homme. Il comprit plus tard, trop tard, son erreur et chercha à l'expliquer, sans y parvenir.

Cicéron donna lui-même le nom de *Philippiques* à quatorze discours prononcés devant le sénat et devant le peuple contre Antoine (2), pendant les années 709 et 710. C'est le dernier monument de l'éloquence de Cicéron. Ces Philippiques ne ressemblent à celles de Démosthène que par le titre. L'ennemi que combat Cicéron n'est point un barbare, un étranger qui médite la conquête de la patrie ; c'est le lieutenant et l'instrument de César, un homme d'action sans scrupules, que les désor-

---

(1)   Post reditum ad quirites,
      Post reditum in senatu,
    Prodo mo sua ad Pontifices,
    De aruspicum responsis.

(2) *In Antonium* orationes quatuordecim (709-710).

dres et l'anarchie de la république encouragent peu à peu à se promettre la succession de son maître. Dans cette période de confusion qui s'étendit de la mort de César au triumvirat, Cicéron fut l'âme du sénat. Toutes les résolutions qui furent prises, tous les décrets qui furent portés, c'est lui qui les inspira et les dirigea. C'est dire assez qu'il n'y eut ni unité ni suite dans la direction des affaires. Le sénat semblait avoir toute l'autorité comme autrefois ; mais la véritable force était dans les armées qui étaient nombreuses et obéissaient à différents chefs. Antoine en avait une, le jeune César en avait une autre. Décimus Brutus, Marcus Brutus et Cassius, les consuls Hirtius et Pansa commandaient aussi à des légions. Qu'importaient les décrets du Sénat, s'il n'avait pas la force de les faire exécuter ? A quoi bon déclarer Antoine ennemi de la république, si ses soldats lui restent fidèles et lui conservent une position redoutable ? Cicéron ne sut pas dominer cette situation ; et je ne sais s'il était possible de le faire.

La cause de la liberté et de la légalité était évidemment perdue : ses derniers défenseurs au dehors, Brutus et Cassius, étaient hésitants et n'avaient que des forces insuffisantes ; au dedans, les habiles se préparaient une défection lucrative. Ce sera l'honneur de Cicéron d'être resté fidèle à l'État, que tous s'apprêtaient à trahir. On sait d'ailleurs qu'il expia par la mort sa courageuse résistance aux envahissements d'un Antoine, le plus méprisable des hommes. Mais quelle lecture affligeante que celle des Philippiques ! C'est bien en cette circonstance que Cicéron se paye de mots. Le sol se dérobe sous lui ; les déceptions se succèdent ; quelques succès sans importance sont bientôt suivis des symptômes les plus alarmants ;

l'orateur passe de la confiance au découragement; il loue les morts ; il essaye de stimuler les vivants : les faits les plus ordinaires acquièrent tout à coup une importance capitale à ses yeux : comme dans une tempête les passagers interrogent avec angoisse les plus légères variations dans le temps. Des illusions naïves sur les événements et sur les hommes; une confiance absolue et bien mal récompensée en ce jeune César qui sut tromper tout le monde ; et par-dessus tout une haine et un mépris inexprimables contre Antoine : voilà les sentiments et les idées qui remplissent ces discours. Ce sont les expansions éloquentes des dernières craintes et des dernières espérances de Cicéron ; c'est aussi le dernier monument de la liberté de la parole à Rome. La seconde Philippique, que Juvénal appelle divine, est le plus curieux modèle que nous ait laissé l'antiquité de l'invective personnelle.

Je crois avoir suffisamment indiqué les caractères généraux de l'éloquence de Cicéron. Elle nous semble aujourd'hui, il faut bien le reconnaître, un peu verbeuse. Et j'ose dire que nous avons tort. Un orateur moderne qui imiterait les procédés de Cicéron, fatiguerait et serait invité à hâter le pas : cela prouve seulement que nous sommes devenus plus économes de notre temps et insensibles aux belles constructions d'un art savant. Tels n'étaient point les anciens. Ils suivaient sans effort et avec un plaisir infini les développements magnifiques des idées les plus simples, présentées dans tout leur jour, avec la plus riche abondance de preuves, dans des termes choisis, élégants et harmonieux. Jamais préteur n'eût dit à un avocat comme les présidents de nos jours : au fait ! Le fait, c'était la cause tout entière, telle que la comprenait et voulait l'exposer l'orateur. Et que l'on ne s'imagine pas pour cela, que ces longs plaidoyers, où le lieu commun tenait souvent un grande place, fussent sans action sur les âmes. Jamais l'éloquence ne remporta de plus beaux triomphes qu'à cette époque. A la suite de ces lentes et savantes périodes, de ces amplifications splendides, et à notre sens, oiseuses, il y avait des larmes, des acclamations, des enivrements populaires. C'est que l'orateur ne jetait pas dans son discours cinq ou six traits brillants, ou quelque mouvement imprévu destiné à un succès de surprise : dès les premiers mots il s'emparait doucement de l'esprit de l'auditeur, le menait sans crise violente, de déductions en déductions, l'échauffait insensiblement en lui présentant sans cesse et sous toutes ses faces une vérité qu'il voulait faire accepter, jusqu'à ce que de tous ces détails, de tous ces raisonnements, enchaînés les uns aux autres et se faisant mutuellement valoir, la conviction éclatât enfin irrésistible. Nul n'a possédé cet art à un plus haut degré que Cicéron; on peut même dire qu'il en a parfois abusé. Toutes les circonstances ne demandent pas cette abondance de langage et ce luxe d'arguments ; mais il ne pouvait se résigner à laisser perdre pour ainsi dire l'opulence qu'il se sentait. Il parle souvent de ce *fleuve du discours (flumen orationis)* qui doit couler des lèvres de l'orateur ; c'est bien l'image qui rend le mieux le caractère de son éloquence. Elle coule aisée, harmonieuse, riche, d'un mouvement uniforme, mais puissant par sa continuité. Cette lenteur méthodique n'avait rien de choquant alors : il arrivait souvent que la même cause était plaidée par deux, trois, quatre et jusqu'à six orateurs différents ; et tous étaient écoutés avec le même intérêt. Parfois ils se partageaient entre eux les diverses parties du plaidoyer : l'un prenait l'exorde, l'autre la narration, un troisième la confirmation, ou la péroraison. C'est cette partie dont Cicéron était ordinairement chargé. Il excellait à résumer les arguments, à les présenter condensés et sous une forme animée et dramatique.

Cependant, il y eut, même parmi ses contemporains, des critiques assez délicats pour lui reprocher ce qui leur semblait le plus grand des défauts, un manque d'atticisme. Tacite semble être de cet avis, mais Quintilien n'admet pas ce reproche. Cicéron y fut fort sensible, et il s'en défendit avec une grande chaleur. Lui, le disciple des Grecs, l'admirateur et le traducteur passionné de Démosthène, il ne serait pas un Attique ! L'atticisme serait donc la sécheresse, et pour tout dire, une sorte d'impuissance à produire une impression profonde sur la multitude !

Les Attiques représentés par M. Brutus, Licinius Calvus et Asinius Pollion, avaient raison : Cicéron n'est pas un Attique ; il avait tort de prétendre à ce titre. L'atticisme, ce charme indéfinissable qui émane de la sobriété sans sécheresse, d'un éclat tempéré qui n'éblouit point les yeux, d'une harmonie sans affectation, d'une mesure exacte et exquise en tout, il ne le possédait point. Il n'était pas non plus un Asiatique, c'est-à-dire, un parleur vulgaire et d'une abondance plate ou ampoulée (1). Son éloquence tient le milieu entre ces deux formes, et par là elle est éminemment romaine et originale. Cicéron est le premier des écrivains du siècle d'Auguste. Il les annonce ; Virgile et Horace se frayeront une route entre Pindare et Homère d'une part, c'est-à-dire, les purs génies grecs e les Alexandrins de l'autre. Cicéron placé entre l'atticism e

---

(1) *Ventosa et enormis eloquentia*, dit Pétrone.

que nul Romain ne put jamais atteindre, et l'asiaticisme, qui était un défaut, représente excellemment ce tempérament sage qui est le caractère du génie romain.

§ VI.

PHILOSOPHIE DE CICÉRON.

La philosophie romaine avant Cicéron.

Cicéron est le premier des auteurs romains qui ait composé dans la langue nationale des ouvrages de philosophie. Il en est fier, mais il faut bien le reconnaître, il semble en même temps s'excuser d'avoir consacré à de telles occupations une partie de ses loisirs. Parmi ses contemporains, les uns ne pouvaient admettre en aucune façon qu'on s'adonnât à la philosophie ; d'autres voulaient qu'on ne le fît qu'avec une certaine mesure, et sans y consacrer trop de temps et d'étude. D'autres enfin, méprisant les lettres latines, préféraient lire les ouvrages des Grecs sur ces matières ; je ne parle pas de ceux qui trouvaient indigne d'un consulaire une étude aussi futile (1). « Aussi jusqu'à nos jours, dit Cicéron, la philosophie a été négligée, et n'a reçu des lettres latines aucune illustration. » Quant à lui, il est convaincu que si les Romains avaient voulu s'adonner à la philosophie, ils y auraient réussi aussi bien que les Grecs : n'ont-ils pas rivalisé heureusement avec ceux-ci dans la poésie et dans l'éloquence ? C'est une illusion du patriotisme. Le goût des spéculations philosophiques, ou, pour mieux dire, l'amour de la philosophie pour elle-même était absolument étranger aux

---

(1) Cicer., *de Finibus*, I, 1.

Romains. C'étaient avant tout des hommes d'action et des esprits positifs. Tels ils restèrent pendant les six premiers siècles, incapables, je ne dis pas de résoudre, mais d'imaginer même un seul des problèmes qui sont l'objet de la philosophie. Ils n'eurent l'idée de cette science que le jour où des Grecs leur en parlèrent. Quand ils en connurent le but, quand ils virent ces étrangers, dont toute la vie se consumait dans une étude qui n'avait pas empêché la ruine de leur patrie, et ne leur rapportait rien à eux-mêmes qu'un maigre salaire payé à des oisifs par d'autres oisifs, ils méprisèrent ce qu'on leur fit connaître, et ceux qui le leur firent connaître. Voilà les vrais sentimens des contemporains de Caton le Censeur. Le Sénat, qui représente fidèlement alors l'opinion publique, chasse de Rome, en 593, les trois philosophes députés par Athènes, Carnéade, Diogène et Critolaüs. Au milieu du siècle suivant, il renouvelle la même expulsion. Nous verrons Domitien retourner sur ce point aux anciennes traditions de Rome républicaine. Il y eut donc à presque toutes les époques une sorte d'antipathie nationale contre la philosophie, et surtout contre les philosophes de profession : ceux-ci, pour la plupart exilés, pauvres, vivant de leur enseignement, n'étaient pas faits pour donner aux Romains une haute idée de la science qu'ils professaient. Mais il y eut toujours, chez les Romains, une certaine hypocrisie politique. Les sénateurs ne voulaient point que le peuple et la jeunesse s'adonnassent à des études qui absorbent toute l'activité intellectuelle, font aimer et rechercher le loisir, et produisent une certaine indifférence pour les choses de la vie réelle; mais ils comprirent bientôt aussi qu'il était interdit à un homme vraiment digne de ce nom, de rester absolument étranger à une science si importante. Ils votaient donc au Sénat avec Caton le renvoi des philosophes grecs; mais, rentrés chez eux, ils se mettaient à lire Aristote, Platon, Épicure, Zénon. Ils interdisaient aux philosophes grecs l'enseignement public de la philosophie; mais ils les appelaient chez eux, se faisaient instruire par eux, les emmenaient avec eux dans leurs expéditions. Caton lui-même, cet implacable ennemi des Grecs, étudiait leur langue et leur philosophie. Quant à des hommes comme P. Scipion l'Africain, Lélius, Furius, des jurisconsultes comme Q. Elius Tubéron et Mucius Scévola, ils s'avouaient hautement les disciples des stoïciens Panétius et Diogène de Babylone. J'ai montré dans le poëte Lucilius, leur contemporain, des ressouvenirs manifestes de la doctrine du Portique. Ce fut en effet le stoïcisme qui pénétra d'abord à Rome, et qui à toutes les époques exerça sur les Romains la plus profonde influence. Mais les autres doctrines ne tardèrent pas à s'introduire aussi à Rome, et y eurent des disciples. Après la prise d'Athènes par Sylla (667), les écrits d'Aristote furent apportés à Rome; Lucullus réunit une vaste bibliothèque, où étaient déposés les monuments de la philosophie grecque. En même temps, les Romains virent arriver dans leur ville les représentants des principales écoles de la Grèce. Il ne fut plus permis à un Romain lettré d'ignorer une science que tant de maîtres et d'ouvrages mettaient à la portée de tous. Aussi voyons-nous que parmi les contemporains de Cicéron, pas un seul ne resta étranger aux études philosophiques. Chacun d'eux s'attacha, suivant les tendances de son caractère, à telle ou telle secte; Lucullus à la nouvelle académie, ainsi que M. Junius, Brutus et Varron. Lucrèce, Atticus, Cassius, Velléius, Torquatus, furent épicuriens. Les jurisconsultes

Q. Mucius Scévola, Servius Sulpicius Rufus, Tubéron, Caton, furent stoïciens. Il y eut même une sorte de pythagoricien, Nigidius Figulus, et un péripatéticien, M. Pupius Pison.

Mais on se tromperait singulièrement, si l'on voyait dans ces personnages distingués des philosophes proprement dits. Pour eux, la philosophie était la marque d'une haute culture intellectuelle, une sorte de distinction ou de luxe qu'ils voulaient posséder, mais dont ils ne voulaient pas être les esclaves. C'était pour eux un magnifique domaine, qu'on est heureux de posséder, mais qu'on ne laboure pas. De telles études leur plaisaient, mais à condition d'être une distraction, non un labeur. Ils les envisageaient surtout comme un utile auxiliaire pour l'éloquence, une source abondante de beaux développements; aussi réduisaient-ils volontiers toute la philosophie à la morale; et en cela ils suivaient l'exemple que leur donnaient leurs maîtres, les derniers héritiers des écoles de Platon, de Zénon et d'Épicure; ils exagéraient même cette tendance, en faisant prédominer dans l'étude même de la morale le côté pratique, les applications immédiates, en la bornant presque à n'être plus qu'un manuel à l'usage du citoyen et de l'homme. Même restreinte ainsi, la philosophie n'était jamais pour eux qu'un passe-temps. Ils s'y adonnaient particulièrement, quand l'exercice des devoirs de la vie publique leur était interdit; c'était alors la consolation et le refuge. Comment une science réduite à tenir si peu de place dans la vie et dans l'estime des Romains, aurait-elle inspiré des œuvres sérieuses et originales? Parmi les contemporains de Cicéron, un certain Amafinius, parfaitement inconnu d'ailleurs, composa un ouvrage sur l'Épicurisme, dont Cicéron en parle qu'avec mépris. M. Brutus écrivit un traité *Sur la vertu,* qui n'était qu'une amplification oratoire comme le traité *Sur la gloire,* de Cicéron. Le docte Varron résuma les opinions des philosophes anciens sur le souverain bien. Aucun de ces ouvrages n'avait un caractère vraiment scientifique ; ils sont perdus pour nous.

Cicéron parut, et ne fit pas autrement que ses contemporains ; seulement il le fit avec plus d'éclat, dans un meilleur style ; et il toucha à un plus grand nombre de sujets. Dans sa jeunesse, il étudia la philosophie, parce qu'elle lui parut une puissante auxiliaire de l'éloquence ; mais il ne se résolut à composer des ouvrages philosophiques que dans les dernières années de sa vie, c'est-à-dire dans des circonstances où il ne pouvait trouver un autre emploi de ses loisirs. Il vit dans ce travail un passe-temps et une consolation ; il composa sur des matières philosophiques une suite de discours ou plaidoyers qu'il eût mieux aimé débiter au Forum, au Sénat, ou devant les tribunaux. Toutes ses préfaces sont pleines des plaintes les plus éloquentes à ce sujet. Les misères du temps qu'un homme comme lui devait sentir plus vivement qu'aucun autre, les préoccupations douloureuses qui en étaient la suite, la nécessité de préparer son âme aux plus extrêmes périls : voilà la première origine des ouvrages philosophiques de Cicéron. Ce sont entre tous des ouvrages de circonstance. Inquiet, abattu, malade d'esprit, il va demander à la sagesse antique les remèdes de l'âme et la force dont il a besoin.

Dans sa jeunesse, il étudia d'abord l'épicurisme : tout Romain dépendait des premiers maîtres qui s'offraient à lui ; et il est certain que cette doctrine avait alors de fort nombreux représentants, puisque les premiers écrits philosophiques des Romains, ceux d'Amafinius, de Catius, et le poëme de Lucrèce, sont des expositions de l'épicurisme. Cicéron fut l'élève de Phèdre et de Zénon, tous deux épicuriens. Plus tard Philon l'académicien, Antiochus d'Ascalon, et les stoïciens Diodote et Posidonius furent tour à tour ou simultanément ses instituteurs. A l'exemple de ses compatriotes, il ne s'attacha exclusivement à aucune secte, il fut éclectique. Cependant ses préférences furent pour la nouvelle Académie. La doctrine du probabilisme et du vraisemblable convenait parfaitement à un avocat. D'un autre côté, le stoïcisme, par son élévation morale, devait avoir prise sur une âme profondément honnête. De ce mélange de doctrines se compose ce qu'on est convenu d'appeler la philosophie de Cicéron (1). D'une originalité médiocre, elle avait cependant un grand prix aux yeux de ses contemporains : elle les instruisait en les forçant à réfléchir et à comparer les diverses solutions données, par les écoles anciennes, aux problèmes les plus importants de la destinée humaine, elle les charmait par les agréments et l'éloquence du style, et enfin elle les consolait, et entretenait dans leurs âmes les nobles sentiments et le courage qui fait mépriser les maux extérieurs. Combien d'œuvres plus savantes et plus profondes n'ont jamais eu et n'auront jamais cette salutaire influence ! Voici la liste de ses ouvrages.

Le premier en date est de l'année 700. C'est le traité sur la *République* (2), ou sur le gouvernement, en six

---

(1) Pour plus de détails, consulter Becker, *Histoire de la Philosophie*, t. IV, et les mémoires de Gautier de Sibert (*Acad. des Inscriptions*, t. XLI, XLIII et XLVI.

(2) *De republica libri sex ad Atticum* (a. u. 700).

livres, adressé à Atticus. C'est un dialogue dont les interlocuteurs sont le jeune Scipion, Lélius, Manilius Philus, Tubéron, Mucius Scévola, C. Fannius, conversant ensemble vers l'année 625 sur la constitution et le gouvernement de la République, quelques années avant la grande révolution essayée par les Gracques. Jusqu'en 1814, on ne connaissait de cet important ouvrage que la conclusion conservée par Macrobe sous le titre de *Songe de Scipion*, et quelques passages fort courts cités par saint Augustin, Lactance et des grammairiens. Le savant Angelo Mai découvrit sur un manuscrit palimpseste des commentaires de saint Augustin sur les psaumes, une partie du texte effacé du traité *de la République*. Malgré ces restitutions, l'ouvrage est encore bien défectueux : des livres entiers sont si mutilés que c'est à peine si l'on peut reconnaître le plan complet de l'ouvrage. Les contemporains, l'antiquité tout entière, les Pères de l'Église eux-mêmes en faisaient le plus grand cas ; Cicéron n'en parle qu'avec une prédilection marquée ; il n'est pas loin de croire avec ses amis et ses flatteurs qu'il a enfin réussi à surpasser les Grecs, et que sa République est bien supérieure à celle de Platon et au traité d'Aristote sur la politique. C'est là une illusion naïve. Ce qui faisait aux yeux des contemporains de Cicéron et de Cicéron lui-même le mérite supérieur de cet ouvrage est justement ce qui en fait la faiblesse. On s'imaginait qu'un Romain devait écrire beaucoup mieux sur un tel sujet qu'un Grec, parce que Rome était plus puissante que n'avait jamais été Athènes. Cicéron en particulier, Cicéron qui avait été consul, ne devait-il pas avoir des lumières particulières, fruit de l'expérience qui manquait absolument à Platon et à

Aristote ? Enfin on se disait : La république de Platon est une utopie ; le sens du réel manque absolument à ces rêveurs de la Grèce ; la politique d'Aristote est une sèche analyse des diverses formes de gouvernement. Combien ces deux ouvrages pâlissent auprès de la République de Cicéron, qui est à la fois philosophique et didactique, qui unit dans une sage proportion l'idéal qui existe seul chez Platon, et le réel qui existe seul chez Aristote ! — On retrouve en effet dans Cicéron la fameuse théorie platonicienne de la justice, sur laquelle est fondé tout le traité de la république ; mais le philosophe latin a réduit le principe fécond à un développement oratoire. Chez lui, aussi, on retrouve le songe d'Herr l'Arménien, cette vision éclatante des merveilles de l'autre vie ; mais combien l'horizon s'est rétréci ! Le songe de Scipion, un des morceaux les plus parfaits qu'ait écrits Cicéron, est un hors-d'œuvre imité du grec et habillé à la romaine. Quant à Aristote, il n'est pas difficile non plus de signaler les nombreux emprunts que Cicéron lui a faits. La description des trois formes de constitutions pures, la démocratie, l'aristocratie, la royauté ; l'analyse des constitutions mélangées, les principes propres à chacune des formes de gouvernement, et enfin la théorie de l'esclavage, ne lui appartiennent pas en propre. Ainsi et la partie dogmatique et la partie technique sont des imitations de la Grèce. Mais ce qui faisait aux yeux des contemporains l'originalité et la supériorité de l'ouvrage, c'est la place considérable qu'y tenait Rome. Cicéron en effet avait pris comme idéal de tout gouvernement la constitution romaine, non point telle qu'elle existait de son temps, déjà altérée dans son principe, et penchant visiblement vers une monarchie militaire, mais telle que l'avaient établie les Catons, les Scipions, les Fabius : elle lui apparaissait comme un heureux mélange des trois formes de gouvernement, l'aristocratique, le démocratique, le monarchique. Les consuls représentaient la monarchie, tempérée par la courte durée des fonctions; le sénat représentait l'aristocratie, et le peuple représentait la démocratie. Les pouvoirs et les attributions des trois ordres étaient si sagement définis ; il y avait un équilibre si heureux entre ces forces différentes et non contraires, que Cicéron s'abstenait de chercher la république idéale qu'avait imaginée Platon, et il avait sur Aristote cette supériorité qu'il pouvait conclure en disant : J'ai trouvé la forme de gouvernement la plus parfaite, ce que le Stagyrite n'eût jamais osé faire. Voilà ce qui constitue l'originalité de ce traité. C'est une œuvre essentiellement romaine ; et il n'est pas étonnant qu'elle ait excité une telle admiration. La légitimité des conquêtes de Rome démontrée à des Romains, l'éloge des institutions nationales, la glorification des traditions de la patrie, tout cela était bien fait pour plaire à des contemporains. Peut-être ne serait-il pas difficile de montrer que, même conçu ainsi, cet ouvrage se rapproche singulièrement de celui de Polybe, esprit philosophique et pratique à la fois, et qui, lui aussi, a pris pour point de départ de son histoire universelle la constitution romaine.

Le traité *sur les Lois*, qui parut vraisemblablement en 702, au moment où Cicéron venait d'être nommé augure, peut être considéré comme le complément du traité *sur la République*. Il présente les mêmes qualités et les mêmes défauts que ce dernier. Ce n'est ni un ouvrage purement philosophique, ni un ouvrage de pure jurisprudence, mais une sorte de compromis entre la spéculation et la pratique. Dans le premier livre, visiblement inspiré de Platon, et probablement aussi du traité spécial de Chrysippe sur *la Loi* (περὶ νόμου), Cicéron démontre avec une grande élévation de pensée et de style l'existence d'une loi universelle, éternelle, immuable, conforme à la raison divine et se confondant avec elle. C'est elle qui constitue le droit naturel, antérieur et supérieur au droit positif; elle existait avant qu'aucune loi eût été écrite, avant qu'aucune cité eût été fondée. Après cette belle entrée en matière, Cicéron abandonne la métaphysique du droit, et passe à l'examen des lois *positives;* le publiciste succède au philosophe. Mais il s'en faut qu'il recherche dans l'étude des lois les applications aux diverses formes de gouvernement, comme l'a fait Montesquieu. De même qu'il n'y avait à ses yeux d'autre république que la république romaine, il semble qu'il n'y ait d'autres lois que les lois de Rome. Du premier coup il a rencontré la législation la plus parfaite ; il ne se donne même pas la peine de démontrer l'excellence de ces lois par leur rapport étroit avec la loi universelle : il se borne à une sèche énumération des textes, qui n'a pas même le mérite d'offrir un ordre méthodique et rationnel. Les lois qui attirent surtout son attention sont celles qui règlent les détails et l'ordonnance du culte. Comment a-t-il pu voir, dans ces règlements de police inspirés par un formalisme étroit et une politique menteuse, une émanation directe de la loi universelle? De telles chutes ne sont pas rares chez Cicéron : celle-ci en particulier s'explique tout naturellement par sa promotion à l'augurat. Il a voulu paraître aux yeux de ses contemporains profondément versé dans la connaissance des choses de la religion, et bien digne du dépôt sacré qui lui était confié. Tout le second livre est consacré à cet inventaire aride. Le troisième livre, défiguré par quelques lacunes, est consacré à la politique. Cicéron y examine la nature et l'organisation du pouvoir, le caractère des diverses fonctions de l'État, l'antagonisme salutaire, qui doit exister entre les forces qui le constituent. Ces questions d'un intérêt général si vif, puisqu'elles touchent directement au problème de la liberté politique, avaient une importance considérable et une sorte d'actualité pour les contemporains de Cicéron. Quelle devait être la part de l'aristocratie ou du sénat, et celle du peuple dans le gouvernement de la république ? Le temps n'était pas éloigné où César devait trancher la question. Tous les esprits avisés prévoyaient une catastrophe ; on s'efforçait de consolider l'autorité du sénat et des lois pour opposer au flot démocratique une barrière plus forte. Quintus, le frère de Cicéron, représente, dans la discussion relative à cette grave question, l'obstination et la morgue patriciennes. Il va même jusqu'à combattre l'institution du tribunat qu'il déclare impolitique et dangereuse. Cicéron, sans accepter entièrement les opinions de son frère, reconnaît cependant les périls qu'une telle magistrature peut offrir pour le maintien de la paix et de la liberté ; mais il montre aussi qu'il n'est pas fort difficile de tromper le peuple, et de briser ainsi entre les mains des tribuns une arme redoutable. Il conseille de le faire ; il croit la chose juste et utile. Que dut-il penser plus tard, quand il vit César mettre en pratique, pour détruire la constitution de l'État, une théorie qu'il croyait faite pour le sauver ?

Nous ne possédons que les trois premiers livres du traité *des Lois* : il y en avait probablement six. Le quatrième était consacré à l'examen du droit politique, le cinquième au droit criminel, le sixième au droit civil. Ces livres sont perdus. On doit d'autant plus le regretter qu'aucun autre ouvrage de Cicéron sur des matières analogues ne peut les remplacer pour nous.

N'oublions pas que les traités *de la République* et *des Lois* furent écrits à une époque où la constitution romaine était encore debout, avant la guerre civile et la ruine de l'antique liberté. Cette circonstance explique le caractère des deux ouvrages : ils sont à la fois théoriques et pratiques, je dirai même techniques. Quand la révolution sera consommée, l'élément spéculatif dominera dans la philosophie de Cicéron, on devine bien pourquoi. La réalité de la vie publique lui échappant, il se réfugie dans la contemplation.

Le premier en date de ces ouvrages philosophiques de la seconde période de sa vie est celui qu'on désigne sous le titre des *Académiques* (*Academica*) (1). On peut le considérer comme l'introduction naturelle aux ouvrages qui suivent. En effet, la philosophie de Cicéron, n'ayant rien d'original, devait emprunter aux principaux systèmes des Grecs les éléments souvent contradictoires qui la constituent. Cicéron n'est ni un péripatéticien ni un académicien; il appartient plutôt à la nouvelle Académie. C'était la plus récente des doctrines philosophiques, mais non la plus considérable, il s'en faut de tout. Cependant c'était celle qui du temps de Cicéron jouissait, parmi les Romains, de la plus haute considération. Le scepticisme modéré qui la caractérisait, cette théorie du vraisemblable érigée en criterium absolu;

---

1) *Academica*, et quelquefois *Academicæ quæstiones*, 708.

cette tendance des nouveaux académiciens à exposer et à réfuter les unes par les autres les opinions des diverses écoles; les ressources qu'un tel système offrait à l'art oratoire : voilà ce qui détermina les préférences de Cicéron. Il est en effet bien plus intéressant comme historien de la philosophie que comme philosophe, et en cela il ressemble fort à ses maîtres de la nouvelle Académie. L'ouvrage que nous possédons sous le titre de *Academica* se compose de deux livres : il y en eut deux éditions, l'une en deux livres, l'autre en quatre; nous avons conservé le premier livre de la seconde édition, et le second de la première. C'est un résumé de l'histoire de la philosophie grecque depuis Socrate jusqu'aux représentants de l'ancienne Académie, résumé présenté par le docte Varron. Cicéron prend ensuite la parole et expose la doctrine de la nouvelle Académie; enfin Lucullus établit les différences qui séparent la nouvelle Académie de l'ancienne. C'est dans cet ouvrage que Cicéron se déclare en philosophie ce qu'il sera toujours, un homme qui ne dit jamais : *Je suis certain*, mais *je crois* (*opinator*). Il ne porta que trop souvent la même indécision dans les actes de sa vie politique.

L'année même qui suivit la mort de Caton à Utique, Cicéron écrivit et adressa à Brutus, neveu de Caton, le traité qui a pour titre : *Des vrais biens et des vrais maux*. Il traduisit, par le mot *De Finibus* (1), le titre grec de l'ouvrage de Chrysippe sur le même sujet (περί τέλων). Ce problème du souverain bien, retourné en tous sens par les écoles de l'antiquité, était la pierre de touche de chacune d'elles. En quoi l'homme doit-il faire consister le vrai

---

(1) *De Finibus bonorum et malorum libri quinque*, 709.

bien? Est-ce dans la volupté? dans l'absence de la douleur, dans la jouissance de la vie sous le gouvernement de la vertu, dans la vertu seule? Toutes ces solutions avaient été données et d'autres encore qui, moins radicales, essayaient d'accorder ensemble la volupté et la vertu. Suivant que l'on adoptait telle ou telle doctrine, on était dans la conduite de la vie l'homme du plaisir, l'homme du devoir austère et rigoureux, ou l'homme des tempéraments, qui s'accommode aux circonstances, ne rompt en visière avec personne, et, sans cesser d'être honnête, peut s'entendre jusqu'à un certain point avec ceux qui ne le sont pas. Il y avait alors à Rome des représentants de chacune de ces opinions, et la plupart d'entre eux se montrèrent dans la pratique fidèles à leurs théories. Le Traité de Cicéron, qui est l'exposition complète et la discussion des doctrines d'Épicure, de Zénon, des péripatéticiens et de l'ancienne Académie, devait donc être d'un intérêt bien vif pour ses contemporains. Les personnages mêmes qu'il met en scène, Manlius Torquatus, Caton, Atticus, Papius Piso, et qui exposent le système de philosophie adopté par chacun d'eux, donnaient la vie pour ainsi dire à ces doctrines. Dans le premier livre, Manlius Torquatus développe les principes de l'épicurisme, c'est-à-dire la théorie de la volupté considérée comme le souverain bien. C'est un plaidoyer ingénieux, mais fort incomplet et sans profondeur. Il est réfuté dans le second livre par un autre plaidoyer de Cicéron. L'épicurisme est la seule doctrine que Cicéron n'ait jamais voulu admettre dans son éclectisme universel; et cependant il fut l'ami du plus remarquable épicurien de ce temps-là, Atticus. Au troisième livre, c'est Caton qui expose la doctrine stoïcienne. Ce livre est le plus beau et le plus solide de tout l'ouvrage. Cicéron eut toujours pour le stoïcisme une sympathie secrète dont il ne put se défendre. Il railla plus d'une fois les excès de l'orgueilleuse doctrine ; mais il comprenait bien que seule elle faisait les grands citoyens et les gens véritablement honnêtes. Il la réfute dans le quatrième livre, mais faiblement, en lui contestant l'originalité de ses principes, qu'il prétend empruntés aux socratiques. Le cinquième livre est consacré à l'exposition de la doctrine de l'ancienne Académie.

Les *Tusculanes* (1) sont de l'année 709. César est maître de la république, Caton vient de se donner la mort; il n'y a plus de liberté. Le dictateur est humain, clément envers ses ennemis ; mais il sait leur faire comprendre que, lui vivant, ils ne seront rien dans l'État que ce qu'il lui plaira. Cicéron vient de composer l'*Éloge de Caton*, ouvrage perdu pour nous; César y a répondu par un *Anti-Caton*, pamphlet méprisant envers un mort illustre, sorte de leçon donnée à ses adversaires qui voudraient exalter aux dépens du dictateur celui qui n'a pu s'opposer à ses desseins. Cicéron, dégoûté du spectacle qu'offre Rome, où César ne rencontre plus un seul opposant, s'est retiré dans sa maison de campagne de Tusculum, et il essaye d'oublier que la vie publique lui est interdite, en s'adonnant à l'étude de la philosophie. Les sujets de ses méditations sont en rapport avec l'état de son âme. Qu'est-ce que la mort? qu'est-ce que la douleur ? Y a-t-il un moyen d'alléger les afflictions de l'esprit? Qu'est-ce que les passions? Et comment le sage doit-il se conduire avec ces ennemis de son repos? Enfin qu'est-ce que la vertu ? Et suffit-elle pour vivre heureux ? Voilà les ques-

---

(1) *Tusculanarum quæstionum ad M. Brutum libri quinque*, 709.

tions qu'il traite dans les *Tusculanes.* Il le fait avec son abondance et son éloquence ordinaires; mais il y a bien peu d'originalité dans l'exposition et dans les arguments. On sent d'ailleurs la réelle impuissance du citoyen à se contenter de ces entretiens avec soi-même. Évidemment son esprit est à Rome; et toute la philosophie qu'il étale n'est pour lui qu'un pis-aller. Cependant il sent bien que le moment est venu de se préparer à supporter en homme les épreuves qui semblent réservées aux derniers amis de la liberté. Aussi c'est au stoïcisme qu'il va demander ses virils enseignements.

Le traité *de la Nature des Dieux* (1), bien que plus dogmatique, offre le même caractère. Il fut écrit en 710, fort peu de temps avant la mort de César, et adressé à M. Brutus. Cicéron met successivement en scène un épicurien, Velleius; un stoïcien, Balbus; et un académicien, Cotta, qui exposent et discutent les opinions des anciens philosophes sur les dieux et sur la Providence. L'athéisme déguisé d'Épicure est réfuté assez vivement par Cotta, qui semble ici servir de prête-nom à Cicéron. C'est aussi Cotta qui bat en brèche les arguments des stoïciens sur la Providence; malheureusement une partie de sa dissertation est perdue pour nous. On s'étonnera peut-être que Cicéron n'ait point pris la parole dans le débat. S'il repousse avec Cotta la doctrine d'Épicure, faut-il croire qu'il repousse aussi l'opinion stoïcienne si profondément religieuse? Sur cette grave question, s'est-il, comme les académiciens, arrêté à un probabilisme vague? Ses admirateurs déclarés ne le croient point, et prétendent que sur ce point il était fort éloigné du scepticisme. C'est là

---

(1) *De natura Deorum libri tres.*

en effet une opinion assez probable, dirons-nous à notre tour. Mais, ce qui importe, c'est de constater l'extrême discrétion de son attitude, qui correspond si bien avec l'incertitude et le vague de ses convictions. Cicéron est persuadé que la croyance à l'existence des dieux et à leur action sur le monde doit exercer une profonde influence sur la vie; qu'elle est d'une importance fondamentale pour le gouvernement de la cité. Donc il faut la maintenir parmi le peuple. C'est le politique et l'augure qui parlent. Il ne trouve pas les arguments des stoïciens bien concluants, et il les réfute par Cotta. C'est l'académicien qui parle. Enfin, il incline fort à croire que les dieux existent, et qu'ils gouvernent le monde; il le croit, parce que c'est là une opinion commune à tous les peuples; et que cet accord universel équivaut pour lui à une loi de la nature (*consensus omnium populorum lex naturæ putanda est*). Quant à la pluralité des dieux, bien qu'il ne s'exprime pas catégoriquement sur ce point, il est évident qu'il n'y croit pas, ou du moins qu'il réduit comme les stoïciens les dieux à n'être pour ainsi dire que des émanations du Dieu unique. Celui-ci, il le conçoit comme un esprit libre et sans mélange d'élément mortel, percevant et mouvant tout, et doué lui-même d'un éternel mouvement.

Il n'épargne pas les fables grossières du polythéisme gréco-romain; il raille et condamne les légendes immorales communes à tous les peuples. C'est cette partie du livre de Cicéron (livre III) qui charmait surtout les philosophes du dix-huitième siècle. Il n'était pas difficile de tourner en ridicule la religion populaire; on peut même dire qu'au temps de Cicéron cela était devenu un lieu commun philosophique. Les uns, en repoussant avec mépris ces fables grossières, repoussaient aussi toute croyance; les autres adoptaient la doctrine stoïcienne. Cicéron ne la trouve point inattaquable; mais l'existence des dieux est nécessaire; tous les peuples y croient; il y croira donc aussi. Il raisonne à peu près de la même manière sur l'immortalité de l'âme, et dirait volontiers avec Platon auquel il emprute la plupart de ses arguments : « C'est un beau risque à courir et une belle espérance. Il faut s'en enchanter soi-même. »

Il est beaucoup plus explicite sur la foi que mérite la *divination* (1). L'ouvrage qui porte ce titre est le plus original qu'il ait écrit. Bien qu'il y discute les opinions des stoïciens, on sent qu'il est ici sur son terrain, qu'il a vu fonctionner sous ses yeux la religion romaine, qu'il a été augure, et qu'il sait ce qu'il faut croire des révélations divines. Cet ouvrage, ainsi que le troisième livre de *de la Nature des Dieux*, ont été le grand arsenal où les chrétiens puisaient des arguments contre le polythéisme.

Il est à peu près impossible de déterminer le caractère et la portée de l'ouvrage incomplet que nous possédons sous le titre de : *Sur le Destin (de Fato)*. Les petits traités *sur la Vieillesse et sur l'Amitié* (2), adressés à Atticus, sont pleins de grâce et de douceur. Le choix des sujets convenait parfaitement à la portée philosophique de l'esprit de Cicéron : ce sont deux plaidoyers, dont le premier est fort ingénieux et le second plein d'agrément et même d'éloquence. Les *Paradoxes des stoïciens* (3) sont un exer-

---

(1) *De Divinatione libri duo*, 710.
(2) *Cato major, sive de Senectute, Lælius sive de Amicitia*, 710.
(3) *Paradoxa stoicorum sex.*

cice de casuistique oratoire, d'une médiocre valeur.

Le dernier en date de ces écrits philosophiques est le *Traité des devoirs* (1), qui parut en 710, après la mort de César. Il est adressé par Cicéron à son fils Marcus, qui étudiait alors la philosophie à Athènes sous la direction de Cratippe. Le premier livre traite de l'honnête, le second de l'utile, le troisième de la comparaison entre l'honnête et l'utile. Le fond de l'ouvrage et les divisions sont empruntés à Panétius le stoïcien, auteur d'un *Traité sur le devoir* (περὶ τοῦ καθήκοντο). Il ne faut pas demander à Cicéron, même dans les questions de morale où il est le plus affirmatif, des recherches profondes sur les premiers principes et une rigueur scientifique. Cicéron est un esprit pratique; son livre est un recueil de préceptes excellents, adressés à son fils. Il veut en faire un bon citoyen romain, le préparer à l'accomplissement des devoirs qui constituent cette vertu de l'homme du monde qui n'a rien d'excessif et d'absolu. De là, les tempéraments nécessaires entre l'inflexibilité stoïcienne et le péripatétisme beaucoup plus conciliant. Un critique allemand, Garve, a fort bien résumé les principaux caractères de cette philosophie morale. Je lui emprunte le passage suivant cité par Schœll :

« Lorsque l'auteur n'examine pas la nature morale de l'homme en général, mais qu'il explique seulement les devoirs que lui impose la société, on s'aperçoit qu'il a parfaitement compris la philosophie de son maître; il l'expose avec la plus grande clarté, et, nous n'en doutons pas, il l'a enrichie de ses propres découvertes. Mais, dans les recherches purement théoriques, dans le développe-

---

(1) *De officiis libri tres*, 710.

ment des notions abstraites, lorsqu'il est question de découvrir les parties simples de certaines qualités morales ou de résoudre certaines difficultés qui se présentent, Cicéron ne réussit pas à être clair lorsqu'il copie; et, quand il vole de ses propres ailes, ses idées ne pénètrent pas bien avant, mais restent attachées à la superficie. Parle-t-il de la nature de la bienfaisance, *du decorum*, et des règles du bon ton, de la société et de la manière de s'y conduire, des moyens de se faire aimer et respecter ? Il est instructif par sa clarté et sa précision, il est intéressant par la vérité de ce qu'il dit, et même par les idées nouvelles qu'on croit y apercevoir. Mais les doctrines de la vertu parfaite et imparfaite (1), du double *decorum* (2) et du bon ordre (3), la démonstration de la proposition qui dit que la vertu sociale est la première de toutes les vertus, démonstration fondée sur l'idée de la sagesse (4), et surtout la théorie des collisions, qui remplit tout le troisième livre, ne sont ni si clairement exprimées ni si bien développées. La situation politique dans laquelle Cicéron se trouvait, et qui, jusqu'à un certain point, ressemblait à celle où avaient été placés les plus anciens philosophes de la Grèce, donne un caractère particulier à sa morale. Les individus qu'elle a en vue sont presque toujours les hommes de la haute classe, destinés à prendre part à l'administration de l'État. Sa morale descend-elle à une autre classe ? c'est tout au plus celle des hommes qui s'occupent de l'instruction et des sciences. Les autres classes de la société y trouvent, il

---

(1) *De officiis*, I, 3.
(2) I, 27.
(3) εὐταξία, I, 40,
(4) I, 45.

est vrai, les préceptes généraux de la vertu qui sont communs à tous les hommes, parce qu'ils ont tous la même nature; mais elles y chercheraient en vain l'application de ces règles aux circonstances où elles sont placées; en revanche, elles y liront beaucoup de préceptes dont elles n'auront jamais occasion de faire usage.

« Chose singulière! tandis que les constitutions des anciennes républiques abaissaient l'orgueil politique, en faisant dépendre la grandeur de la faveur populaire, les préjugés du monde ancien nourrissaient l'orgueil philosophique en n'accordant le privilége de l'instruction qu'aux hommes que leur naissance ou leur fortune destinaient à gouverner leurs semblables. C'est par une suite de cette manière de voir que les préceptes moraux de Cicéron dégénèrent si souvent en maximes de politique. Ainsi, lorsqu'il prescrit des bornes à la curiosité, c'est afin qu'elle n'empêche pas de se livrer aux affaires politiques; ainsi il recommande avant tout cette espèce de justice qu'exercent les administrateurs par leur impartialité et leur désintéressement; et il blâme surtout les injustices qui sont commises par ceux qui se trouvent à la tête des armées et des gouvernements. C'est pour la même raison qu'il s'étend si longuement sur les moyens de se rendre agréable au peuple, sur l'éloquence, comme frayant le chemin des honneurs, sur les droits de la guerre; c'est pour cela que l'amour du peuple et l'honneur lui paraissent des choses de la plus haute utilité, c'est pour cela que ses exemples sont tous tirés de l'histoire politique.

« Enfin cette manière de voir est la cause de la grande inégalité qui se trouve dans le développement que Cicéron donne aux différentes espèces de devoirs. Ceux par lesquels l'homme perfectionne sa nature morale ou son état extérieur ne sont que brièvement indiqués. La vie domestique n'est prise en considération qu'autant qu'elle forme le passage à la vie civile et qu'elle sert de base à la vie sociale. Les devoirs de la religion sont entièrement passés sous silence. Les rapports seuls que présente la société civile sont regardés comme importants : quelques-uns sont traités avec un détail qui appartient plutôt à la science politique. »

Les autres ouvrages philosophiques de Cicéron ne nous sont point parvenus. Nous ne possédons qu'un fragment du *Timée* (*Timœus, seu de Universo*), imitation de Platon. Les traités de *la Gloire* (*de Gloria libri duo ad Atticum*), l'*Œconomique*, traduction de Xénophon, le *Protagoras*, traduction de Platon, l'*Éloge de Caton* (*Laus Catonis*), composé après la mort de celui-ci à Utique en 708 ; un autre éloge de Porcia, fille de Caton ; un livre sur la *Philosophie* (*de Philosophia liber ad Hortensium*, année 708); une *Consolation* (*Consolatio, sive de minuendo luctu*) que Cicéron s'adressa à lui-même après la mort de sa fille Tullia, ont péri pour nous. Probablement d'autres encore ont subi le même sort, dont nous ne connaissons pas même les titres.

Bien que je n'aie pu m'étendre longuement sur cette partie des œuvres de Cicéron, je crois en avoir assez dit pour bien en déterminer le caractère. Cicéron n'est pas un philosophe ; c'est un Romain qui, d'après les philosophes grecs, compose sur certaines questions des écrits clairs, élégants et même éloquents. Il s'adonne à cette étude dans les loisirs forcés que lui créent les misères du temps ; il y trouve une distraction à ses tristes pensées et une consolation. Il se flatte aussi de disputer aux Grecs la victoire en ce genre, comme il l'avait fait pour l'éloquence, et de donner à sa patrie une littérature philosophique qui lui manquait. Nous avons vu combien l'originalité lui fait défaut, et, ce qui est plus grave, combien il s'en souciait peu. On ne peut guère douter qu'il ne se crût supérieur à la plupart des Grecs qu'il imitait, si l'on en excepte Platon. Et il est fort probable qu'il leur était en effet supérieur sous le rapport du style, de l'élégance et de l'abondance. Peut-être même a-t-il été convaincu que le bon sens pratique, dont il était doué au plus haut point, faisait de lui un philosophe bien plus remarquable et plus utile à ses contemporains que les Zénon et les Épicure. Il semble avouer cette prétention dans le traité *des Devoirs*, son dernier ouvrage. Et il ne serait pas étonnant que les contemporains pour lesquels il écrivait eussent partagé cette illusion. La philosophie de Cicéron devait en effet être à leurs yeux la vraie philosophie, celle qui seule convenait à des Romains. Nous savons tout ce qu'il y a d'étroit et de borné dans ce point de vue. Mais il est un mérite qu'on ne peut refuser à Cicéron : il est pour nous une des sources les plus précieuses pour l'histoire de la philosophie, grâce à la rareté extrême des ouvrages conservés. Ajoutons aussi qu'il a porté dans la composition de ses écrits les admirables qualités de son esprit et de son style. Il n'a point la grâce souveraine de Platon, il ne peut lui être comparé dans la forme du dialogue; car Cicéron ne peut converser, il faut qu'il plaide : mais chez qui trouverait-on plus de clarté, d'élégance, d'éclat et de mouvement?

§ VII.

LES LETTRES DE CICÉRON.

La correspondance de Cicéron est une des sources les plus précieuses pour l'histoire si intéressante des derniers temps de la république. Nous ne possédons en effet, sur cette période, que des documents fort incomplets et souvent inexacts. Nous avons perdu Tite-Live, Salluste, Asinius Pollion, les Mémoires d'Auguste, et bien d'autres écrits rédigés par des hommes qui furent témoins ou acteurs dans les événements qu'ils rapportaient. Perte regrettable assurément, mais si la correspondance de Cicéron nous était parvenue entière, elle remplacerait les documents qui nous manquent. Nous n'en possédons que le quart, environ mille lettres écrites par Cicéron lui-même ou par ses correspondants. Ceux-ci, personnages politiques mêlés aux événements, ou les suivant avec intérêt et perspicacité, comme Atticus, seraient pour nous des témoins d'une autorité bien plus sûre que Tite-Live lui-même, et à plus forte raison Auguste. Telle qu'elle est cependant, cette correspondance jette la plus vive lumière sur cette époque si agitée. Il ne nous appartient pas d'en présenter le tableau : nous nous bornerons à indiquer le caractère général des lettres qui s'y rapportent.

Le recueil des Lettres de Cicéron est le plus ancien qui nous soit parvenu, mais ce n'est pas le premier qui ait été publié. Caton le Censeur avait publié les lettres qu'il adressait à son fils. Mummius en avait écrit du siége de Corinthe à ses amis; c'étaient des lettres enjouées, spirituelles, qu'on se communiquait et qui étaient encore lues cent ans plus tard. Enfin C. Gracchus et sa mère, la fameuse Cornélie, avaient aussi publié des recueils de lettres. Il n'est donc pas étonnant que celles de Cicéron aient été réunies. Elles ne parurent qu'après sa mort, il est vrai, mais nous ne pouvons douter que de son vivant il n'eût songé lui-même à les livrer au public. Il dit à Atticus : « Il n'y a point de recueil de mes lettres, mais Tiron en a à peu près soixante et dix, et l'on en prendra quelques-unes chez vous. Il faut ensuite que je les revoie, que je les corrige, et l'on pourra alors les publier (1). » Ce petit nombre de soixante-dix nous autorise à penser que Cicéron faisait un choix parmi les lettres qu'il voulait livrer à la publicité, et qu'il en retranchait celles qui avaient un caractère intime et tout à fait confidentiel. Il importe de se faire une idée exacte de ce qu'était alors le commerce épistolaire. Les Romains de ce temps avaient comme nous des intérêts, des affections, des préoccupations de la vie domestique ; les lettres dans lesquelles ils traitaient des questions de ce genre n'étaient évidemment pas destinées à la publicité. Atticus, qui fut le principal éditeur des œuvres de Cicéron, publia même les lettres qui avaient ce caractère (2) ; et il est permis de supposer qu'il supprima plus d'une lettre politique qui l'eût compromis aux yeux de ceux qui avaient fait ou laissé périr Cicéron. Quant aux lettres qui traitaient des affaires publiques, bien qu'adressées à un seul homme, elles étaient le plus souvent écrites pour

---

(1) Voir Boissier, *Recherches sur la manière dont furent recueillies et publiées les lettres de Cicéron*. Paris-Durand, 1861.

(2) Ces lettres dont Cicéron disait : « Elles sont si pleines de mystère que je ne les confierais pas même à la main d'un secrétaire. »

être communiquées à d'autres ; on en tirait des copies ; le nombre de ces copies s'augmentant, on pouvait les considérer comme ayant été publiées, lors même que l'auteur n'en eût point eu l'intention formelle. Qu'on songe aux intrigues si compliquées qui se tramaient alors au Sénat, au Forum, devant les tribunaux, dans les provinces, à ce duel qui se prépara si longuement entre Pompée et César, puis entre les républicains et Antoine, enfin entre Antoine et Octave : quel citoyen pouvait rester indifférent dans cette mêlée de passions, d'intérêts, où le sort de la république et des particuliers était chaque jour mis en question? Une démarche de Pompée, un pas en avant fait par César, le long débat dans le Sénat sur la prolongation des pouvoirs des deux adversaires, les émeutes du Forum excitées par les tribuns favorables ou hostiles à César, les procès politiques suscités de part et d'autre : tous ces événements, qui se présentaient chaque jour, donnaient une occasion toute naturelle aux hommes politiques d'exprimer, dans une lettre qui était lue et commentée par tout le monde, leurs opinions et leurs sentiments sur les personnes et sur les choses. Ces lettres étaient de véritables manifestes politiques. J'en ferais volontiers une classe à part. Enfin il y en avait d'autres qui étaient à la fois intimes et politiques : ce sont celles que les absents de Rome écrivaient à leurs amis, et celles qu'ils en recevaient. La plus grande partie de la correspondance de Cicéron se compose des lettres qu'il écrit pendant son exil et son proconsulat en Cilicie, autre exil, et de celles qu'il se fait écrire pour se tenir au courant des événements de chaque jour.

Voici comment les éditeurs anciens ont rangé les lettres de Cicéron et de ses amis.

Un premier recueil comprend les lettres à Atticus (1). Il se compose de seize livres. A part neuf lettres antérieures au consulat de Cicéron, elles sont toutes postérieures à l'année 693, et vont jusqu'à l'année 710. — C'est Atticus lui-même qui les publia, ou plutôt qui en prépara la publication, laquelle selon toute probabilité n'eut lieu qu'après sa mort en 721. C'est sans doute le même esprit de prudence qui décida cet habile personnage à ne pas insérer une seule de ses lettres dans le recueil. Cicéron loue souvent son ami de la noblesse et de la fierté de ses sentiments patriotiques : Atticus aima mieux que la postérité crût Cicéron sur parole que de laisser subsister un témoignage écrit de ses opinions politiques. Du reste, épicurien, éloigné par principe des orages de la vie publique, homme d'étude et de plaisir, collectionneur de curiosités, il eut l'art d'être et de rester jusqu'au bout l'ami des personnages les plus considérables de tous les partis. Grâce à ces habiles ménagements, il mourut fort âgé, et il eut l'honneur d'être le beau-père d'Agrippa. Voilà l'homme auquel Cicéron confia pendant dix-sept ans ses plus secrètes pensées, ses joies, ses tristesses, ses espérances, ses craintes. Rien n'égale l'abandon et la sincérité de cette correspondance. Elle montre Cicéron en déshabillé, vivant au jour le jour, politique irrésolu, âme faible, mais parfaitement droite et pure. Évidemment la plupart de ces lettres n'étaient point destinées par lui à la publicité. Elles n'en ont que plus d'intérêt pour nous.

Le second recueil comprend les lettres dites *familières* ou *à divers personnages* (2), en seize livres. Nous en

(1) *Epistolarum ad T. Pomponinm Atticum libri XV.*
(2) *Epistolarum ad diversos libri XVI.*

devons la conservation à Pétrarque qui en découvrit et copia de sa main le manuscrit en 1345. C'est vraisemblablement l'affranchi Tiron qui composa et publia le recueil, soit à l'aide des papiers de Cicéron qui gardait copie de ses lettres les plus importantes, soit en ayant recours à Atticus et aux correspondants même de Cicéron. Quoi qu'il en soit, la disposition du recueil est fort confuse ; de plus nous ne pouvons douter qu'il n'y ait des lacunes énormes. Des livres entiers consacrés à un seul correspondant sont entièrement perdus. Du reste aucun ordre chronologique ni de matières : mais c'est la partie la plus intéressante de la correspondance de Cicéron ; car c'en est la plus variée. Non-seulement nous le retrouvons en scène, mais avec lui tous les personnages les plus considérables du temps. Tantôt c'est Cicéron qui les tient au courant des affaires de Rome dont ils sont éloignés ; tantôt au contraire c'est à lui qu'on mande les nouvelles. Ainsi ce commerce épistolaire nous fait connaître les événements d'abord, les idées et les sentiments de Cicéron ensuite, et enfin le caractère des correspondants. Il est regrettable qu'il se soit conservé si peu de lettres de Marc-Antoine, de César, de Pompée, d'Octave, de Cassius, de Brutus et de Caton ; peut-être la correspondance de Cicéron avec ces personnages illustres faisait-elle l'objet d'un recueil particulier que nous avons perdu. Voici les noms des principaux correspondants dont nous avons conservé quelques lettres : Marc-Antoine, L. Cornélius Balbus, Décimus Junius Brutus, Marcus Junius Brutus, Cassius, César, Caton, M. Cœlius Rufus, Dolabella, gendre de Cicéron, Servius Sulpicius Galba, aïeul de l'empereur Galba, P. Lentulus Spinther, M. Emilius Lépidus, un des triumvirs, Luccéius, l'historien, Pompée, M. Claudius

Marcellus, pour qui plaida Cicéron, Cn. Matius, l'ami particulier de César, Munatius Plancus, l'homme de tous les partis, le traître de toutes les causes, Asinius Pollion, le détracteur de toutes les gloires, Servius Sulpicius Rufus, le célèbre jurisconsulte et le grand citoyen, Trébonius, un des meurtriers de César, et Vatinius, contre qui Cicéron a prononcé une si violente harangue. On pourrait ajouter à cette liste les noms des hommes politiques à qui Cicéron a écrit, mais dont nous n'avons aucune lettre, comme Curion, Appius Pulcher, Q. Thermus, Caninius Sallustius, Nigidius Figulus, Cn. Plancius, les Métellus, Sextius, Torquatus, Trébatius, Varron, Memmius, Cluvius, Acilius, Titius Rufus, Philippus, Alliénus, et enfin Terentia, la femme de Cicéron, Tullia, sa fille, et Tiron, son affranchi.

Ces documents historiques, rédigés au jour le jour, offrent le plus grand intérêt ; il serait facile de tirer de cette correspondance une galerie de portraits fort curieuse. Cicéron figurerait en tête, nous le retrouverions avec ses hésitations, ses abattements, ses fausses démarches, ses élans de confiance suivis de désespoirs profonds, sa vanité naïve et expansive (1). Un grand nombre de ces lettres étaient évidemment destinées à la publicité ; elles sont écrites avec un soin extrême ; et l'on y retrouve l'orateur. Atticus, qui était à l'affût de tout ce qui sortait de la plume de son ami, lui réclame plus d'une fois telle ou telle lettre qu'il vient d'adresser à un personnage important sur un événement grave ; et Cicéron lui répond qu'elle n'est pas perdue (*salvum est*), ce qui prouve qu'il en gardait copie. Quant aux lettres plus familières,

(1) Voir la lettre à Luccéius (VI, II).

elles ont une grâce et un charme tout particuliers. Cicéron était passé maître dans l'art délicat des coquetteries du style ; il a des caresses délicieuses d'expression, une remarquable souplesse et un abandon parfait. Ces qualités, que l'on voudrait trouver plus souvent chez l'orateur, contrastent heureusement avec le ton un peu guindé, l'aspérité un peu sèche de quelques-uns de ses correspondants. J'en excepterais l'honnête Matius, dont la lettre sur le meurtre de César est fort touchante.

Un des plus intéressants personnages de ce groupe d'amis est Cœlius Rufus, dont les lettres à Cicéron forment tout le huitième livre. On peut voir quelques-unes des réponses de Cicéron au II⁰ livre des Lettres familières. Cœlius fut un des correspondants les plus actifs de Cicéron pendant son proconsulat de Cilicie. L'orateur avait sauvé Cœlius d'une accusation de meurtre, et le plaidoyer que nous possédons encore est un des plus instructifs pour la connaissance des mœurs de ce temps. Cœlius fut successivement tribun du peuple, édile et préteur. C'est pendant son édilité, qu'il tient Cicéron au courant des nouvelles de Rome. Caractère léger, esprit facile et brillant, Cœlius, dont la jeunesse avait été fort turbulente, jugeait finement et peignait en traits heureux les hommes et les choses. Il y a de lui de singuliers aveux sur les tribunaux d'alors. « Nous acquittons tout le monde, » dit-il à Cicéron. Rien ne l'émeut, il se moque de tout ; il regrette à chaque instant que Cicéron ne soit pas là pour rire avec lui de tel ou tel. Une seule préoccupation sérieuse le tient en éveil ; il craint que Cicéron oublie de lui envoyer de Cilicie les panthères qu'il lui a promises et qui feront si bel effet dans le cirque !

Un recueil particulier contient les lettres de Cicéron à

son frère Quintus (1) ; elles forment trois livres. Quintus Cicéron, de quelques années plus jeune que son frère, suivit comme lui la carrière des honneurs. Il était préteur en 691, et ce fut probablement devant lui que Cicéron plaida pour Archias. Il fut ensuite lieutenant de Pompée en Sardaigne et de César dans les Gaules. Il combattit à Pharsale dans l'armée de Pompée, et fit sa soumission aussitôt après. A la mort du dictateur, il se déclara contre Antoine et contre le triumvirat, et périt peu de temps après son frère. Le petit Traité sur la manière de briguer le consulat (*De Petitione consulatûs*) est peut-être de lui. Il avait de plus composé des annales, ou des commentaires sur l'expédition des Gaules, qui sont perdus. Il faisait des tragédies. Les lettres que Cicéron adresse à Quintus sont ou des lettres de conseil, ou des lettres de nouvelles. L'une d'elles expose longuement les idées de Cicéron sur l'administration des provinces et particulièrement de l'Asie, où Quintus était propréteur. C'est un fort beau Traité sur les devoirs d'un gouverneur romain. Celles du second et du troisième livre sont toutes politiques. Quintus était alors en Sardaigne ou en Gaule, et Cicéron le tenait au courant de la situation des partis à Rome.

Le dernier recueil se compose d'un seul livre et comprend les lettres de Cicéron à Marcus Brutus et de Brutus à Cicéron et à Atticus (2). C'est un faible fragment de la correspondance de ces deux grands hommes ; nous savons en effet qu'elle comprenait au moins neuf livres, et commençait aux premiers temps de la liaison de Brutus avec Cicéron pour ne finir qu'à la mort du premier : il ne nous

(1) *Epistolarum ad Q. fratrem libri tres.*
(2) *Epistolarum ad M. Brutum liber.*

en reste que vingt-cinq lettres. Nul recueil n'était plus célèbre dans l'antiquité. Ce personnage de Brutus exerçait et exerce encore une sorte de fascination sur l'esprit des hommes. Sous le règne des empereurs, les historiens, les rhéteurs, les grammairiens évoquent sans cesse le souvenir de ce personnage ; c'était, disaient les républicains du temps de Tibère, le dernier des Romains. Jamais deux caractères ne furent plus dissemblables que celui de Cicéron et celui de Brutus. Autant Cicéron était doux, bienveillant, mesuré dans la forme, autant Brutus était âpre et tranchant. « Même quand il m'écrit pour me demander quelque chose, dit Cicéron, il est aigre, arrogant, insociable. » Les misères du temps auraient dû rapprocher ces deux hommes de bien ; et ils se rapprochèrent en effet ; mais de graves dissentiments éclatèrent entre eux. Pour Cicéron, le véritable ennemi de la république et de la liberté, c'était Antoine, Antoine qui osait rêver de recueillir l'héritage de César, Antoine qui était adoré des soldats du dictateur, et comptait bien les lancer contre le sénat et l'opposition républicaine. Cicéron songeait à opposer à Antoine le jeune Octave dont les feintes caresses et les hypocrites flatteries l'avaient séduit. Il se portait garant des intentions pures de ce jeune homme. Il chantait sans cesse ses louanges devant le sénat (IIIe et IVe Philippique). Brutus, au contraire, redoutait peu Antoine, à qui il supposait des sentiments généreux ; mais il n'avait que du mépris et de la défiance pour le jeune César dont il devinait la duplicité et l'ambition. Tous deux se trompaient, l'un sur Octave, l'autre sur Antoine. De plus, Cicéron voulait que Brutus, après le siége de Modène, quittât la Macédoine où il s'obstinait à poursuivre Dolabella, pour venir en Italie même au secours de la République menacée. On sait comment ces hésitations fatales perdirent et la liberté et ses derniers défenseurs. Dans cette correspondance, Brutus est âpre, violent, parfois injuste, mais en somme il a le plus beau rôle. Cicéron n'avait pas rougi de recommander à la bienveillance d'Octave un homme tel que Brutus. Celui-ci s'en indigna, et il répondit à Cicéron la lettre la plus fière et la plus dure qu'on puisse imaginer. Elle est un chef-d'œuvre.

Certains critiques anglais et allemands, Tunstalt, Markland et Wolff, ont nié l'authenticité de cette correspondance. Les raisons historiques et grammaticales qu'ils ont données à l'appui de leurs assertions sont loin d'être convaincantes.

§ VIII.

Les nombreux ouvrages dont j'ai donné une rapide analyse ne sont pas les seuls qu'ait composés Cicéron. Il s'en est perdu peut-être autant qu'il en a été conservé. Le recueil de ses Lettres est évidemment incomplet; il s'en faut que nous possédions tous ses discours. Le grand ouvrage sur *la République* est mutilé. D'autres sont complétement perdus, comme le traité *de la Gloire*, l'*Éloge de Caton, les livres sur la Philosophie,* adressés à Hortensius, une *Consolation,* etc. On trouve à la suite de toutes les éditions de Cicéron l'indication des ouvrages perdus. Je ne puis qu'y renvoyer le lecteur.

Je dois dire un mot cependant de ses poëmes. Nous n'en possédons que des fragments, dont un seul est de quelque étendue. La plupart sont des œuvres de sa jeunesse, sauf cependant celui dans lequel il a célébré la gloire de son consulat. C'est dans ce dernier que se trouve le vers célèbre

> O fortunatam natam me consule Romam !

dont Juvénal s'est moqué, et dont on se moque encore. Le caractère général de ces diverses productions semble être le manque absolu d'invention. Partout et toujours des imitations ou des traductions du grec. Il y en a d'assez bien réussies, comme les lamentations d'Hercule, empruntées à Sophocle (*Trachiniennes*), et celles de Prométhée. Quant aux fragments imités d'Aratus, ce sont des descriptions peut-être exactes des phénomènes célestes et des pronostics, mais elles n'exigeaient pas des facultés poétiques bien rares. C'est au point de vue de la langue et de la versification que ces diverses tentatives offrent quelque intérêt. Cicéron se rattache directement à Ennius et à Attius (on sait qu'il faisait le plus grand cas de ces deux poëtes); mais il ne rencontre jamais les fortes expressions du premier, ces audaces heureuses d'une inspiration franche et vive. Par contre, sa phrase est d'une allure plus dégagée, moins chargée de mots; mais elle n'a pas le mouvement poétique. D'autre part, la concision vigoureuse d'Attius semble avoir été goûtée et recherchée par Cicéron ; mais, excellente dans une tragédie, elle était déplacée dans un poëme descriptif. Quant à la versification, elle est sans originalité aucune : si on la rapproche de celle de Lucrèce, son contemporain, elle paraît généralement plus châtiée, plus régulière, mais d'une banale uniformité. Il manque à tous ces essais le je ne sais quoi qui trahit un vrai poëte.

EXTRAITS DE CICÉRON.

IX

Devoirs envers la patrie.

Autant les grandes villes, les villes dominatrices (*imperiosæ*), comme dit Ennius, s'élèvent au-dessus des bourgs et des châteaux forts, autant, selon moi, ceux qui gouvernent les villes par leurs conseils et leur autorité l'emportent en sagesse sur ceux qui n'ont jamais été chargés des destinées publiques. Si donc la plus noble ambition de l'homme est d'accroître les richesses du genre humain ; si toutes nos pensées et toutes nos veilles ont pour but de rendre cette vie plus sûre et plus brillante, si c'est là l'inspiration, le vœu, le cri de la nature, suivons cette route que les plus grands hommes nous ont tracée, et n'écoutons pas ces clairons qui sonnent la retraite, et voudraient nous arrêter dans notre marche en avant. A ces raisons si certaines et si manifestes, on oppose les travaux inséparables de la défense de l'État, obstacle bien léger pour l'activité et le génie, et qui doit paraître méprisable, je ne dis pas dans de si grands intérêts, mais même dans les intérêts ou les devoirs les plus simples et dans les affaires les plus communes. On ajoute les périls dont la vie est menacée, la crainte de la mort, qu'on ne rougit pas d'opposer à des cœurs généreux ; et l'on oublie qu'ils regardent comme un plus grand malheur de céder lentement à la nature et à la vieillesse, que de pouvoir, dans une occasion glorieuse, faire à la patrie le sacrifice de ces jours que réclame tôt ou tard la nature. Ces amis du repos croient déployer surtout une éloquence victorieuse, lorsqu'ils rassemblent les infortunes des plus grands hommes et les outrages qu'ils ont eu à souffrir de l'ingratitude de leurs concitoyens. De là, ces exemples de l'histoire grecque tant de fois répétés : Miltiade, vainqueur des Perses, n'était pas encore guéri des blessures qu'il avait reçues en face dans une éclatante victoire, qu'il fut traîné en prison, et termina dans les fers de sa patrie des jours que le fer ennemi avait épargnés. Thémistocle, indignement chassé de cette patrie qu'il avait délivrée, chercha un asile, non dans les ports de la Grèce qui lui devaient leur salut, mais sur les rivages des barbares vaincus par ses armes. On rassemble aussi d'innombrables exemples de l'inconstance et de la cruauté des Athéniens envers leurs plus grands hommes ; nés et multipliés chez eux, ces exemples, ont été renouvelés, ajoute-t-on, par la gravité romaine. On cite alors Camille exilé, Ahala détesté par le peuple, Nasica persécuté, Lénas banni, Opimius condamné, Métellus et sa disgrâce, Marius et son affreux désastre, les premiers citoyens massacrés et toutes les infortunes qui suivirent. A ces noms on mêle quelquefois le mien ; et comme ceux qui plaident cette cause s'imaginent sans doute que c'est à mes conseils et à mes dangers qu'ils ont dû le repos et la vie, ils me plaignent avec plus d'intérêt et d'amitié. Le souvenir seul de ce jour où, du haut de la tribune, en quittant le consulat, je jurai que j'avais sauvé la patrie, et où le peuple répéta mon serment, suffirait pour me dédommager de toutes ces persécutions. Que dis-je ? Ma disgrâce a été plus honorable que pénible ; le malheur a disparu devant la gloire, et les regrets des bons citoyens m'ont bien consolé de la joie des méchants. Mais en supposant même un succès moins heureux, avais-je le droit de me plaindre ? Non, puisque j'avais tout prévu, et que je devais m'attendre à de grands malheurs pour de grandes actions. Je pouvais, ou jouir plus que d'autres des plaisirs du repos, grâce aux charmes variés de ces études que j'avais cultivées depuis mon enfance, ou ne prendre du moins aux calamités, qui affligeaient l'État, que la part d'un simple citoyen : j'ai mieux aimé, pour le salut de tous, courir au-devant des plus horribles tempêtes, braver la foudre même, et acheter la tranquillité publique au prix de mes seuls dangers. En effet la patrie ne nous a point donné la vie et l'éducation pour n'attendre de nous aucun soutien, pour se rendre esclave de nos intérêts, et offrir à notre oisiveté un sûr asile, à nos jouissances une fidèle protection ; elle a voulu que les facultés de notre âme, de notre esprit, de notre raison, accrues et perfectionnés par ses soins, devinssent un jour sa propre richesse, et qu'il ne nous

fût permis d'employer à notre usage que la portion de nous-
mêmes dont elle n'aurait pas besoin.

(*De Républ.*, III.)

X

Les marches militaires de Verrès.

Il est plusieurs classes de généraux : il importe que vous sachiez dans laquelle il doit être placé. Il ne faut pas que, dans un siècle aussi stérile en grands hommes, vous ignoriez plus longtemps le mérite d'un tel général. Vous ne retrouverez pas en lui la circonspection de Fabius, l'ardeur du premier des Scipions, la sagesse du second, l'exactitude et la sévérité de Paul-Émile, l'impétuosité et la valeur de Marius : son mérite est d'un autre genre, et vous allez sentir combien il est précieux, avec quel soin vous devez le conserver.

Les marches sont ce qu'il y a de plus pénible dans l'art militaire et de plus indispensable dans la Sicile ; apprenez à quel point il a su, par une sage combinaison, les rendre faciles et agréables pour lui. D'abord, voici la ressource admirable qu'il s'était ménagée, pendant l'hiver, contre la rigueur du froid, contre la violence des tempêtes et les débordements des fleuves. Il avait choisi pour sa résidence la ville de Syracuse, dont la position est si heureuse et le ciel si pur, que, dans les temps les plus orageux, le soleil n'a jamais été un jour entier sans se montrer à ses heureux habitants. Cet excellent général y passait toute la saison, de manière que personne à peine ne pouvait l'apercevoir, je ne dis pas hors du palais, mais hors du lit. La courte durée du jour était donnée aux festins, et la longueur des nuits se consumait dans les dissolutions de la débauche la plus effrénée. Au printemps, et son printemps à lui ne datait pas du retour des zéphirs ou de l'entrée du soleil dans tel ou tel signe, il ne croyait l'hiver fini que lorsqu'il avait vu des roses, alors il se mettait en marche, et soutenait la fatigue des voyages avec tant de courage et de force, que jamais personne ne le voyait à cheval.

A l'exemple des anciens rois de Bithynie, mollement étendu dans une litière à huit porteurs, il s'appuyait sur un coussin d'étoffe transparente et tout rempli de roses de Malte. Une couronne de roses ceignait sa tête, une guirlande serpentait autour de son cou : il tenait à la main un réseau du tissu le plus fin, à mailles serrées, et plein de roses dont il ne cessait de respirer le parfum. Lorsqu'après cette marche pénible il arrivait dans quelque ville, cette même litière le déposait dans l'intérieur de son appartement. Les magistrats des Siciliens, les chevaliers romains se rendaient auprès de lui, comme vous l'avez appris d'une foule de témoins. Les procès étaient soumis à ce tribunal secret. Bientôt les vainqueurs emportaient ouvertement les décrets qu'ils avaient obtenus ; et quand il avait employé quelques moments à peser dans sa chambre l'or et non les raisons des parties, il croyait que le reste du jour appartenait à Vénus et à Bacchus.

Ici je ne dois pas omettre une preuve de la prévoyance merveilleuse de notre incomparable général : sachez donc que dans toutes les villes de la Sicile où les préteurs ont coutume de séjourner et de tenir les assises, il y avait toujours en réserve pour ses plaisirs quelque femme choisie dans une famille honnête. Plusieurs de ces beautés complaisantes venaient publiquement se placer à sa table ; celles qui conservaient un reste de pudeur, ne se rendaient chez lui qu'à des heures convenues : elles évitaient le grand jour et les assemblées. Au surplus, dans de pareils festins, n'exigez pas ce silence respectueux que commande la présence d'un préteur ou d'un général, cette décence qui préside ordinairement à la table d'un magistrat ; c'étaient des cris confus, c'étaient des clameurs horribles. Plus d'une fois même on en vint aux mains, et la scène fut ensanglantée. Car ce préteur exact et scrupuleux, qui n'avait jamais obéi aux lois du peuple romain, se soumettait religieusement aux lois que prescrivait le roi du festin. Aussi voyait-on, à la fin du repas, ici un blessé qu'on emportait de la mêlée, plus loin un champion laissé pour mort ; la plupart restaient étendus sans connaissance et sans aucun sentiment. A la vue de ces tristes effets de la débauche, le spectateur eût méconnu la table d'un préteur ; il aurait cru errer parmi les débris d'une autre bataille de Cannes.

Vers la fin de l'été, saison que tous les préteurs de la Sicile ont toujours employée aux voyages, parce qu'ils croient devoir choisir, pour visiter la province, le moment où les blés sont dans les aires (alors les esclaves sont rassemblés ; il est aisé d'en connaître le nombre, de juger du produit des récoltes ; les vivres sont abondants, et la saison n'oppose aucun obstacle) : dans ce temps donc où les autres préteurs sont en course et en voyage, ce général, d'un genre nouveau, établissait son camp dans le plus délicieux bosquet de Syracuse. A l'entrée même du port, dans le lieu où la mer commence à s'enfoncer vers le rivage pour former le golfe, il faisait dresser des tentes du lin le plus fin. Alors il quittait le palais prétorial, qui fut jadis celui du roi Hiéron, et de ce moment il n'était plus possible de le voir hors de cet asile voluptueux. L'accès était fermé à tout ce qui n'était pas ou le complice ou le ministre de ses débauches. Là se rendaient toutes les femmes avec lesquelles il avait des liaisons ; et vous ne sauriez croire combien le nombre en était grand dans Syracuse. Là se rassemblaient les hommes dignes de son amitié, et qui méritaient d'être associés à la honte de sa vie et de ses festins. C'était parmi de tels hommes, au milieu de ces femmes scandaleuses, que vivait son fils déjà parvenu à l'adolescence : en sorte que, si même la nature lui inspirait de l'aversion pour les vices paternels, l'habitude et l'exemple le forçaient de ressembler à son père. La fameuse Tertia, furtivement enlevée à un musicien de Rhodes, excita les plus grands troubles dans ce camp. L'épouse du Syracusain Cléomène, fière de sa noblesse, celle d'Eschrion, d'une famille honnête, s'indignaient qu'on leur donnât pour compagne la fille du bouffon Isidore. Mais, dans le camp de cet autre Annibal, le mérite et non la naissance assignait les rangs ; et telle fut sa prédilection pour cette Tertia, qu'il l'emmena avec lui lorsqu'il sortit de la Sicile.

Tandis que le préteur, vêtu d'un manteau de pourpre et d'une tunique longue, se livrait aux plaisirs au milieu de ses femmes, les Siciliens ne montraient aucun mécontentement : ils enduraient sans peine que le magistrat ne parût point sur son tribunal, que le barreau fût désert, que la justice fût muette ; ils ne se plaignaient pas du bruit des instruments, des voix de tant de femmes qui remplissaient toute cette partie du rivage, pendant que le silence régnait autour des tribunaux. Ce n'était pas en effet la justice et les lois qui s'en étaient éloignées, mais la violence, mais la cruauté, et les déprédations les plus iniques et les plus atroces.

(IIe Action contre Verrès, 10.)

XI
Le supplice de Gavius, citoyen romain.

Comment vous peindre le supplice de P. Gavius, de la ville municipale de Cosa? et comment donner assez de force à ma voix, assez d'énergie à mes expressions, assez d'explosion à ma douleur? Le sentiment de cette douleur n'est pas affaibli dans mon âme; mais où trouver des paroles qui retracent dignement l'atrocité de cette action et toute l'horreur qu'elle m'inspire? Le fait est tel que, lorsqu'il me fut dénoncé pour la première fois, je ne crus pas en pouvoir faire usage. Quoique bien convaincu de sa réalité, je pensais que jamais il ne paraîtrait croyable. Enfin, cédant aux larmes de tous les Romains qui font le commerce en Sicile, entraîné par le témoignage unanime des Valentiens, des habitants de Rhége et de plusieurs de nos chevaliers qui se trouvèrent alors dans Messine, j'ai fait entendre, dans la première action, un si grand nombre de témoins qu'il n'est plus resté de doute à qui que ce soit. Que vais-je faire à présent? Bien des heures ont été employées à vous entretenir uniquement de l'horrible cruauté de Verrès; j'ai épuisé, pour ses autres crimes, toutes les expressions qui pourraient seules retracer le plus odieux de tous; et je ne me suis pas réservé les moyens de soutenir votre attention par la variété de mes plaintes.

Le seul qui me reste, c'est d'exposer le fait; il est si atroce, qu'il n'est besoin ni de ma faible éloquence, ni du talent d'aucun autre orateur pour pénétrer vos âmes de la plus vive indignation.

Ce Gavius, dont je parle, avait été jeté dans les carrières, comme tant d'autres; il s'en évada, je ne sais par quel moyen, et vint à Messine. A la vue de l'Italie et des murs de Rhége, échappé des ténèbres et des terreurs de la mort, il se sentait renaître en commençant à respirer l'air pur des lois et de la liberté : mais il était encore à Messine ; il parla, il se plaignit qu'on l'eût mis aux fers, quoique citoyen romain ; il dit qu'il allait droit à Rome, et que Verrès l'y trouverait à son retour.

L'infortuné ne savait pas que tenir ce langage à Messine, c'était comme s'il parlait au préteur lui-même, dans son palais. Je vous l'ai dit, Verrès avait fait de cette ville la complice de ses crimes, la dépositaire de ses vols, l'associée de toutes ses infamies. Aussi Gavius fut-il conduit aussitôt devant le magistrat. Le hasard voulut que ce jour-là Verrès vînt lui-même à Messine. On lui dit qu'un citoyen romain se plaignait d'avoir été enfermé dans les carrières de Syracuse ; qu'on l'a saisi au moment où il s'embarquait, proférant d'horibles menaces contre lui, et qu'on l'a gardé pour qu'il décidât lui-même ce qu'il en voulait faire.

Verrès les remercie : il loue leur bienveillance et leur zèle ; et aussitôt il se transporte au Forum, ne respirant que le crime et la fureur. Ses yeux étincelaient, la cruauté était empreinte sur tout son visage. Chacun attendait à quel excès il se porterait, et ce qu'il oserait faire, lorsque tout à coup il ordonne qu'on amène Gavius, qu'on le dépouille, qu'on l'attache au poteau et qu'on apprête les verges. Ce malheureux s'écriait qu'il était citoyen romain, habitant de la ville municipale de Cosa ; qu'il avait servi avec L. Prétius, chevalier romain, actuellement à Palerme, et de qui Verrès pouvait savoir la vérité.

Le préteur se dit bien informé que Gavius est un espion envoyé par les chefs des esclaves révoltés ; cette imposture était entièrement dénuée de fondement, d'apparence et de prétexte. Ensuite il commande qu'il soit saisi et frappé par tous les licteurs à la fois.

Juges, un citoyen romain était battu de verges, au milieu du forum de Messine ; aucun gémissement n'échappa de sa bouche, et, parmi tant de douleurs et de coups redoublés, on entendait seulement cette parole : *Je suis citoyen romain.* Il croyait par ce seul mot écarter tous les tourments et désarmer ses bourreaux. Mais non ; pendant qu'il réclamait sans cesse ce titre saint et auguste, une croix, oui, une croix était préparée pour cet infortuné, qui n'avait jamais vu l'exemple d'un tel abus du pouvoir.

O doux nom de liberté! droits sacrés du citoyen! loi Porcia! loi Sempronia! puissance tribunitienne, si vivement regrettée, et enfin rendue aux vœux du peuple, vous viviez, hélas! et dans une province du peuple romain, dans une ville de nos alliés, un citoyen de Rome est attaché à l'infâme poteau; il est battu de verges par les ordres d'un homme à qui Rome a confié les faisceaux et les haches! Eh quoi! Verrès, lorsque vous mettiez en œuvre les feux, les lames ardentes, et toutes les horreurs de la torture, si votre oreille était fermée à ses cris déchirants, à ses accents douloureux, étiez-vous insensible aux pleurs et aux gémissements des Romains, témoins de son supplice! Oser attacher sur une croix un homme qui se disait citoyen romain! Je n'ai pas voulu dans la première action me livrer à ma juste indignation. Non, citoyens, je ne l'ai pas voulu : vous vîtes en effet à quel point la douleur, la haine et la crainte d'un péril commun soulevèrent contre lui les esprits de la multitude. Je modérai mes transports, je retins C. Numitorius mon témoin, et j'approuvai la sagesse de Glabrion, qui ne lui permit pas d'achever sa déposition. Il craignait que le peuple romain, ne se fiant pas assez à la force des lois et à la sévérité de votre tribunal, ne voulût lui-même faire justice de ce barbare.

(IIe action contre Verrès, V,-61.)

XII

Cicéron gouverneur de Cilicie.

Je vois, dit-il à Atticus, que les récits qu'on vous fait de ma modération et de mon désintéressement vous causent beaucoup de plaisir.

Il augmenterait de jour en jour si vous étiez avec moi. Je viens de faire des choses merveilleuses à Laodicée, où depuis le 13 février jusqu'au 1er mai j'ai réglé toutes les affaires de mes départements, à la réserve de celles de Cilicie. Les villes qui étaient accablées de dettes, ou se sont acquittées entièrement, ou sont fort soulagées. Je les laisse juger entre eux leurs différends suivant leur loi. Cette condescendance leur a rendu la vie. J'ai fourni aux villes deux excellents moyens pour s'acquitter : le premier, en ne demandant rien à la province pour ma subsistance ; quand je dis rien, je n'exagère point, il est vrai à la lettre qu'il ne leur en coûtera pas une obole.

Vous ne sauriez croire quel avantage ils en ont tiré. En second lieu, les magistrats des villes s'étaient engraissés aux dépens de leurs citoyens. J'ai interrogé moi-même ceux qui ont possédé ces charges depuis dix ans. Ils m'ont fait l'aveu de leurs concussions, et, sans essuyer la honte d'une sentence, ils ont rapporté volontairement l'argent qu'ils avaient pris. Avec ce secours les villes ont payé sans peine ce qu'elles devaient de ce bail dont les fermiers de la République n'avaient rien touché, et les arrérages du précédent. Jugez dans quelle faveur je suis auprès d'eux. Ce ne sont pas des ingrats, me direz-vous. J'en conviens, et j'en ai fait l'expérience. Je m'acquitte de mes autres fonctions avec le même succès, et je me fais admirer par ma douceur et mes manières aisées. L'accès de ma maison n'est pas difficile, comme chez les autres gouverneurs. On n'a pas besoin de s'adresser à mes gens pour obtenir des audiences. Je me promène chez moi, les portes ouvertes, comme je faisais lorsque j'aspirais aux dignités publiques. On est charmé de cette conduite, et l'on m'en tient grand compte, quoiqu'elle me coûte peu, parce que l'habitude m'en est restée de ce temps-là.

(Lett. à Atticus, VI, 2.)

XIII

Les complices de Catilina.

La première classe est composée de débiteurs qui possèdent encore plus qu'ils ne doivent, mais qui, ne pouvant se détacher de leurs biens, n'ont aucun moyen d'acquitter leurs dettes. C'est de tout le parti ceux qui se présentent sous les plus beaux dehors, car ils sont riches ; mais, au fond, rien de plus révoltant que ce qu'ils prétendent. Eh quoi! vous aurez des domaines, des palais, de l'argenterie, de nombreux esclaves, des richesses de toute espèce, et vous craindrez d'ôter quelque chose à vos possessions pour l'ajouter à votre crédit ! Sur quoi donc comptez-vous ? Sur la guerre ? Pouvez-vous croire que, dans la dévastation générale, vos propriétés seront inviolables ? Sur l'abolition des dettes ? C'est se tromper que de l'attendre de Catilina. C'est moi qui libérerai les débiteurs, mais en les forçant de vendre une partie de leurs biens. Il n'est que ce moyen de sauver ces propriétaires obérés. S'ils avaient voulu s'y décider plus tôt, au lieu d'employer les revenus de leurs domaines à lutter follement contre l'usure, ils seraient aujourd'hui plus riches et meilleurs citoyens. Mais, du reste, ils me semblent assez peu redoutables; car ils peuvent enfin revenir de leur égarement, ou, s'ils y persistent, ils formeront peut-être des vœux impies, mais je les crois peu capables de s'armer pour leur succès.

La seconde classe se compose d'hommes abîmés de dettes, mais ambitieux de pouvoir. Ils veulent dominer à tout prix. Sans espoir d'obtenir les honneurs, tant que la République sera tranquille, ils comptent s'y élever à la faveur des troubles. Je leur donnerai un seul conseil, et c'est le même que je donne à tous les autres. Qu'ils renoncent à l'espérance de voir leurs projets s'accomplir. Le premier obstacle, c'est moi, qu'ils trouveront partout pour sauver l'État et réprimer leurs complots ; ensuite le courage des gens de bien, leur union, leur nombre immense, et de grandes forces militaires; enfin les dieux en qui ce peuple invincible, ce glorieux empire et cette reine des cités, ont, contre les attentats du crime, d'immortels protecteurs. Et quand ils obtiendraient ce qu'ils convoitent avec tant de fureur, quand la vue de Rome en cendres, inondée du sang des citoyens, assouvirait leurs exécrables désirs, est-ce donc au milieu de ces débris qu'ils espèrent être consuls, dictateurs ou même rois ? Ils ne voient pas qu'ils désirent un pouvoir qu'il leur faudrait céder, s'ils l'obtenaient, à quelque esclave échappé des fers, ou à quelque gladiateur.

Vient ensuite une troisième classe d'hommes qui, dans un âge voisin de la vieillesse, ont conservé les forces que leur donna l'exercice. De ce nombre est Mallius, dont Catilina est allé prendre la place. Ils font partie de ces colonies, que Sylla établit jadis à Fésules. Ces colonies, je le sais, sont en général composées de citoyens d'une probité reconnue, d'un courage éprouvé. Il en est toutefois parmi eux qui, enivrés de leur soudaine prospérité, ont consumé en de folles dépenses les dons de la fortune. Ils ont voulu bâtir comme les grands, avoir des domaines, des équipages, des légions d'esclaves, une table somptueuse; et ce luxe a creusé sous leurs pas un abîme si profond, que, pour en sortir, il leur faudrait évoquer Sylla du séjour des morts. Ils ont associé à leurs criminelles espérances quelques habitants de la campagne, qui croient voir dans le retour des anciennes déprédations un remède à leur indigence. Également avides de rapines et de pillages, je les range les uns et les autres dans une seule et même classe. Mais je leur donne un conseil : qu'ils cessent de rêver dans leur délire les proscriptions et les dictatures. Ces temps affreux ont laissé au fond des âmes de si horribles souvenirs, qu'à peine faut-il être homme pour jurer qu'ils ne reviendront jamais.

La quatrième classe est un mélange confus et turbulent de malheureux, sur qui pèsent des dettes accumulées dès longtemps par la paresse, la dépense, le défaut de conduite, et que chaque jour enfonce plus avant dans un gouffre d'où ils ne sortiront pas. Fatigués d'assignations, de sentences, de saisies, ils désertent les villes et les campagnes pour courir en foule sous les drapeaux de la révolte : soldats sans courage, débiteurs sans bonne foi, qui savent mieux faire défaut à la justice qu'ils ne sauront faire face à l'ennemi. S'ils ne peuvent se soutenir, qu'ils tombent; mais qu'ils tombent sans que la République ni même leurs plus proches voisins s'aperçoivent de leur chute; car je ne conçois pas pourquoi, ne pouvant vivre avec honneur, ils veulent périr avec honte, ni comment il leur semble moins affreux de finir leurs destins avec beaucoup d'autres que de les finir seuls.

La cinquième classe renferme les parricides, les assassins, les scélérats de toute espèce. Je ne cherche point à les détacher de Catilina; ils ne pourraient jamais s'arracher d'auprès de lui. Qu'ils périssent d'ailleurs au sein du brigandage, puisqu'aucune prison n'est assez vaste pour les contenir tous.

Vient enfin une dernière classe, et c'est en effet la dernière par l'avilissement de ceux qui la composent.

Ce sont les hommes de Catilina, c'est son élite, ou plutôt ce sont ses amours et ses délices. Vous les reconnaissez aux parfums de leur chevelure élégamment peignée, à leur visage sans barbe, ou la barbe arrangée avec art, à la longueur de leurs tuniques et aux manches qui couvrent leurs bras efféminés ; enfin à la finesse des tissus qui leur servent de toges ; hommes infatigables qui signalent, dans des festins prolongés jusqu'à l'aurore, leur patience à supporter les veilles. Ce vil troupeau renferme tous les joueurs, tous les adultères, tout ce qu'il y a de débauchés sans mœurs et sans pudeur. Ces jeunes gens si délicats et si jolis savent bien autre chose que chanter et danser, qu'aimer et être aimés ; ils savent darder un poignard et verser du poison. S'ils ne sortent, s'ils ne périssent, quand même Catilina ne serait plus, sachez que nous aurons dans la République une pépinière de Catilinas. Cependant à quoi pensent ces malheureux ? Emmèneront-ils dans le camp les compagnes de leurs débauches ? D'un autre côté, comment pourront-ils s'en passer dans ces longues nuits d'hiver ? Et eux-mêmes, comment supporteront-ils les neiges et les frimas de l'Apennin ? Ils se croient peut-être en état de braver les rigueurs de la saison, parce qu'ils ont appris à danser nus dans les festins ? Guerre vraiment formidable, où le général aura pour garde prétorienne cette cohorte impudique !

(Contre L. Catilina, II, 2.)

XIV

Caton et le stoïcisme (1).

La singulière estime dont je fais profession pour vos vertus, Caton, m'empêche de blâmer votre conduite : croyez-vous pourtant qu'il n'y ait point quelque léger reproche à vous faire ? Vous tombez rarement en faute, dit un sage à l'illustre guer-

---

(1) Cicéron parle en avocat dans ce passage. Il a besoin de diminuer aux yeux des juges l'autorité de Caton, qui était considérable. Il lui a rendu justice ailleurs et plus d'une fois. Il a même écrit un *Éloge de Caton* que César essaya de réfuter. — Quant au stoïcisme, Cicéron a rendu hommage à cette noble doctrine, en empruntant à Panætius le fond même du traité des *Devoirs*.

rier son élève ; mais quand vous y tombez, je puis vous reprendre. Pour vous, il est vrai de dire que vous n'y tombez jamais, et que vous avez plus besoin d'être un peu fléchi que d'être redressé. La nature, en effet, semble vous avoir créé pour l'honneur, la gravité, la tempérance, la magnanimité, la justice, et toutes les vertus qui font le grand homme. A ces dons si rares se joignent des principes où l'on voudrait plus de modération et de douceur, et dont l'aspérité et la rudesse ne semblent pas assez conformes aux lois de la nature et de la vérité. Et puisque nous ne parlons pas ici devant une multitude sans lumières et sans instruction, je crois pouvoir vous entretenir un moment sur une partie des connaissances humaines que vous cultivez et que vous aimez comme moi.

Apprenez, Romains, que toutes les qualités supérieures et divines que vous admirez dans Caton lui appartiennent en propre ; ses légères imperfections ne lui viennent pas de la nature, mais du maître qu'il a choisi. Il y eut autrefois un homme d'un grand génie, Zénon, dont les sectateurs s'appellent stoïciens. Voici quelques-uns de leurs dogmes et de leurs principes : le sage est inaccessible à toute faveur, inexorable pour toutes les fautes ; la compassion et l'indulgence ne sont que sottise et folie ; l'homme ferme, l'homme vraiment homme ne se laisse ni toucher ni fléchir ; le sage lui seul, fût-il difforme, est beau ; fût-il pauvre, est riche ; fût-il esclave, est roi ; nous qui ne sommes pas des sages, ils nous traitent d'esclaves, d'exilés, d'ennemis, d'insensés. Toutes les fautes sont égales ; tout délit est un crime ; il n'y a pas plus de mal à étrangler son père qu'à tuer un poulet sans nécessité ; le sage ne doute jamais, ne se repent jamais, ne se trompe jamais, ne change jamais d'avis.

Telles sont les maximes dont le génie de Caton s'est emparé, séduit par des autorités respectables, non pas, comme tant d'autres, pour en parler, mais pour s'en faire un plan de conduite. Les fermiers de l'État demandent-ils une remise ? — Gardez-vous d'accorder rien à la faveur. — Des malheureux viennent-ils vous supplier ? — C'est un crime, c'est un forfait d'écouter la compassion. — Un homme avoue sa faute et demande grâce ? — C'est se rendre coupable que de pardonner

— Mais le délit est léger. — Toutes les fautes sont égales. — Vous est-il échappé un mot ? — C'est un arrêt irrévocable. — Avez-vous cédé au préjugé plus qu'à la raison ? — Pour le sage, la raison est une et absolue. Lui fait-on remarquer qu'il se trompe ? Il se croit insulté. De là ce raisonnement. J'ai déclaré en plein sénat que j'accusais un candidat consulaire. — Mais vous étiez irrité. — Le sage est toujours maître de lui. — Vous le disiez pour la circonstance. — Il n'y a qu'un malhonnête homme qui puisse parler contre sa pensée ; le changement d'opinion est une infamie ; la clémence, un crime ; la pitié, un forfait.

Nos philosophes moins sévères (car je l'avoue, Caton, ma jeunesse comme la vôtre, se défiant de ses propres lumières, a cherché le secours de l'étude), nos philosophes, selon les principes modérés de Platon et d'Aristote, disent que le sage ne doit pas se faire une règle d'être sourd à la faveur ; que la compassion ne dépare point la vertu ; qu'il doit y avoir des degrés dans les punitions comme il y en a dans les fautes ; que la fermeté n'exclut pas la clémence ; que le sage lui-même doit douter lorsqu'il ignore ; qu'il n'est pas accessible à la colère ; que les prières peuvent le fléchir ; que dans certaines occasions il doit rectifier ce qu'il a dit ; que l'entêtement n'est pas toujours un devoir, et que la modération convient à toutes les vertus.

Si, avec votre heureux naturel, Caton, le hasard vous eût donné de tels maîtres, vous n'auriez point, puisque cela est impossible, plus de vertu, plus de force d'âme, plus de tempérance, plus de justice ; mais vous seriez un peu plus enclin à la douceur ; sans aucun motif d'inimitié ou d'injure particulière, vous n'accuseriez pas un homme plein de modestie, de mérite et d'honneur ; vous auriez pensé que le sort, en vous préposant tous deux la même année à la garde de l'État, vous unissait par un lien politique ; ce que vous avez dit dans le sénat avec tant de violence, vous l'auriez supprimé, vous l'auriez du moins oublié, ou vous auriez tiré de vos paroles une conséquence moins rigoureuse. Mais si mes conjectures ne me trompent, cette sévérité, fruit d'une imagination vive et ardente, échauffée de plus par l'impression d'un premier enthousiasme, se modifiera par l'expérience, se calmera par l'âge, s'adoucira par le temps. Ces maîtres mêmes que vous avez suivis, ces précepteurs de vertu, me semblent avoir porté les devoirs de l'homme au delà des bornes de la nature, afin que notre esprit, tout en s'efforçant d'y atteindre, s'arrêtât au point marqué par la raison. Soyez inflexible. Non, mais pardonnez quelquefois. Résistez toujours à la faveur. Non, mais ne l'écoutez qu'autant que le devoir et l'équité le permettent. Ne vous laissez point aller à la compassion. Jamais, sans doute, au point d'affaiblir l'autorité des lois, mais autant que le prescrit l'humanité. Persistez dans votre sentiment. Oui, tant que vous n'en connaîtrez pas de meilleur.

(Plaidoyer pour L. Muréna, ch. XXIX.)

XV

Contre les dieux d'Épicure.

Vous blâmiez ceux qui, voyant le monde et ce qui le compose, le ciel, les terres, les mers; voyant de quel éclat il est revêtu, le soleil, la lune, les étoiles; voyant les différentes saisons, leur succession, leurs vicissitudes, ont jugé par là qu'il y a un être supérieur, qui a formé, qui meut, qui règle, qui gouverne tout.

Quand ces philosophes se tromperaient, au moins voit-on sur quoi leur conjecture est fondée. Mais dans votre système quel est le chef-d'œuvre qui vous paraisse l'effet d'une intelligence divine et que vous puissiez regarder comme une preuve qu'il y a des dieux? Votre preuve, la voici. J'avais une certaine notion de Dieu, imprimée dans mon esprit. Mais n'avez-vous pas une semblable notion de Jupiter avec sa grande barbe, et de Minerve avec son casque? Est-ce une raison pour les croire tels? Que le peuple et les ignorants sont bien plus sensés que vous, eux qui pensent que les dieux, non-seulement ont des corps tels que les nôtres, mais en font usage! Ils leur donnent un arc, des flèches, une javeline, un bouclier, le trident, la foudre; et, quoiqu'ils ne voient aucune action faite par les dieux, ils ne peuvent néanmoins se figurer un dieu qui ne fasse rien.

Les Égyptiens mêmes, dont on se moque, n'ont pas divinisé une bête qui ne leur fût de quelque utilité. Les ibis sont de grands oiseaux qui, comme ils ont les jambes fortes, et un long bec de corne, tuent quantité de serpents ; par là ils sauvent à l'Égypte des maladies contagieuses, en tuant et en mangeant ces serpents volants, que le vent d'Afrique y porte du désert de Libye ; ce qui fait que ces serpents ne font de mal ni par leur morsure quand ils sont en vie, ni par leur infection après leur mort. Si je ne craignais d'être trop long, je dirais quels services les Égyptiens tirent des ichneumons, des crocodiles, des chats. Mais, sans entrer dans ce détail, je puis conclure que les bêtes qui sont déifiées par les barbares, le sont à titre d'utilité : au lieu que vos dieux ne sont recommandables par nulle action utile, ni même en général par quelque action que ce soit.

Un dieu n'a rien à faire, dit Épicure. C'est penser, comme les enfants, qu'il n'est rien de comparable à l'oisiveté. Encore ne la goûtent-ils pas tellement qu'ils ne s'exercent volontiers à de petits jeux. Mais votre dieu est absorbé dans une quiétude si profonde, que, pour peu qu'il vînt à se remuer, on prendrait l'alarme comme si tous ses plaisirs expiraient. Cette opinion dérobe aux dieux le mouvement et l'action qui leur conviennent, et d'ailleurs elle porte les hommes à la paresse, en leur faisant croire que le moindre travail est incompatible, même avec la félicité divine.

(De la Nature des dieux.)

XVI

La conscience. — La justice.

Que si c'était la peine, et non la nature, qui dût éloigner les hommes de l'injustice, lorsqu'ils n'auraient pas de supplices à craindre, quelle inquiétude agiterait donc les coupables ?

Et cependant jamais il ne s'en est trouvé d'assez effronté pour ne pas nier qu'il eût commis le crime, ou pour ne pas feindre quelque excuse, comme un légitime ressentiment, et ne pas chercher quelque justification de son forfait dans le droit naturel. Quand les impies osent s'en réclamer, quel doit être l'empressement des bons à s'y attacher! Si la peine, la crainte du châtiment, et non la laideur du vice, détourne d'une vie injuste et criminelle, personne n'est injuste; seulement les méchants calculent mal. Et nous, alors, nous que pousse à la vertu, non l'honnêteté même, mais quelque utilité, mais je ne sais quel profit, nous sommes avisés et non pas bons.

Que fera-t-il dans les ténèbres, cet homme qui ne craint rien que le témoin et le juge? que fera-t-il s'il rencontre dans un lieu désert un homme à qui il puisse prendre beaucoup d'or, s'il le trouve faible et seul? Notre honnête homme à nous, juste par nature, s'entretiendra avec lui, le secourra, le remettra dans son chemin: mais celui qui ne fait rien pour l'amour d'autrui, et qui mesure tout sur ses intérêts, vous voyez, je pense, comme il va se conduire. S'il prétend qu'il ne lui ôtera ni la vie ni son or, jamais il n'en donnera pour motif l'opinion que cette action est naturellement déshonnête, mais la crainte que la chose ne se répande, c'est-à-dire qu'il n'en soit puni.

Raisonnement qui devrait faire rougir le dernier des hommes : que dirai-je donc d'un philosophe...?

Encore une absurdité, et la plus forte, c'est de tenir pour juste tout ce qui est réglé par les institutions ou les lois des peuples. Quoi! même les lois des tyrans? Si les trente tyrans d'Athènes eussent voulu lui imposer des lois, si même tous les Athéniens aimaient ces lois tyranniques, seraient-elles des lois justes? Pas plus, je pense, que la loi rendue par notre inter-roi : « Que le dictateur pourrait tuer impunément le citoyen qu'il lui plairait sans lui faire son procès. » Non, il n'existe qu'un seul droit, dont la société humaine fut enchaînée, et qu'une loi unique institua : cette loi est la droite raison, en tant qu'elle prohibe ou qu'elle commande ; et cette loi, écrite ou non, quiconque l'ignore, est injuste.

Si la justice est l'observation des lois écrites et des institutions nationales, et si, comme les mêmes gens le soutiennent, tout doit se mesurer sur l'utilité; il négligera les lois, il les brisera, s'il le peut, celui qui croira que la chose lui sera profitable.

La justice est donc absolument nulle si elle n'est pas dans la nature : fondée sur un intérêt, un autre intérêt la détruit. Bien plus, si la nature ne doit pas confirmer le droit, c'est fait de toutes les vertus. Que deviennent la libéralité, l'amour de la patrie, la piété, le noble désir de servir autrui ou de reconnaître un bienfait? car toutes ces vertus naissent de notre penchant naturel à aimer les hommes, lequel est le fondement du droit. Et non-seulement les obligations envers les hommes disparaissent, mais avec elles les cérémonies du culte des dieux, et les religions, qui doivent être conservées, à mon avis, non par la crainte, mais à cause de ce lien qui unit l'homme avec Dieu.

Que si les volontés des peuples, les décrets des chefs de l'État, les sentences des juges fondaient le droit, le vol serait de droit, l'adultère, les faux testaments seraient de droit, dès qu'on aurait l'appui des suffrages ou des votes de la multitude. S'il y a dans les jugements et les volontés des ignorants une telle autorité, que leurs suffrages subvertissent la nature des choses, pourquoi ne décrètent-ils pas que ce qui est mauvais et pernicieux soit à l'avenir tenu pour bon et salutaire? et pourquoi la loi, qui de l'injuste peut faire le juste, d'un mal ne pourrait-elle pas faire un bien? c'est que nous avons, pour distinguer une bonne loi d'une mauvaise, une seule règle, la nature.

Et non-seulement le droit se distingue d'après la nature, mais encore l'honnête et le honteux en général ; car c'est une notion que le sens commun nous donne, et dont il a ébauché les sentiments dans nos esprits, que celle qui place l'honnêteté dans la vertu, et la honte dans les vices. Or, cette notion, la faire dépendre de l'opinion, au lieu de la placer dans la nature, c'est une démence.

(Des Lois, l. I.)

XVII

Nature de l'âme.

Que notre âme soit de feu, qu'elle soit d'air, je jurerais qu'elle est divine, si, dans une matière si obscure, je pouvais parler affirmativement. Eh quoi ! vous parait-il qu'une faculté aussi admirable que la mémoire puisse n'être qu'un assemblage de parties terrestres, qu'un amas d'air grossier et nébuleux? Si vous ne connaissez point son essence, du moins par ses opérations vous jugez de ce qu'elle peut. Où en trouver l'origine? Dirons-nous qu'il y a dans notre âme une espèce de réservoir, où les choses que nous confions à notre mémoire se versent comme dans un vase? Proposition absurde; car peut-on se figurer que l'âme soit d'une forme à loger un réservoir si profond? Dirons-nous que les idées s'impriment dans l'âme comme sur la cire, et que le souvenir est la trace de ce qui a été imprimé dans l'âme? Mais des paroles et des pensées peuvent-elles laisser des traces? et quel espace ne faudrait-il pas, d'ailleurs, pour tant de traces différentes!

Qu'est-ce que cette autre faculté, qui cherche à découvrir ce qu'il y a de caché, et qui se nomme intelligence, génie? Pensez-vous qu'il ne fût entré que du terrestre et du périssable dans la composition de cet homme, qui le premier imposa un nom à chaque chose? Pythagore trouvait à cela une sagesse infinie. Regardez-vous comme pétri de limon, ou celui qui a rassemblé les hommes, et leur a inspiré de vivre en société; ou celui qui, dans un petit nombre de caractères, a rassemblé tous les sons que forme la voix, et dont la diversité paraissait inépuisable; ou celui qui a observé comment se meuvent les planètes, tantôt rétrogrades, tantôt stationnaires?

Tous étaient de grands hommes, ainsi que d'autres, encore plus anciens, qui enseignèrent à se nourrir de blé, à se vêtir, à se faire des habitations; à se procurer les besoins de la vie, à se précautionner contre les bêtes féroces. Par eux nous fûmes adoucis et civilisés. Des arts nécessaires on passa ensuite aux beaux-arts. On trouva, pour charmer l'oreille, les règles de l'harmonie. On étudia les étoiles, tant celles qui sont fixes que celles qu'on appelle errantes, quoiqu'elles ne le soient pas. Quiconque découvrit les diverses révolutions des astres dut avoir pour cela un esprit semblable à celui qui les a formés dans les cieux. Faire, comme Archimède, une sphère qui représente le cours de la lune, du soleil, des cinq planètes, et, par un seul mouvement orbiculaire, régler tous ces mouvements les uns plus lents, les autres plus vites, c'est avoir exécuté le plan de ce dieu par qui Platon, dans le Timée, fait construire le monde. Et si cet ordre n'a pu exister dans le monde sans un Dieu, Archimède aussi n'a pu l'imiter artifi dans sa sphère cielle sans une intelligence divine.

Je trouve même du divin dans d'autres arts plus connus et moins mystérieux. Un poëte ne produira pas des vers nobles et sublimes, si je ne sais quelle ardeur céleste ne lui échauffe l'esprit ; sans le même secours, l'éloquence ne joindra pas à l'harmonie du style la richesse des pensées. Pour la philosophie, mère de tous les arts, n'est-ce pas, comme l'appelle Platon, un présent, ou, comme je l'appelle, une invention des dieux ? C'est d'elle que nous avons appris d'abord à leur rendre un culte, ensuite à reconnaître des principes de justice qui soient le lien de la société civile ; enfin à nous régler nous-mêmes sur les sentiments qu'inspirent et la sagesse et la force de l'âme. C'est aussi par elle que les yeux de notre esprit, perçant la nuit de l'ignorance, ont vu tout ce qui est au ciel, tout ce qui est sur la terre, le commencement, le milieu, la fin de toutes choses.

Une âme avec de telles facultés me paraît certainement divine. Qu'est-ce en effet que la mémoire, l'intelligence, sinon tout ce qu'on peut imaginer de plus grand, même dans les dieux ? Leur félicité ne consiste, sans doute, ni à se repaître d'ambroisie, ni à boire du nectar versé à pleine coupe par Hébé ; et Homère ne me fera point croire que Ganymède ait été ravi par les dieux, à cause de sa beauté, pour servir d'échanson à Jupiter. Prétexte frivole de l'injure faite à Laomédon ! L'imagination d'Homère prêtait aux dieux les faiblesses des hommes.

J'aimerais mieux qu'il nous eût donné les perfections des dieux. Quelles sont les facultés vraiment divines ? Immortalité, sagesse, intelligence, mémoire. Puisque l'âme les rassemble, elle est divine, comme je le dis ; ou même, comme Euripide a osé le dire, l'âme est un dieu. Si la nature divine est air ou feu, notre âme sera pareillement l'une ou l'autre ; et comme il n'entre ni terre ni eau dans ce qui fait la nature divine, aussi n'en doit-on pas supposer dans ce qui fait notre âme. Que s'il y a un cinquième élément, selon qu'Aristote l'a dit le premier, il sera commun et à la nature divine et à l'âme humaine.

(Tusculanes, liv. I, du ch. XXV au ch. XXVII).

XVIII

Retraite de Cicéron.

Publius Scipion, qu'on appelle le premier Africain, avait coutume de dire, au rapport de Caton, son contemporain, qu'il n'était jamais moins oisif que lorsqu'il n'avait rien à faire, ni moins seul que dans la solitude. Cette parole est admirable et bien digne d'un sage, d'un grand homme ; elle nous apprend qu'il avait coutume de méditer sur les affaires dans ses heures de loisir, et de s'entretenir avec lui-même dans la solitude, de sorte qu'il ne restait jamais oisif, et qu'il savait se passer quelquefois de l'entretien d'autrui. Ainsi deux choses qui engourdissent l'esprit des autres, le loisir et la solitude, excitaient au contraire le sien. Je voudrais pouvoir dire de moi avec vérité la même parole. Mais si je ne puis atteindre par l'imitation à la hauteur de ce grand génie, je puis dire au moins que mes intentions et mes désirs sont les mêmes. Éloigné des affaires publiques et du barreau par les armes et la violence des méchants, je me trouve dans le loisir ; et, vivant pour la même raison loin de la ville, parcourant les campagnes, je suis souvent dans la solitude. Mais je ne puis comparer ce loisir à celui de l'Africain, ni ma solitude à la sienne. Lui, pour se reposer des plus belles fonctions de la République, prenait quelquefois du loisir, et, s'éloignant de la foule, cherchait la solitude comme un port tranquille ; moi je ne suis livré au loisir que faute d'affaires, et non par le désir du repos. Quand le sénat et les tribunaux ne sont plus, que trouverais-je au Forum, à la Curie, qui fût digne de m'occuper? Ainsi, après avoir jadis vécu sous les yeux de mes concitoyens, en pleine lumière, je fuis aujourd'hui la vue des méchants qui ont tout envahi, je me cache autant qu'il m'est permis, et souvent je suis seul. Mais, comme j'ai appris des gens éclairés qu'il ne faut pas seulement entre les maux choisir les moindres, qu'il faut même en retirer le bon qu'ils peuvent renfermer, je jouis de mon loisir (lequel certes n'est pas tel que j'aurais dû l'avoir après celui que j'ai procuré à Rome), et je ne me laisse pas engourdir par cette solitude, qui est l'effet du malheur des temps et non de ma volonté. Scipion, je l'avoue, montrait un plus grand caractère ; s'il n'a laissé aux lettres aucun monument de son génie, aucun ouvrage de son loisir, aucun fruit de sa solitude, c'est qu'il ne fut jamais ni oisif ni seul, par l'occupation continuelle de son esprit, et par ses méditations sur les objets que lui offrait sa pensée. Moi qui n'ai pas assez de vigueur d'esprit pour me distraire de la solitude par la seule pensée, j'ai donné toute mon attention et tous mes soins au travail de la composition. Aussi j'ai plus écrit dans un court espace de temps, depuis le renversement de la République, que je n'ai fait en plusieurs années pendant qu'elle subsistait encore.

(Des Devoirs, Livre III, ch. I.)

XIX

Cicéron à Luccéius.

L'absence va me donner plus de hardiesse à vous expliquer ce qu'une modestie mal entendue ne m'a pas permis de vous dire de vive voix, quoique j'en aie souvent formé le dessein. Les lettres, dit-on, ne rougissent point. Je me sens une passion extrême, et je ne crois point qu'on puisse m'en faire un reproche de voir mon nom illustré et célébré par vos écrits. Vous m'avez témoigné plus d'une fois que c'était votre dessein ; mais vous me ferez la grâce de pardonner à mon impatience.

Malgré tout ce que j'attendais de vos ouvrages, ils ont, je vous le confesse, surpassé toujours mon attente ; ils m'ont charmé, ou plutôt ils m'ont échauffé d'une ardeur si vive, qu'elle me fait désirer de vous voir commencer promptement l'histoire de mes actions. Et ce n'est pas seulement la pensée de l'avenir qui me fait concevoir une certaine espérance de l'immortalité ; mais je souhaiterais de jouir, pendant ma vie, de l'autorité de votre témoignage, ou, si vous voulez, d'une si bonne marque de votre amitié et d'un si doux fruit de vos talents. En vous faisant cette prière, je n'ignore point que vous avez entrepris et commencé un grand nombre d'autres ouvrages ; mais, voyant que vous avez presque achevé l'histoire de la guerre italique et de la guerre civile et que vous êtes prêt à traiter la suite, je croirais me manquer à moi-même, si je ne vous portais à faire réflexion, lequel vaut mieux, ou de mêler ce qui me regarde avec le reste de votre narration ; ou bien, à l'exemple des Grecs, qui ont traité à part les guerres particulières, Callisthène celle de Troie, Timée celle de Pyrrhus, Polybe celle de Numance, de séparer la conjuration de Catilina des autres événements qui regardent nos guerres étrangères. J'y vois peu de différence pour ma réputation ; mais pour mon empressement, il importe assez que vous n'attendiez pas que l'ordre du temps vous conduise à l'époque dont je parle, et que vous en commenciez dès aujourd'hui l'histoire.

Je crois voir aussi qu'en vous attachant à une seule personne et à un seul sujet, vous aurez encore plus de facilité, d'abondance et d'éclat.

Il y a peut-être de l'indiscrétion à vous imposer un fardeau que vos occupations peuvent vous empêcher de recevoir ; et peut-être n'y en a-t-il pas moins à vous prier de répandre sur mes actions l'éclat de votre style. Qui m'assurera même que vous m'en jugiez tout à fait digne? Mais, quand une fois on a passé les bornes de la pudeur, il n'est plus question d'être effronté à demi, je vous demande donc en grâce de ne pas vous en tenir avec trop de rigueur au jugement que vous pouvez porter de moi, ni aux lois sévères de l'histoire ; et si vous sentiez quelque mouvement de cette faveur dont vous parlez agréablement dans une de vos préfaces, dans laquelle vous déclarez que vous n'avez pas été plus séduit que l'Hercule de Xénophon ne le fut par la volupté, je vous prie de ne point trop la repousser quand elle vous sollicitera pour moi, et d'accorder un peu plus à notre amitié qu'à la vérité même.

Si je puis vous engager à commencer l'ouvrage, je suis persuadé que vous trouverez le sujet digne de votre abondance et de vos autres talents. Depuis le commencement de la conspiration jusqu'à mon retour, il me semble qu'il y a la matière d'une histoire séparée, où vous pourrez déployer la parfaite connaissance que vous avez de toutes nos révolutions civiles, lorsqu'en expliquant les différentes causes des innovations et les remèdes qu'on pouvait apporter au désordre, vous relèverez les fautes qu'on a commises, et approuverez par de justes réflexions ce qui sera conforme à vos principes. Si même vous croyez devoir parler librement, suivant votre usage, vous ferez sans doute remarquer les perfidies, les piéges, les trahisons dont j'ai eu le malheur d'être l'objet. Mes disgrâces ont une variété qui en mettra beaucoup dans votre ouvrage, et qui fera trouver un grand intérêt et un certain charme à cette lecture. En effet, si quelque chose est capable d'attacher un lecteur, c'est cette multiplicité de circonstances et ces vicissitudes de fortune, qu'il n'est point agréable d'éprouver soi-même, mais qu'on trouve de la douceur à lire, car le souvenir d'une douleur passée, quand on la rappelle dans une situation tranquille, cause un véritable plaisir, et la seule compassion est un sentiment fort doux pour ceux qui n'ont eu rien à souffrir, et qui considèrent les infortunes d'autrui sans y être eux-mêmes exposés. Qui pourrait se défendre d'une pitié délicieuse à la vue d'Épaminondas mourant aux champs de Mantinée, lorsqu'après s'être fait assurer qu'on a sauvé son bouclier, il ordonne enfin qu'on arrache le trait dont il est percé, et que, dans la douleur de sa blessure il expire avec autant de fermeté que de gloire? Qui ne sentirait pas son attention soutenue, par le récit de la fuite et du retour de Thémistocle? Le seul ordre chronologique des années ne fait trouver qu'un plaisir médiocre dans le dénombrement des fautes. Mais en suivant un homme célèbre dans les aventures et les dangers de sa vie, on ne manque guère de ressentir tour à tour les divers mouvements de l'admiration, de l'attente, de la joie, de la tristesse, de l'espérance, de la crainte ; et si la catastrophe est extraordinaire, l'esprit est satisfait, rien ne manque à l'intérêt du récit. C'est ce qui me fait souhaiter ardemment que vous preniez le parti de séparer du corps de votre histoire ce que je puis appeler « la fable » de mes actions. Croyez-moi, elle aura plus d'un acte, où nous verrons jouer bien des rôles différents à la prudence et à la fortune.

Et je ne crains pas, lorsque je vous témoigne un désir si pressant de vous voir devenir mon historien, qu'on m'accuse de vouloir vous gagner par une petite flatterie. Un homme tel que

vous ne peut ignorer son propre mérite, il doit plutôt traiter
de jaloux ceux qui lui refusent l'admiration que ceux qui le
louent de flatteurs. Je ne suis pas non plus assez insensé pour
confier le soin de ma gloire à quelqu'un qui n'aurait pas d'honneur à prétendre pour lui-même de ce qu'il entreprendrait pour
le mien. Ce ne fut point par faveur pour Apelle ou pour Lysippe
qu'Alexandre voulut être peint de la main du premier et représenté par l'autre en statue, mais parce qu'il espérait de recueillir autant de gloire qu'eux de leur habileté. Cependant le mérite de ces artistes ne consistait qu'à faire connaître la véritable
figure du corps; et les grands hommes n'en seraient pas moins
célèbres quand ils seraient privés de cet avantage. Agésilas, qui
ne souffrit pas qu'on le représentât en peinture ni en statue,
mérite-t-il moins d'éloges que ceux qui ont employé ces deux
secours. Le petit ouvrage que Xénophon a consacré à la louange
de ce monarque a plus contribué seul à sa gloire que les statues et les peintures de tous les artistes. Mais ce qui me fait espérer encore de vos travaux beaucoup plus de satisfaction que
de ceux d'un autre, et plus de dignité pour ma mémoire, c'est
que je profiterai non-seulement de votre esprit, comme Timoléon de celui de Timée, et Thémistocle de celui d'Hérodote, mais
encore de votre autorité, qui est celle d'un homme célèbre et
respectable, dont le nom s'est fait connaître et dont le mérite
est éprouvé dans les plus importantes affaires de la République.
Aussi avec un éloge tel qu'Achille le reçut d'Homère, comme
Alexandre en félicita sa mémoire, lorsqu'il vint au promontoire
de Sigée, j'aurais encore pour moi le témoignage d'un grand et
illustre citoyen. J'aime cet Hector de Névius qui ne se réjouit
pas seulement d'avoir mérité des louanges, mais encore de les
recevoir d'un homme qui en avait lui-même reçu. Si je n'obtiens pas de vous cette grâce, ou plutôt si quelque obstacle s'y
oppose (car je ne vous crois point capable de refuser quelque
chose à ma prière), peut-être serais-je forcé de prendre un parti
qui n'a pas toujours été approuvé ; je serai moi-même mon historien, et cette entreprise sera justifiée par l'exemple de plusieurs grands hommes.

Cependant vous savez qu'elle est sujette à deux inconvénients :
la modestie exige alors une extrême réserve sur les louanges

qu'on se donne, et l'amour-propre engage à omettre ce qui n'est pas irréprochable. On accorde aussi moins de confiance à ce genre d'ouvrage. Enfin, des censeurs vous accusent d'être moins modestes que les hérauts des jeux publics qui, après avoir couronné et proclamé les vainqueurs, se servent de la voix d'autrui pour faire publier leur propre victoire lorsqu'ils ont mérité eux-mêmes les honneurs de la couronne.

Voilà ce que je souhaite d'éviter et ce que j'éviterai en effet, si vous vous chargez de l'entreprise que je vous propose. C'est ce que je vous prie de m'accorder. Si vous étiez surpris que, malgré vos fréquentes promesses d'écrire avec soin l'histoire de ma vie politique, je ne laisse pas de vous adresser de si vives et de si longues prières, je réponds que c'est l'impatience dont je vous ai parlé qui m'échauffe et qui m'anime. Je suis naturellement empressé dans mes désirs, et je souhaite que mon histoire paraisse de votre main pendant ma vie, afin que je puisse jouir avant ma mort du peu de gloire que j'ai peut-être mérité. Je vous prie de vouloir bien me répondre, à votre loisir, quelle sera votre résolution. Si vous consentez à ce que je vous demande, j'aurai soin de recueillir les mémoires qui vous seront nécessaires ; ou, si vous me remettez à quelque autre temps, j'attendrai l'occasion de vous entretenir en liberté. Ne vous relâchez point dans l'intervalle, revoyez avec soin ce que vous avez commencé et ne cessez pas de m'aimer. Adieu.

XX

Matius à Cicéron après la mort de César.

Il m'est bien doux d'apprendre par votre lettre que vous conservez de moi l'opinion qui a toujours été l'objet de mes vœux et de mes espérances, quoique je n'en eusse pas le moindre doute, le prix que j'y attache était capable de me causer de l'inquiétude. Mon cœur, il est vrai, me rendait témoignage que je n'ai rien fait qui puisse offenser un honnête homme ; et je ne pouvais m'imaginer qu'avec un mérite si extraordinaire, vous vous fussiez prévenu sans raison contre un ancien ami, dont les sentiments n'ont jamais changé pour vous. Puisque les vôtres sont tels que je les désire, je veux m'expliquer sur ces accusations, contre lesquelles votre bonté et votre amitié vous ont fait prendre si souvent mon parti.

Je sais tout ce qu'on a dit contre moi depuis la mort de César. On me fait un crime de la douleur que je ressens d'avoir perdu mon ami ; on me défend de le pleurer. La patrie, disent-ils, doit l'emporter sur l'amitié : comme s'il était bien prouvé que le mérite de César ait été de quelque utilité pour la patrie. Mais je veux agir de meilleure foi. J'avoue que je ne suis point arrivé à ce haut degré de sagesse. Non, ce n'est pas César que j'ai servi dans nos dernières dissensions, c'est à mon ami que je me suis attaché ; et, quelque éloignement que j'eusse pour cette cause, je n'ai pu voir marcher mon ami sans moi. Jamais je n'ai approuvé la guerre civile ; j'ai fait au contraire tous mes efforts pour l'étouffer dans sa naissance. Aussi ne m'a-t-on pas vu profiter de la victoire de mon ami pour avancer ma fortune ou pour augmenter mon bien ; tandis que des hommes, qui avaient moins de part que moi à la confiance de César, ont étrangement abusé du succès de ses armes. Je puis dire même que mon bien a souffert de la loi qu'il a portée ; tandis que la plupart de ceux qui se réjouissent de sa mort ont dû à cette loi de rester dans leur patrie. J'ai sollicité le pardon des vaincus avec autant de zèle que si je l'avais demandé pour moi-même. Comment voudrait-on qu'après m'être employé pour le salut de tout le monde, je ne regrettasse point la mort de celui qui me l'accordait, surtout lorsque je le vois périr de la main même de ceux qu'il avait sauvés au risque de déplaire à son parti ? Mais on me fera repentir, disent-ils, d'avoir condamné leur action. Insolence inouie ! Quoi ! il sera permis aux uns de se faire gloire d'un crime, et les autres ne pourront en gémir avec impunité ! Jusqu'à présent on avait laissé aux esclaves le triste pouvoir de craindre, de se réjouir, de s'affliger, suivant les mouvements de leur cœur, qui du moins restait libre : aujourd'hui ceux qui se disent les vengeurs de la liberté veulent nous arracher ce droit par la terreur. Mais ils peuvent s'épargner les menaces. Il n'y a point de danger ni de crainte qui puisse m'empêcher de remplir mes devoirs d'honnête homme et d'ami. J'ai toujours cru qu'on ne soit pas fuir une mort honorable, et que souvent même il faut la chercher. Mais pourquoi me font-ils un crime de souhaiter qu'ils puissent se repentir d'une action que je déteste? Oui, je souhaite que tout l'univers regrette la mort de César. Comme citoyen, disent-ils, je dois m'intéresser au salut de la République. Si toute ma vie passée et mes espérances pour l'avenir ne prouvent pas, sans que je le dise, le sincère intérêt que j'y prends, je renonce à le prouver par des arguments inutiles. Je vous supplie donc, de la manière la plus pressante, de juger de moi par les actions plutôt que par les paroles, et de vous persuader, si le devoir a quelque prix à vos yeux, que je ne puis avoir aucune liaison avec les méchants. Je ne me suis point écarté de ces maximes dans ma jeunesse, quoique l'erreur soit plus pardonnable à cet âge; puis-je les oublier sur mon déclin et changer ma conscience? Non, et si je suis capable d'offenser quelqu'un, ce n'est qu'en pleurant le cruel destin d'un ami qui fut le plus illustre de tous les hommes. Comptez que, si j'avais d'autres sentiments, je ne les désavouerais pas, et que je ne voudrais pas joindre à mes fautes la honte de la dissimulation.

Mais on me reproche encore d'avoir pris la direction des jeux que le jeune César a fait célébrer pour les victoires de son oncle. Je réponds que cet engagement n'a point de rapport aux devoirs publics : c'est une offre d'amitié que j'ai cru devoir au souvenir et à la gloire de mon amitié, et que je n'ai pu refuser aux instances d'un jeune héritier si digne de lui et de si grande espérance. Je suis venu souvent par honneur chez Antoine, qui est aujourd'hui consul : mais ceux même qui m'accusent de ne pas aimer assez ma patrie, ne le voient-ils pas plus souvent que moi pour solliciter ou pour surprendre ses faveurs? Quelle est donc cette tyrannie? Quoi! lorsque jamais César n'a prétendu gêner mes démarches et me contraindre dans mes liaisons, ceux qui m'ont si cruellement privé de mon ami croiront pouvoir, par leurs censures, m'empêcher de voir et d'aimer qui je voudrai? Mais je suis sans inquiétude : ma conduite suffira toujours pour réfuter leurs fausses imputations; j'ose même dire que ceux à qui ma fidèle amitié pour César me rend odieux, préféreraient des amis comme moi à des amis qui leur ressemblent. Si rien ne s'oppose à mes désirs, j'irai passer tranquillement le

reste de mes jours dans l'île de Rhodes ; mais si je suis retenu
à Rome par quelque accident, la vie que j'y mènerai prouvera
que mes vœux sont toujours pour la justice et le devoir. J'ai
beaucoup d'obligation à Trébatius pour m'avoir fait connaître
encore mieux votre âme vertueuse et bienveillante, et pour
m'avoir donné de nouvelles raisons de respecter et de chérir
celui que je me suis toujours fait un plaisir d'aimer. Portez-vous
bien, et conservez-moi votre affection.

XXI

Sulpitius à Cicéron après la mort de Tullia.

J'ai ressenti toute la douleur dont je ne pouvais me défendre
en apprenant la mort de votre chère Tullia, et j'ai regardé
cette perte comme un malheur qui m'était commun avec vous.
Si je m'étais trouvé à Rome, je me serais fait un devoir de vous
prouver la part sensible que j'ai prise à votre affliction. Je sais
combien sont tristes et déplorables ces consolations de nos
amis ou de nos parents, qui partagent eux-mêmes nos souffrances, qui ne peuvent nous consoler sans verser des larmes,
et qui ont besoin de ce même soulagement qu'ils s'efforcent
d'apporter à la douleur d'autrui. Je veux cependant vous écrire
en peu de mots tout ce qui s'est présenté à mon esprit ; non que
je n'aie bien pensé que les mêmes réflexions pourraient se
présenter au vôtre, mais parce que je me suis figuré que la
violence de votre chagrin est capable de troubler votre attention.

Pourquoi donc vous livrer avec si peu de mesure à cette
douleur domestique ? Considérez comment la fortune nous a
déjà traités : elle nous a privés de tout ce qui doit nous être
aussi cher que nos enfants ; de notre patrie, de notre gloire,
de notre dignité, de tous nos honneurs. Après tant de pertes,
quel mal pouvons-nous recevoir d'une disgrâce de plus ?
ou comment peut-il nous rester quelque sensibilité pour ce qui
ne peut jamais égaler les malheurs que nous avons déjà res-
sentis ? Est-ce le sort de votre fille que vous pleurez ? Eh ! com-

ment ne faites-vous pas cette réflexion dont je suis souvent frappé, qu'on ne peut donner le nom de malheureux à ceux qui, dans le temps où nous sommes, ont payé le dernier tribut de la nature sans avoir eu beaucoup à souffrir dans la vie ? Connaissez-vous quelque chose, dans les conjonctures présentes, qui ait pu faire aimer la vie à votre fille ? quels désirs, quelles espérances, quels projets de bonheur avait-elle à former ? Était-ce de passer sa vie dans l'état du mariage avec quelque jeune homme d'un rang distingué ? Votre situation, sans doute, vous a donné le choix de ce qu'il y a de plus brillant dans la jeunesse romaine. Était-ce d'avoir des enfants dont le bonheur aurait fait sa joie, de les voir succéder un jour à la fortune de leur père, s'élever par degré à tous les honneurs de la République, et consacrer aux intérêts de leurs amis les nobles droits de la liberté ? Mais nommez-moi un seul de tous ces biens que nous n'ayons pas perdu avant de pouvoir les communiquer à nos enfants. C'est un malheur, direz-vous, de perdre une fille qu'on aime. J'en conviens : mais n'en est-ce pas un plus grand de souffrir tous les maux qui nous accablent aujourd'hui ?

Je ne puis oublier une réflexion qui m'a beaucoup soulagé, et qui aura peut-être la même force pour diminuer votre affliction. A mon retour d'Asie, je faisais voile d'Égine vers Mégare, j'ai fixé les yeux sur les pays qui étaient autour de moi. Égine était derrière, Mégare devant, le Pirée à droite, Corinthe à ma gauche : toutes villes autrefois célèbres et florissantes, qui sont aujourd'hui renversées et presque ensevelies sous leurs ruines. A cette vue, je n'ai pu m'empêcher de tourner mes pensées sur moi-même : hélas ! disais-je, pauvres mortels, d'où vient l'amertume de nos plaintes, à la mort de nos amis, dont l'existence est naturellement si courte, tandis que nous voyons d'un seul coup d'œil les cadavres de tant de villes fameuses étendues devant nous sans forme et sans vie ? Ne te rendras-tu pas à la raison, Servius ? Croyez-moi, cette méditation m'a fortifié : faites-en l'essai sur vous-même, et représentez-vous le même spectacle. Tout à l'heure encore, combien d'hommes illustres nous avons vus disparaître en un moment ! Quelle destruction dans tout l'empire ! Quels ravages dans toutes les provinces ! Serez-vous donc si violemment ému de la perte d'une seule et faible femme, dont le sort, si nous n'en étions pas privés maintenant, était de mourir dans quelques années, puisqu'elle était mortelle ?

Rappelez de là votre esprit et votre pensée à des considérations plus dignes de votre caractère et de votre gloire. Votre fille n'a-t-elle pas vécu aussi longtemps que la vie pourrait mériter quelque estime, aussi longtemps que la République a vécu ? N'a-t-elle pas vu son père préteur, consul, augure ? N'a-t-elle pas été unie par les nœuds du mariage au plus noble de nos jeunes Romains ? Elle a fait l'essai de presque tous les biens de ce monde, et elle a quitté la vie lorsque la République est tombée. Quel reproche peut-elle donc faire à la fortune ? Et vous, de quoi pouvez-vous vous plaindre ? En un mot, souvenez-vous que vous êtes Cicéron ; et que c'est de vous que le reste des hommes attend des conseils ; et n'imitez pas ces mauvais médecins, qui ne peuvent se délivrer de leurs propres maux, tandis qu'ils font professsion de guérir ceux d'autrui : prenez pour vous-mêmes les leçons que dans une conjoncture semblable vous donneriez à d'autres. Il n'y a point de si vive douleur que le temps n'en amène la fin : mais songez qu'il ne vous serait pas glorieux d'attendre du temps un remède que vous pouvez trouver dans votre sagesse. Que dis-je ? S'il reste quelque sentiment après la mort, la tendresse même que votre fille avait pour vous doit vous faire juger qu'elle s'afflige de vous voir dans cet excès d'abattement. Faites-vous donc un effort en faveur d'elle-même, en faveur de vos amis qui gémissent de votre douleur, en faveur de votre patrie qui peut avoir besoin de vos secours, et que vous ne devez pas en priver. Ajoutez que dans un temps où la fortune nous impose la nécessité absolue de nous soumettre à notre situation, vous donneriez lieu de croire que vous pleurez moins la perte de votre fille que le malheur des circonstances et la victoire d'autrui. J'ai honte de vous en écrire davantage, ce serait me défier de votre prudence. Je ne ferai donc plus ici qu'une réflexion. Nous vous avons vu soutenir la prospérité avec noblesse, et votre modération vous a fait honneur, prouvez-nous aujourd'hui que vous êtes capable de supporter l'adversité avec la même constance, sans la regarder comme un fardeau qui surpasse vos forces, de peur que cette qualité ne paraisse manquer à toutes vos vertus.

Quant à ce qui me regarde, lorsque j'apprendrai que votre esprit sera devenu plus tranquille, je vous informerai de nos affaires et de l'état de nos provinces. Adieu.

FIN DU TOME PREMIER.

TABLE DES MATIÈRES

LIVRE PREMIER

CHAPITRE PREMIER

Le peuple romain 1

CHAPITRE II

Niebuhr et les épopées populaires. — Les premières manifestations de la poésie latine. — Les chants de table. — Les inscriptions funéraires. — Les chants des Saliens et des Arvales. — Les vers Fescennins. — Les chants de triomphe. — La Satire. — Le vers Saturnin. — Les monuments de la prose primitive. — La loi des Douze Tables. 13

CHAPITRE III

LE CINQUIÈME ET LE SIXIÈME SIÈCLE.

Livius Andronicus. — Nævius. — Ennius....................... 34

CHAPITRE IV

LE THÉATRE.

Plaute. — Cæcilius. — Térence................................. 49

CHAPITRE V

Caton (Marcus Porcius Priscus Cato Censorius).................. 113

LIVRE DEUXIÈME

CHAPITRE PREMIER
LE SEPTIÈME SIÈCLE.

Tableau de la société romaine au septième siècle. — Religion, philosophie, éducation, mœurs.................................... 133

CHAPITRE II

Lucilius. — Le théâtre au septième siècle. — Tragédies d'imitation. — Tragédies nationales. — Pacuvius. — Attius. — Comédie nationale. Les Atellanes... 153

CHAPITRE III

Varron. — Lucrèce. — Catulle...................................... 188

CHAPITRE IV

L'histoire. — Depuis les origines jusqu'à Tite-Live. — Sources de l'histoire. — Les premiers historiens. — César, Salluste........... 235

CHAPITRE V

Cicéron. — L'éloquence avant Cicéron. — Cicéron rhéteur. — Cicéron orateur. — Plaidoyers. — Discours politiques. — La philosophie avant Cicéron. — Cicéron philosophe. — Les lettres de Cicéron. — Les poésies de Cicéron... 270

A LA MÊME LIBRAIRIE :

NOTIONS D'HISTOIRE DE LA PHILOSOPHIE; par M. F. BOUILLIER, directeur de l'École normale supérieure. 1 vol. in-18. Prix, br.. 2 fr. 50

PENSÉES DE PASCAL, publiées dans leur texte authentique, avec une idtroduction, des notes et des remarques, par M. Ernest HAVET, professeur au collège de France. 2e édit., entièrement transformée pour le commentaire. 2 vol. in-8°. Prix, broché.. 8 fr. »

PLATON. Gorgias ou la Rhétorique, traduction de GROU, revue et corrigée avec des notes et des remarques ; précédé d'une étude philosophique sur le Gorgias et suivi d'un essai sur la Sophistique et les Sophistes, par M. CH. BÉNARD, professeur de philosophie au lycée impérial Charlemagne, à Paris. 1. vol. in-18 jésus. Prix, br... 2 fr. 75

HISTOIRE DE FRANCE depuis l'origine de la nation jusqu'à nos jours, par M. G. OZANEAUX, inspecteur général de l'instruction publique, nouvelle édition. 2 forts vol. in-18 jésus, de plus de 600 pages chacun, ornés d'un grand nombre de jolies gravures historiques sur bois et de cartes. Prix, br.. 7 fr. 50

HISTOIRE DE LA LITTÉRATURE ESPAGNOLE, depuis ses origines les plus reculées jusqu'à nos jours, par M. Eugène BARET, prof. de littérature étrangère à la faculté des lettres de Clermont, membre de l'Acad. de Madrid. 2 vol. in-8° Prix, broché... 7 fr. »

HISTOIRE DE LA LITTÉRATURE ITALIENNE, par M. PERRENS, professeur au lycée Bonaparte. 1 vol. in-8°. Prix, br.................... 6 fr. »

PLUTARQUE. Vie des hommes illustres de la Grèce, traduction de RICARD, nouvelle édition avec des appréciations, des notes, des médailles antiques servant d'illustrations et d'éclaircissement pour le récit, et une notice sur Plutarque, ouvrage spécialement composé pour la jeunesse, par M. DAUBAN, ex-professeur d'histoire, membre du comité des travaux historiq. près le ministère de l'instruct. publique 2, vol. in-8°. Prix, br.................. 6 fr. »

— **Vies des hommes illustres de Rome**, traduction de RICARD, nouvelle édition, etc., par le même. 2 vol. in-8°, br...................... 6 fr. »

HÉRODOTE, RÉCITS TIRÉS DE SES HISTOIRES, traduction nouvelle, avec notice biographique et littéraire sur cet auteur, sommaires, notes géographiques et historiques, et médailles antiques servant d'illustrations ; par M. BOUCHOT, professeur au lycée Louis-le-Grand, traducteur de Polybe. 1 beau vol. in-8°. Prix, broché... 3 fr. 50

DICTIONNAIRE GÉNÉRAL de Biographie, d'Histoire, de Mythologie, de Géographie ancienne et moderne, etc., par MM. CH. DESOBRY et TH. BACHELET. 4e édition, revue et augmentée. 2 vol gr. in-8° jésus, à 2 col. Prix, broché... 25 fr. »

DICTIONNAIRE GÉNÉRAL DES LETTRES, DES BEAUX-ARTS, des Sciences morales et politiques, par MM. TH. BACHELET et CH. DEZOBRY. 1 vol. gr. in-8° jésus, à 2 col., illustré. Prix, broché............ 25 fr. »

DICTIONNAIRE GÉNÉRAL DES SCIENCES théoriques et appliquées, par MM. PRIVAT DESCHANEL et AD. FOCILLON, professeurs de sciences physiques et naturelles au lycée Louis-le-Grand, comprenant : mathématiques, physique, chimie, mécanique, technologie, histoire naturelle, médecine, agriculture. 2 vol. gr. in-8° jésus, avec nombreuses gravures intercalées dans le texte. Prix, broché... 32 fr.

www.ingramcontent.com/pod-product-compliance
Lightning Source LLC
Chambersburg PA
CBHW060050190426
43201CB00034B/657